校企合作财经商贸专业系列丛书
互联网+创新型“十四五”精品教材

# 跨境电子商务数据分析与应用

（微课版）

主　编◎谭文武　晏合明　刘　阳
副主编◎李昭琪　兰　倩　高雪梅
高超群　李凌云　赵阳鹤
张妙晨　王丽颖

哈尔滨工程大学出版社
Harbin Engineering University Press

## 内 容 简 介

本书围绕跨境电子商务数据分析与应用的知识构成分为九个项目，主要包括跨境电子商务数据分析、电子商务数据的采集、电子商务数据清洗与处理、数据可视化、客单价数据分析、电子商务行业数据分析、跨境电子商务运营数据分析、客户数据分析、电子商务利润数据分析。

本书可作为应用型本科院校、职业院校电子商务相关专业的教材，也可供企业界人士阅读参考。

**图书在版编目（CIP）数据**

跨境电子商务数据分析与应用 ：微课版 / 谭文武，晏合明，刘阳主编. -- 哈尔滨 ：哈尔滨工程大学出版社，2025. 3. -- ISBN 978-7-5661-4694-6

Ⅰ. F713.36；TP274

中国国家版本馆 CIP 数据核字第 20257088TL 号

**跨境电子商务数据分析与应用（微课版）**

KUAJING DIANZI SHANGWU SHUJU FENXI YU YINGYONG（WEIKE BAN）

**选题策划** 张林峰
**责任编辑** 田 婧

---

**出版发行** 哈尔滨工程大学出版社
**社　　址** 哈尔滨市南岗区南通大街 145 号
**邮政编码** 150001
**电　　话** 0451-82519328
**经　　销** 新华书店
**印　　刷** 唐山唐文印刷有限公司
**开　　本** 787 mm×1 092 mm　1/16
**印　　张** 14
**字　　数** 358 千字
**版　　次** 2025 年 3 月第 1 版
**印　　次** 2025 年 3 月第 1 次印刷
**书　　号** ISBN 978-7-5661-4694-6
**定　　价** 49.80 元
http://www.hrbeupress.com
E-mail:heupress@hrbeu.edu.cn

# 前　言

党的二十大报告指出，“坚持尊重劳动、尊重知识、尊重人才、尊重创造，实施更加积极、更加开放、更加有效的人才政策”“着力形成人才国际竞争的比较优势。加快建设国家战略人才力量”“深化人才发展体制机制改革……把各方面优秀人才集聚到党和人民事业中来”。

随着大数据和人工智能时代的到来，数据分析在产品开发设计、市场规范、产品运营、客户管理等许多业务流程中的作用越发显现。越来越多的企业意识到数据的价值，通过数据驱动业务来实现数据化运营逐渐成为共识。在电子商务应用领域，尤其是网络零售业，通过对重要指标数据的分析能够了解企业的运营状况，准确地获取客户动向，发现更多潜在的客户，从而帮助企业提升客户体验，更好地提升经营业绩。

本书的内容紧密对接跨境电子商务企业，从跨境电子商务运营的岗位数据分析技能要求出发，根据跨境电子商务数据分析的业务流程，剖析岗位所需关键能力，开发相应教学项目，遵循真实的工作流程，进行课程逻辑架构和内容安排。

（1）丰富性。本书在每个项目中安排了学习目标、思政目标、案例导入、课后实践等模块，不仅可以增强学生的学习动力，还能激发学生的创造性思维，提升课堂参与度和思维活跃度，体现了以学生为主体的教学指导思想。

（2）时效性。本书的案例多以新生事件及计划内容为主，案例时效性鲜明。

（3）实践性。本书突破以往很多教材重理论轻实践的框架，内容包含最新跨境电子商务的数据。

本书由谭文武（江西工程学院）、晏合明（重庆电讯职业学院）、刘阳（湖北国土资源职业学院）担任主编，由李昭琪（普宁职业技术学校）、兰倩（广州现代信息工程职业技术学院）、高雪梅（山东城市服务职业学院）、高超群（韩国国立忠北大学）、李凌云（湖南科技职业学院）、赵阳鹤（西安科技大学高新学院）、张妙晨（湖南航空技师学院）、王丽颖（长春职业技术学院）担任副主编。本书的相关资料和售后服务可扫封底微信二维码或登录 www.bjzzwh.com 下载获得。

跨境电子商务的发展非常迅速，通关政策、平台规则、操作流程不断更新，本书编写的内容仅以截稿日期前的平台规则为准。由于编者水平有限，书中难免存在不足之处，恳请广大读者批评指正并提出宝贵意见。

编　者

# 目　录 CONTENTS

# 项目一

# 跨境电子商务数据分析

## 项目导读

随着全球电子商务的蓬勃发展，跨境电子商务已成为连接不同市场的重要桥梁。在这一背景下，跨境电子商务数据分析的重要性日益加强。本项目旨在提供关于跨境电子商务数据分析的基础知识，帮助读者理解该岗位的工作性质、内容、流程以及所需掌握的基本方法和工具。

## 学习目标

### 知识目标

1. 了解跨境电子商务数据分析的价值与意义。
2. 了解跨境电子商务数据分析的主要内容。
3. 理解跨境电子商务数据分析的基本方法及适用场景。
4. 熟悉跨境电子商务数据分析的常用工具。

### 能力目标

1. 掌握跨境电子商务数据分析的工作流程。
2. 能够使用全球速卖通后台工具查看跨境电子商务业务数据。
3. 能够选择合适的方法分析跨境电子商务数据。

### 素质目标

1. 培养读者在数字经济时代所必备的数据思维和数据价值意识。
2. 培养读者熟悉跨境电子商务企业应该遵循的法律法规。
3. 培养读者数据保密意识和数据安全意识。

## 思政目标

通过学习跨境电子商务的基本知识与工作流程，增强读者的国家品牌意识，培养读者对中国文化的认同感，促进文化自信。

## 案例导入

某公司是一家从事跨境电子商务平台运营的科技型企业，主营产品为婚纱礼服。早期公司以在跨境电子商务平台自运营婚纱礼服产品为主，后来发现在信息技术和互联网发展新浪潮的推动下，诸多线下传统企业停滞不前，亟须转型升级。在捕捉到这个商机后，公司决策层决定开拓跨境电子商务代运营业务。通过深入研究敦煌网、亚马逊、eBay、全球速卖通（图 1–1）等知名跨境电子商务平台的运营规则和方式，公司打造了一套完整有效的跨境电子商务代运营服务模式。从店铺管理、产品管理、数据分析、订单管理、营销推广到技能培训，一体化跨境电子商务代运营服务开始运作。迄今为止，公司已为近千家企业提供了专业的跨境电子商务服务，其中上百家企业已成为各大跨境电子商务平台的领先品牌。在助力线下传统企业转型和跨境电子商务企业提档升级的过程中，公司发现，跨境电子商务的成功运营离不开企业对市场的洞察、对行业发展趋势的敏锐判断，以及在整个运营过程中对开店、产品上架、营销推广等一系列活动时机的判断和精准策划，而敏锐的洞察力来自企业多年经营的经验积累，来自大数据的支持和商业理论的支持，即从数据和理论中获得洞察力。

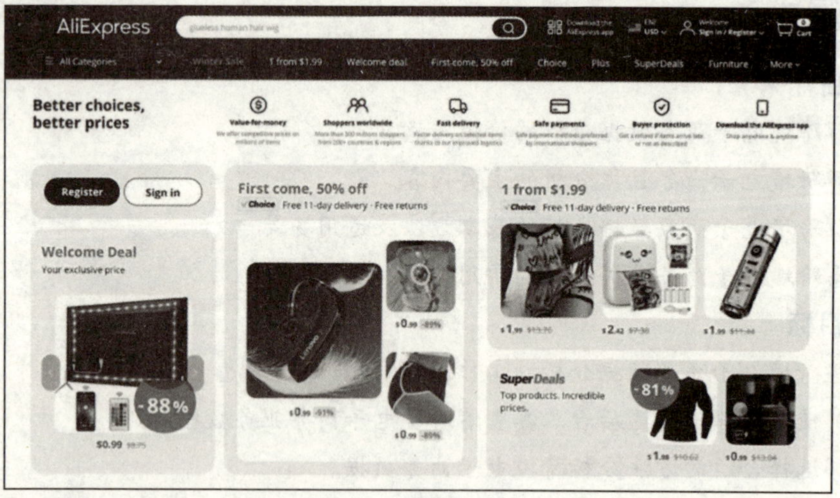


图 1–1　全球速卖通网页

传统渠道不能快速地得到市场信息，而公司在开发海外市场的时候发现，其他国家的文化和中国文化有很大区别。中国品牌想拓展海外市场绝不能用传统的中国思维去思考其他国家发生的事情，一定要得到足够的数据和理论支持。电子商务对企业发展有利的一点，是它的系统让企业可以直接了解到消费者的评价。“我们每天都要去看评价。以了解消费者对我们的商品是否喜欢。消费者的打分，对于我们来说是关键的考核指标，也帮助我们在海外市场开发品牌。”同时，数据也让企业实现更精准的产品与广告投放。越来越多的跨境电子商务企业专门成立了数据分析团队，或依靠专业的数据解决方案供应商为企业的运营助力。

谈一谈你对大数据的理解，你如何利用跨境电子商务数据提升运营效率？从跨境电子商务企业的视角出发，想一想数据分析岗位人员应具备何种素质和能力？

# 任务一 跨境电子商务数据概述

## 任务描述

假如你刚刚加入一个跨境电子商务团队，担任数据分析师，你的首要任务是全面了解新岗位。首先，需要熟悉数据的基本概念；其次，深入了解跨境电子商务领域中的数据特性，包括市场数据、竞争数据、运营数据和产品数据等；最后，需要学习跨境电子商务数据分析的基本方法和价值，并了解岗位职责和所需技能。那么，如何在熟悉这些内容的过程中，为你的工作制定出明确的目标和策略呢？

## 任务分析

本任务旨在帮助读者师全面了解跨境电子商务数据分析岗位的基础知识和技能要求。通过对数据的认识，可以奠定扎实的理论基础；了解跨境电子商务数据的特性，有助于读者掌握如何处理和分析这些数据。进一步理解数据分析的价值和岗位职责，可以帮助读者明确工作目标和要求，制订合理的工作计划。同时，明确技能要求能指导读者学习和提高的方向，为实际工作做好充分准备。这一过程不仅涉及理论学习，还需要将理论应用于实际工作中，以实现有效的数据分析和决策支持。

## 任务重点与实施

大数据的概念

### 一、跨境电子商务数据的概念

数据是对客观事件进行记录并可以鉴别的符号，是对客观事物的性质状态及相互关系等进行记载的物理符号，或者是这些物理符号的组合，是构成信息或者知识的原始材料。数据不仅指狭义的数字，还可以是具有一定意义的文字、数字符号的组合，如图形、图像、视频、音频等。商务数据主要指的是记载商业、经济等活动内容的数据符号。

跨境电子商务是通过网络化、电子化的方式来实现贸易的一种新型方式，这种新型贸易方式与传统的国际贸易最大的不同，就是一切交易行为都在互联网平台上完成。以消费端为例，了解一下客户在互联网上的行为“数据”留存过程，如图 1-2 所示。消费者在网上注册、浏览 / 搜索、收藏 / 加购、下单、支付、评价等一系列行为都会在互联网平台上留下痕迹，这些“行为痕迹”会在平台留存、沉淀，成为“数据”。跨境电子商务卖家可以根据自己的业务需求，对这些数据进行调取和分析，查找经营中存在的问题和不足，有针对性地优化经营策略，实现高效运营。

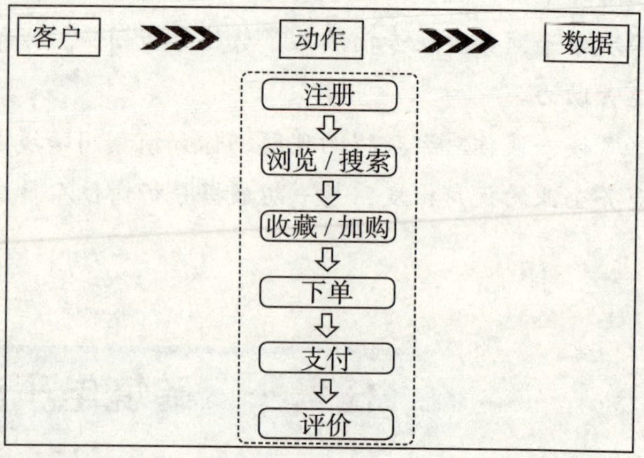


图 1-2　客户在互联网上的行为“数据”留存过程

## 二、跨境电子商务数据分析的价值

跨境电子商务数据分析通过采集跨境电子商务业务流程中的数据，对跨境电子商务运营过程中的各个环节进行科学分析、引导和应用，从而达到优化运营效果和效率、降低成本、提高效益的目的。对跨境电子商务卖家而言，通过数据分析可以更全面、深入地把握日常经营中的问题和原因，指导运营决策、驱动业务增长，是提升运营效率的关键。跨境电子商务数据分析的最终目的是解决运营中出现的问题。运营人员通过数据分析，将整个店铺的运营建立在科学分析的基础之上，将涉及市场、产品、运营、推广等各环节的指标定性、定量地分析出来，为店铺运营决策提供准确的参考依据。

在跨境电子商务运营的整个生命周期内，数据分析过程是质量管理体系的支持过程，包括从产品的市场调研、选品上架、视觉设计、营销推广、订单支付、物流配送到售后服务都需要适当运用数据分析，以提升处理决策的有效性。

跨境电子商务数据分析的价值主要体现在以下几个方面。

### （一）洞悉客户

跨境电子商务数据分析可以帮助跨境电子商务卖家更好地了解客户的需求和行为偏好，通过分析客户来源渠道、新老客户结构比例及核心商品关注度等关键指标，决定自己的营销投放渠道、策略和方向。例如：在分析客户的来源渠道时，通过分析客户是从 Instagram、Facebook 等外部平台来，还是从平台网站的搜索、导购频道来，这可以帮助跨境电子商务卖家调整营销投放策略，发现对客户更有吸引力和价值的渠道，调整渠道经营策略。

### （二）预测分析

预测分析是通过一段时期的历史数据拟合出数据变化模型，据此测算未来的数据拟合值，这是数据分析的重要目标。对于跨境电子商务卖家而言，一方面，通过预测可以合理地制定企业的经营目标和发展规划；另一方面，通过预测能够及时发现运营过程中可能出现的问题，从而优化原有业务流程、提升和改进客户体验，制定预警和防范策略。此外，预测分析可以更合理地优化资源配置，达到实现效益最大化的目的。

### （三）监测管理

数据分析可以帮助跨境电子商务卖家实时监控整个运营流程，方便快捷地把握各个关键运营节点的表现，适时制定更准确、更高效的执行策略。此外，通过社交平台的舆情监测，根据客户的评价数据，及时地进行产品改进，改善客户体验，打造良好的口碑，完善社交平台运营，帮助跨境电子商务卖家始终朝着正确的方向和目标前进。

数据分析对于跨境电子商务全业务链具有重要的价值。随着近年来跨境电子商务的迅猛发展和竞争的日趋白热化，消费者对于线上消费体验和产品服务的要求日益多元化与个性化，跨境电子商务卖家越来越意识到通过数据挖掘有效信息，能够支持精细化的客户管理和产品运营。

因此，在跨境电子商务卖家中，数据分析岗位成为重要的技术性岗位。下面，我们将通过查看跨境电子商务数据分析师岗位的任职要求和工作职能描述，更为直观地了解从事这项工作所需掌握的职业能力。

## 三、跨境电子商务数据岗位的分析

从跨境电子商务工作岗位来看，数据分析属于支撑运营的一个技术性岗位，具体从事数据采集、清洗、分析、制定策略等工作，支撑整个运营体系朝精细化方向发展。见表 1-1，从岗位职责描述来看，当前跨境电子商务的数据化运营，核心是通过数据分析，发现问题、解决问题，提升工作效率和实现企业效益的增长。

表 1-1　跨境电子商务数据分析岗位职责描述

| 岗位实例 | 岗位职责 | 任职要求 |
| --- | --- | --- |
| 甲 | ① 负责日常运营业务及复盘分析，为业务部门提供分析结论和建议；<br>② 负责选品以及品类分析，建立选品迭代逻辑，确保给业务增长带来实际价值；<br>③ 构建定价模型，根据市场需求变化，动态调整定价；<br>④ 针对不同阶段、不同场景、不同产品、不同品类需求，结合流量、销量特点和行业形态，为采购提供专业建议，形成独立判断并驱动决策，持续帮助营销和运营优化决策；<br>⑤ 独立承担数据分析工作，为产品开发、品牌增长、市场营销、电商运营提供数据决策和策略支持 | ① 2 年及以上数据分析经验，统计学、电商等相关专业，丰富的电商行业数据分析、数据产品经验；<br>② 具备良好的分析总结和数据报告呈现能力，能够系统的思考和分析问题；<br>③ 熟悉电商相关的数据产品，了解电商各维度指标及提升方法，深入或精通客户、会员、产品、活动等某一模块的数据分析；<br>④ 具备较强的结合数据分析与商业策略的能力，对业务有理解和反馈；<br>⑤ 沟通协调能力强，能与业务部门合作，有效地驱动决策和优化业务 |

续表

| 岗位实例 | 岗位职责 | 任职要求 |
| --- | --- | --- |
| 乙 | ① 负责全球速卖通、eBay 等跨境电子商务平台数据采集、整理和分析，以及店铺内部数据收集整理，及时出具相关数据分析报表，对数据进行深度分析、挖掘和建模；<br>② 对业务部门各站点销售情况进行统计分析及提供策略建议，为业务决策、市场方向选择提供有价值的数据支持；<br>③ 调研亚马逊上新产品、利润及竞争对手，分析客户需求，做好产品生命周期管理；<br>④ 分析亚马逊上的行业数据，通过数据分析，为产品开发寻找潜在机会市场及提供依据 | ① 1 年以上数据分析经验，熟悉各种电商数据分析软件；<br>② 对数据感兴趣并具有一定的敏感性，逻辑思维能力强；<br>③ 具备较强的数据分析及逻辑思维能力，能理解业务逻辑，能独立进行数据分析并给出结论；<br>④ 熟练使用 Excel、Python 等软件，具备良好的分析素养，能够剖析问题的根源；<br>⑤ 具备良好的沟通合作意识和能力，乐于分享 |
| 丙 | ① 熟悉跨境电子商务业务流程，能够独立完成常见的大数据分析建模工作，具备良好的数据分析报告、汇报材料等文档编辑能力；<br>② 负责常规运营数据分析工作，从系统中提取数据，为业务部门提供数据分析报告；<br>③ 负责业务部门各项指标的数据统计工作；<br>④ 熟练操作 Excel，完成数据分析可视化报表；<br>⑤ 通过数据分析，发现店铺问题，提出改善建议，为产品研发、销售提供建议，推进执行，并对公司产品的各项经营数据进行数据监测、分析、统计 | ① 本科及以上学历，统计学、数学、计算机信息工程等专业优先，英语四级以上；<br>② 有跨境电子商务数据分析工作经验，熟悉 Wish、全球速卖通、亚马逊等电商平台；<br>③ 精通 Office 软件，能熟练操作 Excel，熟悉电商的产品分析软件；<br>④ 有 1 年以上数据分析经验，有市场调研经验，有数据系统设计工作经验的优先考虑；<br>⑤ 具备较强的数据分析能力、逻辑思维能力、组织沟通能力、执行能力和团队精神；<br>⑥ 诚信，乐于分享和承担责任，勇于探索与坚持创新 |

通过跨境电子商务数据分析岗位职责描述，提取该岗位的职业素养和能力要求，见表 1-2。

表 1-2　跨境电子商务数据分析岗位职业素养和能力要求

| | |
| --- | --- |
| 综合素养 | 执行能力、团队精神、创新精神、分享协作、诚实守信 |
| | 逻辑思维能力、组织沟通能力、分析总结能力 |
| 业务能力 | 熟悉行业调研、产品开发、市场营销、经营决策等业务环节 |
| | 开展平台数据及店铺数据的收集、整理，监测、统计、分析工作 |
| 操作技能 | 熟练操作 Office、Excel、Python 等数据分析软件的能力 |
| | 出具可视化报表、数据分析报告，提供策略建议 |

## 四、跨境电子商务数据分析岗位技能要求

《跨境电子商务 B2C 数据运营职业技能等级标准（2021 年 1.0 版）》（以下简称《标准》）将跨境电子商务 B2C 数据运营职业技能分为初级、中级、高级三个等级，三个级别依次递进，高级别涵盖低级别职业技能要求。每一个数据分析岗位的具体技能要求如下。

## （一）初级技能要求

跨境电子商务 B2C 数据分析岗位职业技能要求（初级），见表 1–3。

表 1–3　跨境电子商务 B2C 数据分析岗位职业技能要求（初级）

| 工作领域 | 工作任务 | 职业技能要求 |
| --- | --- | --- |
| 产品数据采集与整理 | 1. 热销产品数据采集与整理 | ① 能够根据数据采集方案，通过店铺后台采集目标国市场的热销产品数据；<br>② 能够根据数据分析方案，通过 Excel 等工具对热销产品的成交指数、转化率排名和竞争指数等数据进行整理；<br>③ 能够根据热销产品的分析结果，在店长的指导下，制定热销产品动态变化报表，及时跟踪店铺发展趋势；<br>④ 能够根据热销产品的分析结果，协助店长完成选品 |
| | 2. 产品热销属性采集与整理 | ① 能够根据数据采集方案，通过店铺后台采集目标国市场产品的热销属性数据；<br>② 能够根据数据分析方案，通过 Excel 等工具对产品热销属性的属性名、属性值和对应的成交指数等数据进行整理；<br>③ 能够根据热销属性的分析结果，在店长的指导下，制定热销属性监控报表，及时跟踪产品在不同生命周期热销属性变化；<br>④ 能够根据产品热销属性分析结果，协助店长完成产品属性的初步优化 |
| | 3. 热搜产品数据采集与整理 | ① 能够根据数据采集方案，通过店铺后台采集目标国市场产品的热搜数据；<br>② 能够根据数据分析方案，通过 Excel 等工具对热搜产品的关键词、搜索指数、搜索人气、转化率排名、竞争指数等数据进行整理；<br>③ 能够根据热搜产品的分析结果，在店长的指导下，制定热搜产品动态变化报表，及时跟踪店铺热搜产品变化趋势；<br>④ 能够根据热搜产品的分析结果，初步了解目标国市场消费者对产品的搜索习惯等偏好 |
| 产品数据化运营 | 1. 产品数据化企划 | ① 能够通过客户画像及选品规则，整理客户性别、年龄、购买时间、购买次数等数据，协助调整产品选品方向；<br>② 能够运用选品专家等工具，整理热销词、热搜词等数据，初步完成选品；<br>③ 能够根据产品重量体积及产品特性，结合平台物流渠道，初步创建物流模板；<br>④ 能够根据产品特性及发展规划，初步完成产品上新任务 |
| | 2. 标题数据化撰写 | ① 能够在店长的指导下初步分析买家搜索习惯，通过平台热搜词数据分析、搜索栏关键词联想分析等，初步提炼标题关键词；<br>② 能够掌握产品标题编写要求及注意事项，根据产品特性及卖点，结合关键词初步完成产品标题撰写 |
| | 3. 产品流量数据分析 | ① 能够根据产品初期发展目标，在店长指导下完成产品流量数量、流量来源及占比等数据采集；<br>② 能够利用 Excel 对采集的数据进行处理，形成分析所需柱状图、饼状图、折线图等；<br>③ 能够对采集到的数据进行初步分析，了解流量来源及变化趋势，为产品优化及新产品上架提供数据支撑 |
| 客户数据化维护 | 1. 目标客户国家分布分析 | ① 能够协助店长进行目标客户分析，初步了解目标客户国家分布；<br>② 能够根据客户国家分布，协助店长分析店铺在不同国家的优劣势，为开拓国际市场提供数据支撑；<br>③ 能够针对国家分布结果，找出产品重点发展国家及机会国家，并且针对不同国家国情、风俗习惯等对布局店铺产品提出建议 |

续表

| 工作领域 | 工作任务 | 职业技能要求 |
|---|---|---|
| 客户数据化维护 | 2. 产品客户分类 | ① 能够根据店铺运营目标和海外市场变化，在店长的指导下，及时更新和维护产品信息，收集客户的反馈，协助店长进行产品升级，丰富店铺产品品类；<br>② 能够根据店铺运营目标和产品定位，对店铺内产品进行分组整理 |
| | 3. 客户维护 | ① 能根据海外客户的合理要求，协助店长妥善处理客户提出的跟商品和物流有关的问题；<br>② 在店长的指导下，能够收集和整理与客户交流的有效信息，不断了解客户需求，为产品的开发升级提出建议；<br>③ 能够运用店铺客户管理工具，在店长的指导下分析整理客户资料，协助店长维护客户 |

## （二）中级技能要求

跨境电子商务 B2C 数据分析岗位职业技能要求（中级），见表 1-4。

表 1-4　跨境电子商务 B2C 数据分析岗位职业技能要求（中级）

| 工作领域 | 工作任务 | 职业技能要求 |
|---|---|---|
| 店铺数据采集与整理 | 1. 行业数据采集与分析 | ① 能够根据店铺运营方案，运用数据采集工具，通过站内渠道采集行业信息，整理平台上不同行业的访客数、搜索指数、供需指数等数据，分析行业结构及行业容量；<br>② 能够根据店铺需求，采集同一行业下不同子类目访客数、搜索指数、供需指数、客单价、父类目金额占比等数据，分析子行业容量、需求、占比等，为店铺选品提供数据支撑；<br>③ 能够通过卖家精灵等工具，合法采集不同跨境电子商务平台访客数、浏览量、订单数量、支付金额、供需指数等数据，并对数据进行整理；<br>④ 能够分析不同跨境电子商务平台行业发展现状及趋势，为店铺精准选择行业及行业产品提供数据支撑，不断优化和丰富店铺选品 |
| | 2. 竞品数据采集与整理 | ① 能够根据店铺运营方案，运用数据采集工具，合法采集竞争对手上架产品数、客单价、热销产品、成交数量和消费者评价等数据；<br>② 能够运用 Excel 等工具，分析竞争对手产品优势、热销国家和地区、销售数据，不断优化店铺产品，提升店铺产品的市场竞争力；<br>③ 能够根据竞品及竞店数据分析，找出自身产品与竞品之间的差异，取长补短，及时对产品及店铺做出优化；<br>④ 能够根据店铺运营目标，制作竞品及竞店数据追踪动态表格，定期追踪竞品各项重要数据，发现客户需求，根据竞品数据变化及时优化店铺产品 |
| | 3. 运营数据采集与分析 | ① 能够根据店铺运营方案，采集店铺内产品访客数、点击率、浏览量、平均停留时长、加购加收藏人数、转化率等重要指标数据；<br>② 能够根据店铺运营方案，利用 Excel 等软件处理访客数、点击率、加购加收藏人数、转化率等数据，制订增加加购加收藏人数、提升转化率的方案；<br>③ 能够根据店铺运营要求，完成店铺内访客数、点击率、加购加收藏人数、转化率等指标的分析，通过折线图、饼状图等将分析结果可视化；<br>④ 能够根据店铺运营要求，制作数据追踪表格，定期追踪店铺内各项重要指标数据，为调整店铺运营方向提供数据支撑 |

续表 1

| 工作领域 | 工作任务 | 职业技能要求 |
| --- | --- | --- |
| 店铺数据化运营 | 1. 店铺数据化布局 | ① 能够分析店铺目标客户产品价格偏好，参照数据了解消费者消费心理；<br>② 通过产品价格及运费模板的调整优化，对店铺产品价格进行布局；<br>③ 能够根据店铺运营方案、客户产品偏好数据分析，掌握消费者偏好，对产品品类进行布局，提升店铺产品曝光和成交；<br>④ 能够分析平台产品热销属性等指标，根据分析结果，找出产品热销属性，为产品款式布局及优化提供数据支撑 |
| | 2. 产品数据化呈现 | ① 能够根据产品定位和规划，确定产品销售目标国和目标群体，制作店铺视觉设计方案；<br>② 能够根据产品定价公式，结合影响产品价格因素及定价方法，有效完成产品合理定价；<br>③ 能够分析海外目标市场消费者搜索习惯、产品热销属性等数据，完成标题关键词采集，制作产品标题，精准描述产品信息，高质量完成产品发布 |
| | 3. 产品数据优化 | ① 能够根据店铺运营目标和海外市场变化，不断调整和优化店铺产品布局，及时更新和维护产品信息，完成产品升级，制定店铺整体优化方案；<br>② 能够根据产品数据分析结果，结合标题拟定要求及技巧，完成产品标题的优化；<br>③ 能够掌握不同行业对产品图片的要求，根据店铺及产品数据分析结果，完成产品主图及营销图的优化；<br>④ 能够根据店铺及产品数据分析结果，完成产品详情页优化，有效降低产品跳失率，提高产品转化率及订单客单价 |
| | 4. 站内营销活动优化 | ① 能够根据店铺数据分析结果，合理设置店铺活动，增强活动效果；<br>② 能够根据店铺发展目标，结合平台活动特点及产品优势，报名平台活动，追踪活动效果；<br>③ 能够根据平台活动特点，结合店铺发展阶段及产品推广目标，实现平台活动及店铺活动合理搭配，实现活动效果最大化 |
| | 5. 站内流量数据化分析 | ① 能够根据店铺发展目标，正确采集店铺站内流量数据，分析店铺流量来源、各来源流量占比等数据；<br>② 能够对采集到的站内流量数据进行整理，利用折线图及饼状图分析各来源流量占比、以及上升下降趋势，更加直观展示店铺流量变化；<br>③ 能够根据站内流量来源，确定影响店铺流量的主要因素，制定提升店铺站内流量方案并有效实施；<br>④ 能够根据站内流量来源占比，监控各个渠道店铺流量变化情况，针对流量下降情况及时做出优化 |
| 海外流量数据化推广 | 1. 海外流量推广方案制定 | ① 能够根据店铺发展目标，结合 SEO 优化工具、SEM 营销方式等，制定海外运营推广方案；<br>② 能够根据店铺发展目标，结合自身产品特点制定海外社交媒体数据化推广计划；<br>③ 能够根据店铺营销目标及产品特点，制订海外视频数据化营销推广方案 |
| | 2. 海外社媒数据化推广 | ① 能够针对第三方跨境电商平台特点及产品推广要求，精准选择海外社交媒体，制订营销策略，提升推广效果；<br>② 能够根据海外社媒推广方案，注册海外社交媒体账号，根据产品特点，持续创造适合不同社交平台的推广内容，吸引粉丝，扩大海外营销影响力；<br>③ 能够根据海外社媒账号表现，分析推广内容的触达人数、点赞数、留言和转发等海外消费者行为数据，调整运营策略，引入社媒广告和海外网红等优质流量，提升店铺转化 |

续表 2

| 工作领域 | 工作任务 | 职业技能要求 |
| --- | --- | --- |
| 海外流量数据化推广 | 3. 海外视频数据化推广 | ① 能够根据视频推广方案，把握海外消费者心理，提炼产品卖点，选择合适的视频平台进行产品推广；<br>② 能够根据视频营销的目标，运用 YouTube 等平台进行视频营销，提升运营效果；<br>③ 能够根据海外视频推广方案，通过海外社交达人进行推广，增加店铺粉丝数，提高品牌知名度，提升店铺的运营效果；<br>④ 能够采集和分析视频推广产生的曝光量、互动率、转发量、点赞数、转化率等数据，根据推广效果，及时优化产品及视频推广文案 |

## （三）高级技能要求

跨境电子商务 B2C 数据分析岗位职业技能要求（高级），见表 1–5。

表 1–5　跨境电子商务 B2C 数据分析岗位职业技能要求（高级）

| 工作领域 | 工作任务 | 职业技能要求 |
| --- | --- | --- |
| 数据运营策制定 | 1. 数据采集与方案制定 | ① 能够根据店铺选品需求，制订行业及子行业数据采集方案，深入分析行业及子行业容量、发展前景、行业需求等信息，为店铺选品提供数据支持；<br>② 能够根据店铺产品品类及款式布局规划，制订产品热销属性数据采集方案，分析客户偏好，为店铺产品布局提供思路；<br>③ 能够根据店铺发展需要，制订采集店铺及重点产品数据方案，重点采集流量、转化率及客单价等重要指标，为店铺优化提供数据参考；<br>④ 能够根据店铺发展需要，合理制订采集竞争对手产品及店铺数据方案，为店铺选品及自身产品优化提供借鉴 |
| | 2. 数据分析方案制定 | ① 能够制定平台内店铺数据分析方案，运用 Excel 工具，对店铺类目排名、流量、访客数、产品浏览量、点击率、搜索指数、加收藏人数、转化率和竞争程度等进行系统分析；<br>② 能够制订行业发展趋势的数据分析方案，运用 Excel 等工具，对不同行业的流量、转化率和竞争程度等进行深度分析；<br>③ 能够制定竞品及竞店数据分析方案，深入分析竞品及竞店产品销量、客单价、物流模板、买家国家分布、优惠活动、详情页等信息；<br>④ 能够制订产品热销、热搜等数据的分析方案，对产品成交指数、转化率、竞争指数、搜索指数、搜索人气、关键词等指标进行分析和挖掘 |
| | 3. 数据运营方案制定 | ① 能够根据企业发展特点和发展阶段，结合电商平台特点，制订品牌运营推广方案；<br>② 能够根据跨境电商 B2C 店铺付费推广规则，结合自身推广预算，制订付费推广方案；<br>③ 能够根据企业发展规模，制定独立站（自建站）开发及发展策略，制订品牌营销方案和推广计划；<br>④ 能够统筹海外线上营销方案，根据跨境电商第三方平台和独立站要求，制订有效的海外社交媒体图文、视频、直播、社交达人及搜索引擎等不同形式的推广方案，且能够根据推广效果及时优化推广方案 |

续表

| 工作领域 | 工作任务 | 职业技能要求 |
| --- | --- | --- |
| 数字营销管理 | 1. 付费营销 | ① 能够根据平台站内付费营销方案，制作并分析 CPC 广告（点击付费）数据报告，优化产品关键词推广设置，有效降低广告运行成本，提升产品排名与店铺运营效果；<br>② 能够根据平台站内付费营销方案，制作和分析联盟营销数据报告，不断提升联盟营销效果；<br>③ 能够根据店铺发展目标，有效识别社媒付费推广价值，根据成本及效果预期选择合适社媒付费推广方式，并对社媒付费推广效果进行跟踪分析；<br>④ 能够根据店铺推广目标，制订视频付费推广方案，有效选择合作对象，规划推广路径，合理控制视频付费推广成本，不断提升推广效果 |
| | 2. 海外直播数据化营销 | ① 能够根据海外市场及消费者特点，制订海外直播营销方案，寻找合适的主播；<br>② 能够根据平台要求，选择海外直播平台，完成直播申请，正确创建直播，并做好直播推流工作；<br>③ 能够根据海外直播营销方案，撰写直播脚本，实现直播带货，帮助店铺产品快速占领市场；<br>④ 能够根据产品直播表现，分析互动数据，优化直播方案，降低获客成本，提升直播效果 |
| | 3. 海外独立站数据化营销 | ① 能够根据店铺发展阶段，开发并运营企业海外独立站；<br>② 能够根据独立站流量及转化数据，制定独立站运营优化方案，并通过关键词设置优化和推广文案优化，提升独立站自然搜索流量和排名；<br>③ 能够结合品牌发展要求，运用付费推广手段，在搜索、展示、移动、视频、购物和邮件等渠道提升品牌知名度、流量和转化率，提升营销效果；<br>④ 能够熟练使用网站测速、流量排名、市场调研、广告监测等工具，监测独立站数据变化，及时优化独立站排名 |
| 线上交易数据化管理 | 1. 供应链数据化管理 | ① 能够根据店铺发展需求，结合跨境电商货源平台，选择合适的供货商，建立优质货源供给库；<br>② 能够根据店铺发展目标和海外仓发展要求，建立海外仓储系统，调整优化店铺物流模板；<br>③ 能够根据店铺运营目标，制定跨境供应链管理方案，整合海外仓资源，运用 ERP 管理系统，独立高效完成发货；<br>④ 能够根据海关通关合规要求，合理设计通关方案，采用跨境电商通关新模式，顺利完成通关 |
| | 2. 客户数据化管理 | ① 能够熟练运用店铺客户管理工具，建立客户信息数据库，制订老客户维护方案和开发新客户计划；<br>② 能够借鉴其他跨境电商平台店铺成功经验，形成店铺内客户循环机制，利用会员制等手段对店铺客户进行数据化管理，提高客户活跃度及复购率；<br>③ 能够对店铺内批发及 drop shipping 客户进行系统整理，形成批发及 drop shipping 客户管理表，定期维护及营销，提高店铺客单价；<br>④ 能够根据客户消费行为，建立客户数据模型，分析客户消费习惯、消费偏好，强化店铺与客户之间关系，提升客户忠诚度 |
| | 3. 服务数据化管理 | ① 能够根据店铺发展需求，对客服进行赋能，充分发挥客服数据化服务作用，提升店铺转化率及好评率；<br>② 能够整理店铺内常见售前及售后问题，并分析常见问题，总结服务 SOP，增强客服服务能力及问题解决能力，提高买家满意度；<br>③ 能够根据平台发展及用户需求数据分析，增加店铺特色服务，抓住消费者心理，满足消费预期，提高客户留存率及活跃度；<br>④ 能够根据店铺发展表现，从满意度、解决率等方面对客服工作进行数据化考核，提升客服创造客户价值的能力 |

# 任务二　跨境电子商务数据分析业务流程

## 任务描述

在跨境电子商务数据分析师的岗位上，掌握数据分析的工作流程是至关重要的。你的任务是了解整个工作流程，包括需求分析及目标确定、构建数据指标体系、数据采集及整理、数据分析及可视化、运营优化策略建议以及持续跟踪优化。如何在了解这些步骤的过程中，确保每个环节都高效、准确地完成，从而提高整体数据分析的质量和效果?

## 任务分析

本任务的核心是理解数据分析工作的完整流程。需求分析和目标确定是数据分析的起点，要明确分析目的和方向。构建数据指标体系有助于确定数据分析的重点和标准。数据采集和整理是确保数据质量的基础，数据分析及可视化则是将数据转化为可视图的关键步骤。运营优化策略建议和持续跟踪优化则是确保数据分析结果能够实际应用并不断改进的步骤。了解和掌握这些流程能够帮助你高效、准确地完成数据分析工作，从而提升整体分析质量和业务效果。

## 任务重点与实施

数据分析是一种思维方式和技能，是指通过数据化的工具、技术和适当的统计分析方法对收集来的大量资料进行分析，以最大化地开发数据资料的功能，发挥数据的作用，提取有用信息和形成结论，从而对数据进行详细研究和概括总结的过程。数据分析被广泛应用于各个领域、各个环节。

根据《标准》，跨境电子商务数据分析（cross-border electronic commerce data analysis），即用统计的方法对跨境电子商务 B2C 业务中产生的数据进行采集、处理和分析，对运营策略提供精准的指导。

在跨境电子商务数据分析的整体流程中，首先就是获取数据。数据分为两类：一类是站内数据；另一类是站外数据。如果运营人员只是想要分析站内店铺的一些日常运营与管理细节，那么可以使用与店铺密切相关的数据，如流量数据、转化率数据、成交额数据。如果运营人员想要分析的是产品的市场情况，那么就需要获取站外数据。其次运营人员要借助相关的数据工具进行数据分析，如 Excel、生意参谋等数据分析工具。最后根据数据分析的结果，运营人员能够准确地识别问题的关键所在，为接下来的管理与运营策略的制定提供强有力的理论和数据支撑。

跨境电子商务数据分析业务流程如图 1–3 所示。

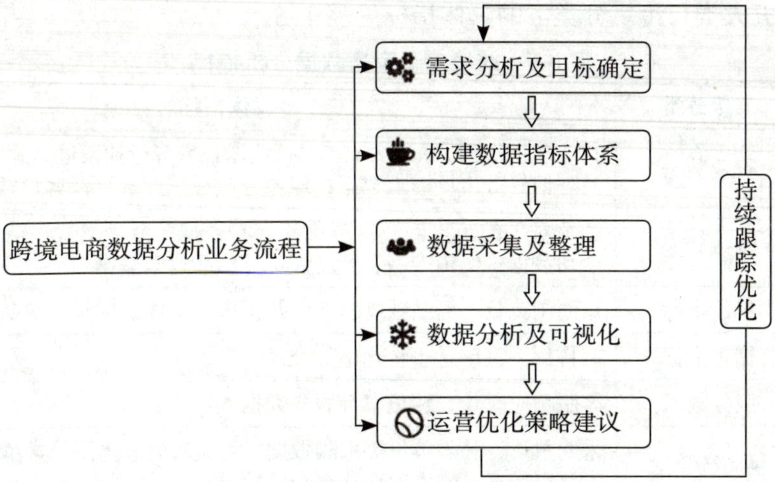


图 1–3　跨境电子商务数据分析业务流程

## 一、需求分析及目标确定

跨境电子商务企业根据所处的成长阶段和产品的生命周期，确定不同的数据分析目标。即使在同一个企业，不同人员的运营目标或者关注点也是不一样的。企业高层更关注有多少客户、产生多少订单、实现多少收益等较为核心的数据；产品运营人员更关注产品的流程转化、订单流失等数据；市场推广人员需要及时掌握推广活动效果；客户管理与服务人员要制定客户分级分类维护体系。因此，这个目标可以是长期或短期的，但必须是确定的，可以通过具体的指标进行量化操作。

通常，根据业务部提出的具体任务，分析任务背景和待解决的问题，确定具体的数据分析目标。

## 二、构建数据指标体系

跨境电子商务企业根据不同的数据分析目标和业务需求，有针对性地搭建有效的数据指标体系，帮助业务人员快速发现并定位问题。通过前面的学习，了解了跨境电子商务业务数据“沉淀”在平台中的具体过程，这也是数据分析背后的底层逻辑。线上购物为卖家了解消费者行为特征提供了强大的资源和工具支持，这就是“数据”；线下购物不便于购物行为留痕，但线上购物具有强大的数据留痕的优势，在客户点击鼠标，进行购物平台选择、店铺页面浏览、点击详情页、加购物车、支付或退出页面等一系列动作时，这些点击动作都以“数据”的方式留下痕迹，为卖家分析自家店铺的消费者群体、爆款产品提供便利。但跨境电子商务平台的数据是海量的，它们之间如何互相影响，怎样从中找到关键数据，是帮助卖家制定最优运营策略的关键。

首先，需要对跨境电子商务的数据指标进行一个全面的了解。跨境电子商务数据分析指标可以分为市场类数据指标、运营类数据指标、客户类数据指标、产品类数据指标和推广类数据指标五大类，每一分类下的具体指标见表 1-6。

表 1-6　跨境电子商务数据分析指标

| 一级分类 | 二级分类 | 具体指标 |
| --- | --- | --- |
| 市场类数据指标 | 行业数据 | 行业总销售额、市场占有率、行业增长率等行业发展数据；需求量变化、品牌偏好等市场需求数据；地域分布、职业等目标客户数据 |
| | 竞争数据 | 竞争对手的销售额、客单价等交易数据；活动形式、活动周期等营销活动数据；畅销产品、产品评价等产品运营数据 |
| 运营类数据指示 | 流量指标 | 页面浏览量、网站独立访客、跳出率、页面访问深度等数据 |
| | 销售数据 | 销售额、订单量、转化率等交易数据 |
| | 服务数据 | 客服响应时长、转化率等服务数据 |
| | 供应链数据 | 采购数量、采购单价等采购数据；物流时效、物流异常量等物流数据；库存周转率、残次库存比等仓储数据 |
| 客户类数据指示 | 基本信息 | 性别、年龄、所在地区等客户基本信息 |
| | 购买行为 | 浏览量、收藏量等客户行为数据 |
| 产品类数据指示 | 搜索能力数据 | 产品搜索词、搜索指数等数据 |
| | 获客能力数据 | 新客点击量、重复购买率等数据 |
| | 盈利能力数据 | 客单价、毛利率等数据 |
| 推广类数据指示 | 推广渠道分析 | 流量来源、流量结构分析 |
| | 推广效果分析 | 展现量、互动率、点击数、转化率等数据 |

其次，选择数据分析指标。根据数据分析目标和业务需求，选择需要重点分析的数据指标，据此找到对应的数据采集渠道。

## 三、数据采集及整理

数据分析的基础是数据源。因此找到数据源并采集和整理数据，是数据分析的基础。

### （一）数据源

在采集数据之前，需要认识一下可供采集的数据源。数据源种类很多，总体而言，可分为两类：一类是站内数据；另一类是站外数据。

#### 1. 站内数据

站内数据是在企业入驻的跨境电子商务平台上可获取的数据，包括前台搜索和浏览的各个行业、各个类目的数据，以及店铺的内部数据。

跨境电子商务平台是为企业或个人提供网上交易的平台。卖家可以充分利用跨境电子商务平台提供的网络基础设施、支付平台、安全平台、管理平台等共享资源，有效地、低成本地开展自己的商业活动。跨境电子商务平台是跨境电子商务数据产生的基本载体，因此，站内数据是获取数据的主要渠道，既包括前台可搜索到的行业和类目信息、平台上的其他店铺信息、上架的产品信息、评价数据，也包括后台的产品数据、客户数据、交易数据、评价数据等，见表 1–7。

表 1–7　后台数据主要类别

| | |
|---|---|
| 产品数据 | 卖家在开展活动之前，将产品数据录入平台数据库，将其在店铺页面中呈现出来。这些产品数据主要包括产品分类、产品品牌、产品价格、产品规格、产品展示，主要有文字描述、具体数值、图片等数据格式。在运营过程中，卖家可以通过对产品数据的采集（主要是获取不同类目、颜色、型号等对销售量和销售额产生影响的数据）调整运营策略，实施销售计划 |
| 客户数据 | 客户在各电商平台上购买之前需要进行注册，提供个人基本信息，如联系电话、电子邮件和通信地址。后续在线上交易、线下物流环节，平台将留存更完整的客户数据，包括姓名、性别、年龄等内在属性数据，城市、受教育程度、工作单位等外在属性数据，首次注册时间、VIP 等级、消费频率、购物金额等业务属性数据。了解客户这些信息有利于卖家分析客户的消费行为和消费倾向等特征，为客户打上不同标签并进行客户分群，帮助实现客户的分级分类管理 |
| 交易数据 | 客户在平台上产生购买行为之后，其交易数据包括购买时间、购买产品、购买数量、支付金额、支付方式等。对交易数据的采集是通过数据分析评估客户价值，将潜在客户变为价值客户。跨境电子商务网络营销最主要的目的是促进产品销售，因此按照客户对产品的购买情况，可对当前和本产品有关的营销策略及其实施效果进行评价，以便进行相应的调整 |
| 评价数据 | 客户评价对消费引导的影响越来越重要。有报道显示，“80 后”“90 后”“00 后”的消费者更愿意在互联网上分享自己的真实购物体验，并且消费评价成为其产生购买行为的重要影响因素。这些评价数据主要以文本的形式体现，包含产品品质、客户服务、物流服务等方面的内容。对评价数据的采集可以帮助卖家更好地和消费者进行沟通，了解其真实需求，完善产品和提高服务 |

## 2. 站外数据

站外数据主要指的是从跨境电子商务平台以外的渠道获取的数据，主要包括跨境电子商务专业网站的研究报告及统计数据、新闻媒体发布的关于跨境电子商务的报道、资讯等。

## （二）选择合适的数据源进行数据采集及整理

对采集的竞品信息进行汇总、整理如图 1–4 所示。

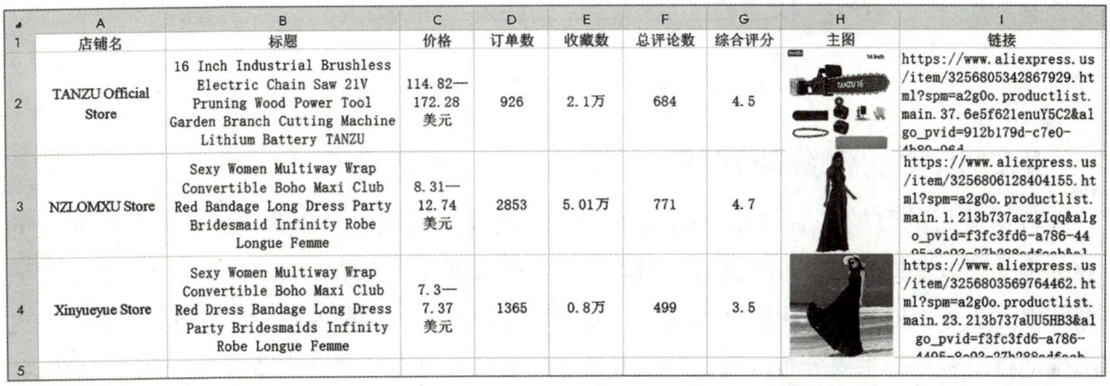

| | A | B | C | D | E | F | G | H | I |
|---|---|---|---|---|---|---|---|---|---|
| 1 | 店铺名 | 标题 | 价格 | 订单数 | 收藏数 | 总评论数 | 综合评分 | 主图 | 链接 |
| 2 | TANZU Official Store | 16 Inch Industrial Brushless Electric Chain Saw 21V Pruning Wood Power Tool Garden Branch Cutting Machine Lithium Battery TANZU | 114.82—172.28 美元 | 926 | 2.1万 | 684 | 4.5 | | https://www.aliexpress.us/item/3256805342867929.html?spm=a2g0o.productlist.main.37.6e5f621enuY5C2&algo_pvid=912b179d-c7e0- |
| 3 | NZLOMXU Store | Sexy Women Multiway Wrap Convertible Boho Maxi Club Red Bandage Long Dress Party Bridesmaid Infinity Robe Longue Femme | 8.31—12.74 美元 | 2853 | 5.01万 | 771 | 4.7 | | https://www.aliexpress.us/item/3256806128404155.html?spm=a2g0o.productlist.main.1.213b737aczgIqq&algo_pvid=f3fc3fd6-a786-44 |
| 4 | Xinyueyue Store | Sexy Women Multiway Wrap Convertible Boho Maxi Club Red Dress Bandage Long Dress Party Bridesmaids Infinity Robe Longue Femme | 7.3—7.37 美元 | 1365 | 0.8万 | 499 | 3.5 | | https://www.aliexpress.us/item/3256803569764462.html?spm=a2g0o.productlist.main.23.213b737aUU5HB3&algo_pvid=f3fc3fd6-a786- |
| 5 | | | | | | | | | |

图 1–4　汇总整理的竞品信息

## 四、数据分析及可视化

### （一）数据分析

数据分析就是利用对比和细分这两大基本手段对采集的数据进行筛选、计算、排序、汇总等基本的清洗整理和统计操作。一是通过与行业标准、历史数据的对比，发现运营的差距与异常；二是针对某一个具体问题，可以从时间、来源、渠道、产品、类型、客户等不同细分维度进行分析，精准定位问题和原因。例如，进入全球速卖通的后台工具生意参谋采集近 7 天的店铺流量来源数据，利用 Excel 的数据透视表汇总每一类流量来源渠道的访客数，据此可以对比不同渠道的流量情况，如图 1-5 所示。

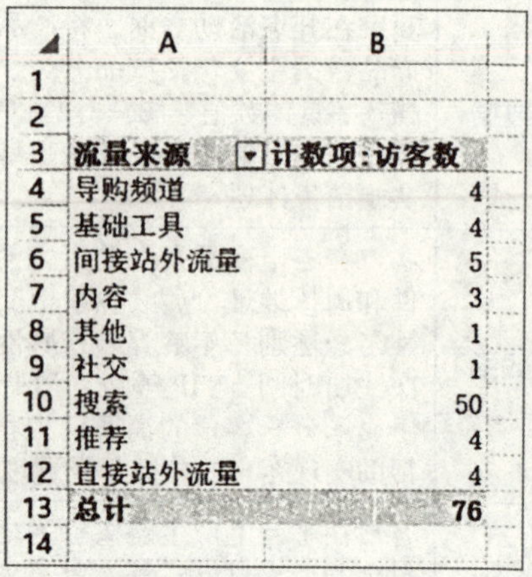

| | A | B |
|---|---|---|
| 1 | | |
| 2 | | |
| 3 | 流量来源 | 计数项:访客数 |
| 4 | 导购频道 | 4 |
| 5 | 基础工具 | 4 |
| 6 | 间接站外流量 | 5 |
| 7 | 内容 | 3 |
| 8 | 其他 | 1 |
| 9 | 社交 | 1 |
| 10 | 搜索 | 50 |
| 11 | 推荐 | 4 |
| 12 | 直接站外流量 | 4 |
| 13 | 总计 | 76 |
| 14 | | |

图 1-5　Excel 数据透视表分析店铺的流量来源

### （二）结果可视化

数据分析的结果可以通过统计图表、PPT 和报告的形式进行数据可视化展示，具体可以通过使用 Excel 的数据透视图或统计图表，以更加清晰、直观地展示数据关系。例如，采用数据透视图对图 1-5 中的统计数据进行可视化展示，结果如图 1-6 所示。

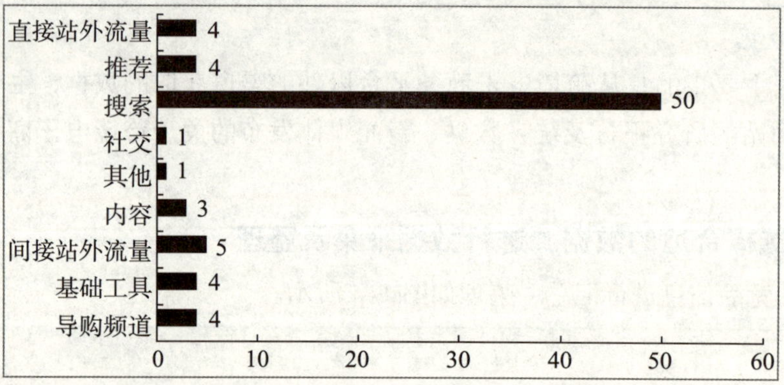


图 1-6　Excel 数据透视图进行可视化展示

## 五、运营优化策略建议

数据分析的目的是通过数据挖掘经营中的短板和问题，分析其内在原因，为企业的业务优化和效率提升提供策略支持。因此，在分析数据并得出结论后，数据分析人员还要根据结果为业务部门提出优化策略和建议：通过对客户基本信息和客户行为进行数据分析，更准确地得出客户的主要分布区域，帮助市场部门更有针对性和差异化地选品；通过供应链数据分析，对比不同物流服务商的服务质量和效率，在物流服务商采购方案制定中给出建议。

## 六、持续跟踪优化

对于跨境电子商务企业来说，日常运营数据的采集、分析非常重要，这是一项持续性工作。数据分析人员为业务部门提供运营优化方案后，在方案实施后，需要对应用的效果持续跟踪，通过客户数据的反馈来验证方案的正确性和合理性。如果未能解决问题或实施效果不理想，应该及时更换第二套方案；如果问题得到了解决，还需持续跟踪数据表现，因为市场瞬息万变，新的变化将会引发新的问题。

综上所述，数据分析支撑运营的关键在于如何使用数据，数据分析需要与业务逻辑结合起来，才能实现以数据指导运营决策的目标。

# 任务三　跨境电子商务数据分析常用工具

### 任务描述

作为一名跨境电子商务数据分析师，需要掌握一些常用的数据分析工具。你的任务是熟悉全球速卖通卖家后台的生意参谋工具，它可以提供市场分析和业务洞察；同时，还需要熟练使用 Excel 表格以进行数据整理和分析。那么，如何在掌握这些工具的基础上，提高数据分析的效率和准确性？

### 任务分析

在数据分析工作中，工具的选择和使用对于提高效率和分析准确性至关重要。全球速卖通的生意参谋工具可以提供跨境电子商务特定的数据分析功能，帮助分析市场趋势和业务表现。Excel 作为数据分析的基础工具，具有强大的数据处理和分析能力，通过其功能可以进行复杂的数据操作和分析。熟悉这些工具不仅能提高工作效率，还能提升分析的准确性和深度，从而为跨境电子商务业务提供更加有效的数据支持和决策依据。

### 任务重点与实施

## 一、全球速卖通卖家后台工具生意参谋

进入全球速卖通卖家后台，在顶部菜单栏可以看到生意参谋的入口，点击进入之后即可看到店铺的各项数据指标。

### （一）生意参谋的基本功能

生意参谋是阿里巴巴打造的商家统一数据平台，辅助卖家分析店铺实时数据、流量以及排名等，是一个非常实用的工具，它为入驻全球速卖通平台的跨境电子商务卖家提供一站式、个性化、可定制的商务决策支持。生意参谋集海量数据及店铺经营思路于一体，既可以为卖家提供流量、商品、交易等店铺经营全链路的数据揭示、分析、预测等功能，还能辅助卖家进行选品、营销、物流等数据化运营。

### （二）生意参谋的各个板块

全球速卖通的生意参谋共有 12 个功能板块，包括数据概览、实时播报、成交分析、流量分析、商品排行、单品分析、营销助手、物流分析、市场分析、搜索分析、选词专家和选品专家，如图 1–7 所示。其中，生意参谋的数据概览板块由以下几方面构成。

（1）主营类目：包括主营一级行业、主营二级行业。

（2）实时概况：展示当前支付金额、访客数、支付买家数、税费、浏览量、支付订单数等实时数据。

（3）店铺层级：展示店铺近 30 天支付金额排名表现。

（4）核心指标：查询并下载店铺核心运营指标数据表现。

（5）流量看板：流量来源趋势、搜索关键词排行等数据。

（6）商品排行：按照支付、访客、加购、收藏四大榜单进行查询。

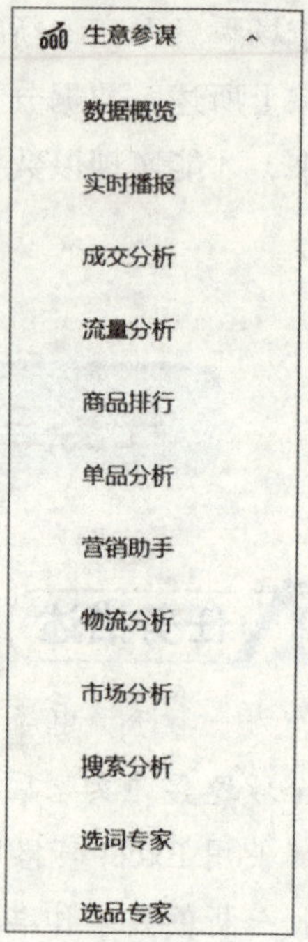


图 1–7　生意参谋的各个板块

## 二、Excel 表格处理工具

### （一）Excel 的基本功能

Excel 表格处理工具是 Office 办公系统中一款基本的数据处理分析软件，它的数据分析和挖掘功能十分强大，几乎可以完成所有的数据统计分析工作。跨境电子商务数据分析中最常用到的是 Excel 对数据的基本统计功能，通过输入公式与调用函数，人们可以快速完成商务数据的统计分析工作。除此以外，通过制作各种统计图表，实现数据可视化，如图 1–8 所示。

图 1–8　Excel 的统计图表功能

各类型数据的清洗、整理工作，包括排序、筛选、去重、分列、异常值处理等，如图1-9所示。

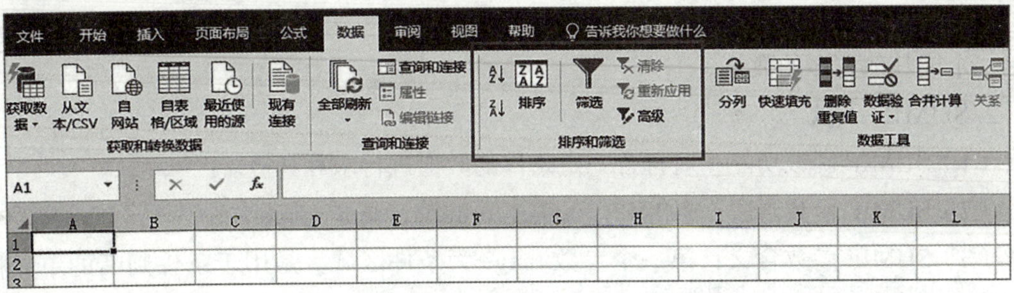


图1-9　Excel的数据处理功能

## （二）Excel的统计分析函数

Excel常见的统计分析函数有求和（SUM）、条件求和（SUMIF）、计数（COUNT）、条件计数（COUNTIF）、最大值（MAX）、最小值（MIN）、平均值（AVERAGE）和查找值（VLOOKUP）。

调用函数时，通过“插入函数”按钮，选择相应的函数类型，如图1-10所示。最重要的是使用者对函数语法的理解，能够在使用情景中准确灵活地设置参数。

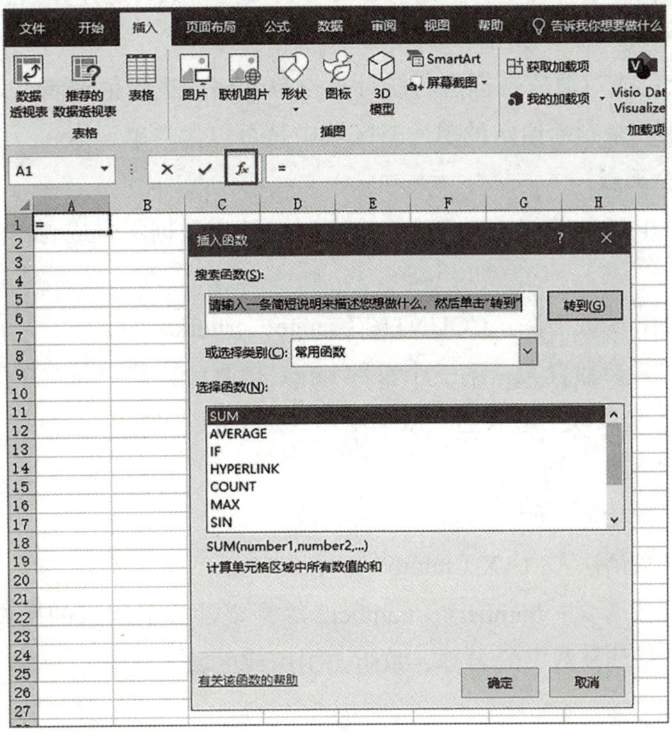


图1-10　选择函数类型

### 1. SUM函数

（1）SUM函数功能：某一单元格区域中所有数值之和。

（2）SUM 函数语法：SUM（number1，nurber2，……）。

（3）SUM 参数含义：第一个参数 number1 为要求和的第一个数字，该数字可以是数值，或者是涉及数字的名称、数组、引用或单元格区域；第二个参数 number2 等是要相加的第二个或其他更多的数值。

### 2. SUMIF 函数

（1）SUMIF 函数功能：对符合一定条件的数值进行求和计算。

（2）SUMIF 函数语法：SUMIF（range，criteria，sum_range）。

（3）SUMIF 参数含义：第一个参数 range 为条件区域，是用于条件判断的单元格区域；第二个参数 criteria 是求和条件，是由数字、逻辑表达式等组成的判定条件；第三个参数 sum_range 为实际求和区域，是需要求和的单元格、区域或引用。当省略第三个参数时，则条件区域就是实际求和区域。

### 3. COUNT 函数

（1）COUNT 函数功能：对给定数据集合或者单元格区域中数据的个数进行计数。

（2）COUNT 函数语法：COUNT（value1，value2，……）。

（3）COUNT 参数含义：第一个参数 value1 是必需参数，是计算数据的个数的第一项、单元格、引用或区域；第二个参数 value2 等为可选参数，是计算数据的个数的其他项、单元格、引用或区域，最多可包含 255 个。

COUNT 函数只能对数值数据进行统计，空单元格、逻辑值或者文本数据将被忽略，因此可以利用该函数来判断给定的单元格区域中是否包含空单元格。

### 4. COUNTIF 函数

（1）COUNTIF 函数功能：对符合一定条件的给定数据集合或者单元格区域中数据的个数进行计数。

（2）COUNTIF 函数语法：COUNTIF（range，criteria）。

（3）COUNTIF 参数含义：第一个参数 range 是要计算其中非空单元格数目的区域；第二个参数 criteria 是以数字、表达式或文本形式定义的条件。

### 5. MAX 函数

（1）MAX 函数功能：所有参数中的最大值。

（2）MAX 函数语法：MAX（number1，number2，……）。

（3）MAX 参数含义：number1、number2 等是要计算平均值的所有参数。这些参数可以是数字，或者是涉及数字的名称、数组、引用或区域。

### 6. MIN 函数

（1）MIN 函数功能：所有参数中的最小值。

（2）MIN 函数语法：MIN（number1，number2，……）。

（3）MIN 参数含义：number1、number2 等是要计算平均值的所有参数。这些参数可以是数字，或者是涉及数字的名称、数组、引用或区域。

#### 7. AVERAGE 函数

（1）AVERAGE 函数功能：计算所有参数的平均值。

（2）AVERAGE 函数语法：AVERAGE（number1，number2，……）。

（3）AVERAGE 参数含义：第一个参数 number1 为要计算平均值的第一个数字、单元格、引用或区域；第二个参数 number2 等为可选参数，所有参数可以是数字，或者是涉及数字的名称、数组、引用、区域。

#### 8. VLOOKUP 函数

（1）VLOOKUP 函数功能：纵向查找函数，即按列查找，最终返回该列所需查询序列中对应的值。

（2）VLOOKUP 函数语法：VLOOKUP（lookup_value，table_array，col_index_num，range_lookup）。

（3）VLOOKUP 参数含义：第一个参数 lookup_value 为需要在数据表第一列中进行查找的值，可以为数值、引用或文本字符串；第二个参数 table_array 为需要在其中查找数据的数据表，对区域或区域名称的引用；第三个参数 col_index_num 为 table_array 中查找数据的数据列序号，即 col_index_num 为 1 时，返回 table_array 第一列的值，col_index_num 为 2 时，返回 table_array 第二列的值，以此类推；第四个参数 range_lookup 指明函数 VLOOKUP 查找时是精确匹配还是近似匹配，如果为 FALSE 或 0，则返回精确匹配，如果为 TRUE 或 1，将查找近似匹配值，如果 range_lookup 省略，则默认为 1。

### （三）Excel 的数据透视表（图）功能

数据透视表是一种交互式的表格，可以进行某些计算，如求和与计数，它所进行的计算与数据和数据在数据透视表中的排列有关。数据透视表可以动态地改变版面布局，方便客户按照不同的方式分析数据，也可以重新安排行号、列标和页字段。每一次改变版面布置时，数据透视表就会立即按照新的布置方式重新计算数据。如果原始数据被更改，数据透视表也可以随之进行更新。

## 任务四　跨境电子商务数据分析基本方法

### 任务描述

在数据分析工作中，掌握各种数据分析方法是必不可少的。你的任务是学习和应用对比分析法、分组分析法、结构分析法、平均分析法、矩阵关联分析法、聚类分析法、时间序列分析法、归因分析法、预测分析法和相关分析法。这些方法将帮助你从不同角度分析数据，得出有价值的结论。如何在实际工作中选择和应用这些分析方法，以提高数据分析的深度和效果？

## 任务分析

掌握多种数据分析方法对于提升数据分析能力至关重要。每种方法都有其独特的适用场景和分析功能，例如，对比分析法适用于比较不同数据集，分组分析法适用于分类数据的分析，时间序列分析法则用于处理时间相关的数据。了解和应用这些分析方法能够帮助你从不同角度分析数据，深入挖掘数据中的信息和规律。通过有效地选择和应用这些方法，你可以提供更加全面、深入的分析结果，从而为跨境电子商务业务决策提供有力支持。

## 任务重点与实施

### 一、对比分析法

对比分析法也称“比较分析法”，是通过对客观事物进行比较，认识事物的本质和规律并作出评价的分析方法：对比分析法通常对两个相互联系的数据进行比较，从数量上展示和说明数据分析对象的规模大小、水平高低、速度快慢，以及各种关系是否协调。在对比分析中，选择合适的对比标准是十分关键的，只有选择合适的对比标准才能做出客观的评价，选择不合适的对比标准可能会得出错误的结论，可以选择以下不同的维度进行对比分析。

#### （一）时间维度

以时间维度进行对比是一种常见的方法，即以不同时间的指标数值作为对比标准。根据所要进行对比的时间标准的不同，对比分析通常可分为同比和环比，这也是商务数据分析中常用到的两种以时间维度进行对比分析的方法。

1. 同比分析法

同比分析法是按照年度、季度、月度、日期等进行扩展，用本期实际发生数与同口径历史数字相比，产生动态的相对指标，用以揭示发展水平以及增长速度。同比分析法主要是为了消除季节变动的影响，用以说明本期水平与往年同期水平的差距，二者对比达到的相对值，如本年1月比去年1月、本年2月比去年2月。在实际工作中，经常使用同比分析法，如某季、某月与上年同期相比的发展速度，也就是同比增长速度，计算公式为

$$同比增长速度=（本期-往年同期）/往年同期\times 100\%$$

2. 环比分析法

环比分析法是报告本期水平与前一时期水平之比，表明现象的逐期变化趋势。将各月与前一个月对比，即1月比去年12月，2月比1月，3月比2月，可以说明现象的逐月变化程度。比较本期数据与上期数据，形成时间序列图，计算公式为

环比增长速度=（本期 - 上期）/ 上期 ×100%。

### （二）空间维度

空间维度的对比分析是指可选择不同的空间指标进行比较，可以与同级部门、单位、地区进行比较，也可以与行业内的标杆企业、竞争对手或行业平均水平进行比较。

## 二、分组分析法

分组分析法是根据分析对象的特征，按照一定的标志，将分析对象划分为不同的部分或类型来进行研究分析以揭示其内在联系和规律的分析方法。

分组分析法的关键是分组。因此，使用该方法的关键是如何选择分组标志，以形成不同的分组方法。通常可以按照属性标志和数量标志进行分组。

### （一）属性标志

属性指明事物的性质、特征，如姓名、性别、所在部门、文化程度等标志，可以按照分析对象的属性标志分组。按照属性标志分组较为简单，如将客户按照性别分为男、女两组，组别非常清楚。也有一些相对复杂的属性标志分组，称为“统计分类”，即根据分析的目的统一规定分类标准和分类目录，如一般先将工业门类分为采掘业和制造业两大部分，然后再分为大类、中类、小类三个层次。

### （二）数量标志

数量标志分组分析法是指将数量作为分组依据，将数据总体划分为若干性质不同的部分，以分析数据的分布特征和内部联系。数量标志所代表的数据能够进行加、减、乘、除等运算，也能说明事物的数量特征，如人的年龄、工资水平、企业的资产。

根据数量特征，数量标志分组可分为单项式分组和组距式分组。单项式分组一般适用于数据量不多、变动范围较小的离散型数据，每个数量标志就是一组，有多少个数量标志就分成多少组，如按产品产量、技术级别、员工工龄等标志分组。组距式分组一般适用于数据变化幅度较大的情况，通过将总体数据划分为若干区间，每个区间作为一组，以此保证组内数据性质相同，组与组之间性质相异。

## 三、结构分析法

结构分析法是对分析研究总体内的各部分与总体进行对比的分析方法。总体内的各部分占总体的比例属于相对指标，一般某部分所占比例越大，说明其重要程度越高，对总体的影响越大。如对国民经济的构成进行分析，可以得到生产、流通、分配和使用各环节占国民经济的比重或是各部门对国民经济贡献的比重，从而揭示各部门之间的联系及变化规律。其计算公式为

结构相对指标（比例）=某部分的数值 / 总体总量 ×100%

结构分析法较为简单，如市场占有率就是一个非常典型的运用结构分析法得到的运营指标。其计算公式为

市场占有率=某种产品的销售量 / 该种产品的市场销售总量 ×100%

市场占有率是分析企业在行业中竞争状况的重要指标，也是衡量企业运营状况的综合经济指标。市场占有率高，表明企业运营状况好、竞争能力强、在市场上占据有利地位；反之，则表明企业运营状况差、竞争能力弱、在市场上处于不利地位。

## 四、平均分析法

平均分析法是运用平均指标来反映总体在一定时间、一定地点条件下，某一数量特征的一般水平。平均指标可用于对比同一现象在不同地区、不同行业或不同类型单位间的情况，还可用于对比同一现象在不同时间的情况。平均分析法的作用主要有以下两个。

（1）利用平均指标对比同一现象在不同地区、不同行业、不同类型单位间的差异程度，比用总量指标进行对比更有说服力。

（2）利用平均指标对比同一现象在不同历史时期的变化，更能说明其发展趋势和规律。平均指标有算术平均数、调和平均数、几何平均数、众数和中位数等，其中常用的是算术平均数，也就是日常所说的平均数或平均值。算术平均数是非常重要的基础性指标。

算术平均数＝各单位数值的总和 / 总个数

平均指标是综合性指标，它的特点是将总体内各单位的数量差异抽象化，但其只能代表总体的一般水平，掩盖了平均数背后各单位的差异。

## 五、矩阵关联分析法

矩阵关联分析法，也称为“矩阵分析法”，是将事物（如产品、服务）的两个重要属性作为分析的依据进行分类关联分析，以解决问题的一种分析方法。

## 六、聚类分析法

聚类分析法是指将物理对象或抽象对象进行集合分组，形成由类似的对象组成的多个类别的分析方法。聚类分析的目标是在相似的基础上收集数据并进行分类。聚类技术源于很多领域，包括数学、统计学、生物学和经济学等。在不同的领域，很多聚类技术都得到了很好的应用，这些技术被用于描述数据、衡量不同数据源间的相似性，以及把数据源分到不同的簇中。

聚类分析法是一种探索性的分析方法。在分类的过程中，人们不必事先给出一个分类标准，聚类分析能够从样本数据出发，自动进行分类。不同的研究者对于同一组数据进行聚类分析，所得到的结论未必一致。

聚类常常与分类放在一起讨论。聚类与分类的区别在于，聚类所要求划分的类，是未知的，是将数据分到不同的类或者簇的一个过程。所以，同一个簇中的对象有很大的相似性，而不同簇间的对象有很大的相异性。

从统计学的观点看，聚类分析法是通过数据建模简化数据的一种方法。传统的聚类分析法包括系统聚类法、分解法、加入法、动态聚类法、有序样品聚类法、重叠聚类法和模糊聚类法等。采用 k- 均值、k- 中心点等算法的聚类分析工具已被置入许多统计分析软件，如 SPSS、SAS。

## 七、时间序列分析法

时间序列是指按时间顺序进行排列的数字序列。时间序列分析就是用数理统计方法对相关数列进行处理，以预测事物的发展趋势。时间序列分析法是定量预测法的一种，基本原理如下：一是承认事物发展的延续性，利用过去的数据就能推测事物的发展趋势；二是考虑事物发展的随机性，任何事物发展都可能受偶然因素的影响，为此要利用统计分析中的加权平均法对历史数据进行处理。时间序列分析法简单易行，便于掌握，但准确性差，一般只适用于短期预测。时间序列分析一般反映四种实际变化规律：趋势、季节变动、循环波动和不规则波动。

（1）趋势：时间序列在一段较长的时期内呈现的持续向上或持续向下的变动状况。

（2）季节变动：时间序列在一年内重复出现的周期性波动，它是受气候条件、生产条件、节假日或人们的风俗习惯等各种因素影响的结果。

（3）循环波动：时间序列呈现的非固定长度的周期性变动。循环波动的周期可能会持续一段时间，但与趋势不同，它不是朝着单一方向的持续变动，而是涨落相同的交替波动。

（4）不规则波动：时间序列中除去趋势、季节变动和循环波动之后的随机波动。不规则波动通常夹杂在时间序列中，致使时间序列产生一种波浪形或震荡式的变动；不含不规则波动的序列也称“平稳序列”。

## 八、回归分析法

回归分析法是研究一个随机变量（$Y$）对另一个随机变量（$X$）或一组随机变量（$X_1$，$X_2$，…，$X_n$）的相关关系的统计分析方法，其运用十分广泛。回归分析法按照涉及的自变量的多少，可分为一元回归分析和多元回归分析；按照自变量和因变量之间的关系类型，可分为线性回归分析和非线性回归分析。

简单地说，回归分析法就是几个自变量经加减乘除后得到因变量。例如：想知道活动覆盖率、产品价格、客户薪资水平、客户活跃度等指标与购买量存在何种关系，就可以运用回归分析法，把这些指标及购买量的数据输入系统，运算后即可分别得出这些指标与购买量存在何种关系的结论，以及通过进一步的运算得出相应的购买量。

回归分析工具是一种非常有用的预测工具，既可以对一元线性或多元线性的问题进行预测分析，也可以对某些可以转化为线性问题的非线性问题进行预测分析。一般线性回归分析主要有以下五个步骤：根据预测对象，确定自变量和因变量；制作散点图，确定回归模型的类型；估计参数，建立回归模型；检验回归模型；利用回归模型进行预测。利用回归分析法进行预测时，常见的是一元线性回归，又称“简单线性回归”。

## 九、预测分析法

预测分析也称“趋势分析”，即在已有数据的基础上，利用科学的方法和手段，对未来一定时期内的市场需求、发展趋势和影响因素的变化做出判断，进而为营销决策服务。

常用的预测分析法包括图表预测法与时间序列预测法。

### （一）图表预测法

在经营过程中，跨境电子商务企业可以通过图表预测法预测商品销量和销售额，根据预测值调整销售策略。在图表预测法中，基本的方法是趋势线预测法。趋势线是一种直观的预测分析工具，通过这个工具，客户可以很方便地从图表中获取预测数据。趋势线的主要类型有线性、指数、对数、多项式、幂、移动平均等。选择合适的趋势线类型是提升趋势线的拟合程度、提高预测分析准确性的关键。

### （二）时间序列预测法

时间序列是指某种变量在一定时间段内，于不同时间点上观测值的集合，这些观测值是按时间顺序排列的，时间点之间的间隔是相等的，可以是年、季、月、周、日或其他时间段，如按年、季、月、周、日统计商品销量、销售额或库存量。时间序列法是一种回归预测方法，是把统计资料按发生时间的先后进行排序得出的一连串数据，利用该数据序列推导预测对象的发展趋势。

## 十、相关分析法

相关分析法是研究各种现象之间是否存在某种相关关系，并对相关方向以及相关程度进行探讨的方法。

相关关系是一种非确定性的关系，具有随机性。影响现象发生变化的因素不止一个，并且变化总是围绕某些数值的平均数上下波动。如以 $X$ 和 $Y$ 分别记录一个人的身高和体重，则 $X$ 与 $Y$ 显然有关系，但这个关系又没有确切到可以由其中的一个变量精确地预测另一个变量，这就是相关关系。

相关分析法是研究两个或两个以上随机变量之间相关关系的方向和密切程度的方法。利用 Excel 数据工具库中的相关分析，能找出变量之间存在的相关系数相关分析类别中最为常用的是直线相关，相关系数是反映变量之间线性关系的强弱程度的指标，一般用 $r$ 表示。当 $-1 < r < 0$ 时，则变量之间线性负相关；当 $0 < r \leqslant 1$ 时，则变量之间线性正相关；当 $r=0$ 时，则变量之间无线性关系。

## 课后实践

### 大数据相关工作岗位招聘信息分析

1. 实训背景

目前大数据行业人才缺口较大，而且大数据覆盖各行各业，应用领域十分广泛。近年来，人工智能、物联网也发展迅速，而大数据是这些新兴技术的基础。未来大数据还将成为全行业的基石。

大数据行业的薪资普遍较高。IT 行业本就是薪资较高的行业，而大数据作为 IT 行业的新宠，高薪也是很常见的。目前，大数据行业的平均月薪为 15 000 ～ 20 000 元，非常优秀的大数据人才的月薪可达 30 000 元。

大数据专业的就业方向实际上可以划分为三个大类：大数据开发、系统研发和大数据分析。而对应的基础岗位为大数据开发工程师、大数据系统研发工程师、大数据分析师。

2. 实训内容

学生自主选择一家招聘网站，获取 30 个大数据相关工作岗位的招聘信息，统计分析招聘公司的主营业务、员工规模，以及招聘岗位、招聘人数、学历要求、经验要求、岗位内容、技能要求等。2～3 名学生一组，完成后提交《大数据相关工作岗位招聘信息分析报告》。

3. 实训要求

2～3 名学生一组，合作完成并提交《大数据相关工作岗位招聘信息分析报告》，字数不限，要求合法获取大数据相关工作岗位的招聘信息，数据精确，用图文展示，分析到位，逻辑严密。

4. 实训评价

根据实训内容与实训过程，完成表 1-8 的填写。

表 1-8　实训评价

<table>
<tr><th rowspan="2" colspan="2">评价内容</th><th rowspan="2">满分 / 分</th><th colspan="3">评分 / 分</th></tr>
<tr><th>自评</th><th>互评</th><th>师评</th></tr>
<tr><td colspan="2">参与实践的积极性、主动性</td><td>20</td><td></td><td></td><td></td></tr>
<tr><td colspan="2">独立思考能力</td><td>20</td><td></td><td></td><td></td></tr>
<tr><td colspan="2">创新能力</td><td>20</td><td></td><td></td><td></td></tr>
<tr><td colspan="2">团队合作、沟通交流能力强</td><td>20</td><td></td><td></td><td></td></tr>
<tr><td colspan="2">劳动纪律良好</td><td>20</td><td></td><td></td><td></td></tr>
<tr><td colspan="2">合计</td><td>100</td><td></td><td></td><td></td></tr>
<tr><td rowspan="2">自评（20%）＋互评（20%）＋师评（60%）＝</td><td>综合等级</td><td colspan="4" rowspan="2">指导教师（签名）：</td></tr>
<tr><td></td></tr>
</table>

## 项目小结

本项目主要介绍跨境电子商务数据分析基础的相关知识。首先介绍了跨境电商数据分析岗位的角色和职责，对这一职业有一个初步的认识；其次介绍了跨境电商数据分析的工作流程，包括数据收集、处理、分析和解读等方面；最后介绍了数据分析常用的基本方法。通过本项目的学习，读者能够了解跨境电子商务数据分析岗位，从岗位的认识和工作内容的熟悉，再到工作流程的理解和常用工具的使用，再到基本方法的掌握，这一系列内容构成了跨境电子商务数据分析的基础知识体系。

## 课后练习

### 一、判断题

1. 数据分析只有有了大数据才能做。（ ）

2. 总体内的各部分占总体的比例属于相对指标，一般某部分所占比例越大，说明其重要程度越低，对总体的影响越小。（ ）

3. 数据分析是为了提取有用信息和形成结论而对数据加以详细研究和概括总结的过程。（ ）

4. 数据越多代表信息也就越多。（ ）

5. 回归分析法按照涉及的自变量的多少，可分为一元回归分析和二元回归分析。( )

### 二、单选题

1. 数据分析的流程依次是（ ）。

A. 确定目的与框架、收集数据、数据处理与集成、数据分析、数据可视化、撰写报告

B. 确定目的与框架、数据处理与集成、收集数据、数据分析、数据可视化、撰写报告

C. 确定目的与框架、收集数据、数据处理与集成、数据可视化、数据分析、撰写报告

D. 确定目的与框架、数据可视化、数据收集、数据处理与集成、数据分析、撰写报告

2. 数据收集阶段，内部渠道不包括（ ）。

A. 顾客的购买记录　　B. 客户访谈

C. 客户问卷调查　　D. 产品展销会

3. Excel 的基本功能不包括下面哪一项？（ ）

A. 演示文稿　　B. 调用函数

C. 制作图表　　D. 输入公式

4. 电子商务数据分析的原则不包括（ ）。

A. 针对性　　B. 实用性

C. 高效性　　D. 系统性

5. （ ）分析是把一组数据按照相似性和差异性分为几个类别。

A. 回归　　B. 分类

C. 聚类　　D. 关联

# 项目二

# 电子商务数据的采集

## 项目导读

随着电子商务的飞速发展，对于企业而言，有效地采集和管理电商数据已经成为提升竞争力的关键手段。本项目将深入探讨电子商务数据采集的基础知识，旨在建立起对电商数据采集的整体认知。从数据采集的基本概念、方法和流程，到其工作原理的理解，再到各种采集工具的介绍和比较，通过对比和分析这些工具的特点和使用场景，读者能够根据自己的需求选择合适的采集工具，从而高效地进行电商数据采集。

## 学习目标

### 知识目标

1. 了解电子商务数据采集的基本概念、方法、流程。
2. 掌握数据采集的原理。
3. 熟练掌握电子商务数据采集的常见工具。

### 能力目标

1. 能够使用 Excel 进行电子商务数据采集。
2. 能够使用数据采集器进行电子商务数据采集。

### 素质目标

1. 培养读者能够在跨境电子商务数据采集的过程中遵守数据安全法等法律法规。
2. 培养读者能够在跨境电子商务数据采集的过程中坚持采用正规、合法的渠道及工具。

## 思政目标

跨境电商具有全球化特征，读者在学习过程中可以接触到不同国家的文化、经济和商业模式，培养读者的全球视野和国际沟通能力，适应未来多元化的国际环境。

## 案例导入

某金公司A店铺主营女装类产品，且主打婚纱礼服。2023年，外贸婚纱礼服产品受到较大冲击，销量连续下滑。市场采购部门决定在近期增加女装产品种类，现需要在“女式套头卫衣”“女式运动套装”“女式拉链运动外套”三类产品中选择一种，所选产品的依据主要为近一年来客户关注度高、目标客户群体基数大等。数据分析人员针对市场部门的需求撰写数据采集与处理方案，并对相关数据进行采集整理。

如果你是数据分析人员，你准备去哪里搜集相关数据，为什么？你都知道哪几个常用的数据采集渠道，需要采集的数据类型都有哪些，数据采集后还需要做什么工作？

# 任务一　电子商务数据采集概述

## 任务描述

作为一名刚入行的数据分析师，需要了解电子商务数据采集的基础知识。你的任务是首先掌握数据采集的概念、方法和流程，包括如何定义数据采集的目标、选择合适的采集方法、以及执行采集任务的步骤；其次需要深入了解数据采集的原理，了解数据从源头到系统的传输过程。读者如何通过学习这些基础知识，为日后高效、准确的数据采集打下坚实的基础？

## 任务分析

本任务的重点在于建立对数据采集基础的全面理解。数据采集的概念包括采集的目的和需要解决的问题，而方法和流程则涉及如何实际操作和管理数据采集任务。了解数据采集的原理有助于掌握数据传输和处理的基本机制，从而更好地选择合适的采集工具和技术。通过深入掌握这些基础知识，读者能够提高数据采集的准确性和效率，为后续的数据分析和应用奠定坚实的基础。同时，掌握理论知识也有助于读者在实际操作中应对各种挑战，确保数据采集的质量和可靠性。

## 任务重点与实施

数据是产生价值的原材料，也是进行数据分析的第一步。那么数据从何而来呢？获取数据的方式有很多种，比如借助代码或者网页源码进行手动采集或者借助其他第三方数据采集工具进行采集。采集完数据需要将数据储存，储存到本地或者数据库，然后进行数据接连，将数据导入到分析平台上再进行具体的分析。数据获取是数据分析的第一步，本节将对数据采集的基础知识进行相关介绍。

## 一、数据采集的基本知识

数据采集就是搜集符合数据挖掘研究要求的原始数据。原始数据是研究者拿到的一手或者二手资源。数据采集既可以从现有、可用的无尽数据中搜集提取想要的二手数据，也可以经过问卷调查、采访、沟通等方式获得一手资料。不管用哪种方法得到数据的过程，都可以叫做数据采集。

互联网时代，万维网成为大量信息的载体，通过网络爬虫获取相关数据是一种高效且可靠的数据采集方式。

**知识拓展**

**数据源**

从数据采集角度来说，数据源有以下方面。

数据源 1：开放数据源，主要包括政府、企业、高校开放的相应的大数据，开放数据源一般针对行业的数据库。

数据源 2：爬虫抓取，一般针对特定的网站或 App。如果想要抓取指定的网站数据，比如购物网站上的购物评价等，就需要做特定的爬虫抓取。

数据源 3：传感器，它基本上采集的是物理信息。如图像、视频，或者某个物体的速度、热度、压强等。

数据源 4：日志采集，这个是统计用户的操作，可以在前端进行埋点，在后端进行脚本收集、统计，来分析网站的访问情况及使用瓶颈等。

### （一）数据采集的方法

数据采集一般会使用数据采集工具，数据采集工具大致可分为两种。

一种是借助代码或者网页源码进行手动采集的工具，通常是一些数据分析工具，如 Power BI、Excel、Python 等。利用这些工具进行手动数据采集时，通常要求用户有一定的数据分析或者编程基础，因为使用过程中通常涉及一些函数或者命令的调用。

另一种是由第三方公司开发的数据采集工具，常见的有八爪鱼、火车头、后羿采集器等。一般需要先进行一些基本字段或者规则设置，即可实现数据的采集，这一类工具通常对用户的数据分析或者编程等技术要求较低。但局限性在于，能够获取到的数据有限，许多信息无法采集，并且有些工具需要付费才能实现相应功能。

### （二）数据采集的流程

完整的采集数据流程可包括采集、存储和清洗三个环节。

#### 1. 采集

采集是指将整个超文本标记语言（hyper text markup language，HTML）或者 JavaScript（JS）编程语言文件下载到本地，此时数据在文件中，文件可转换成文本这种可读的类型。

#### 2. 存储

存储数据一般是指将下载的文件或者文本整个存入数据库。

#### 3. 清洗

清洗是指从文件或者文本中提取目标资料，并组织成表格形式，形成可供分析的原始资料。

## 二、数据采集的原理

网站数据统计分析工具是网站站长和运营人员经常使用的一种工具，比较常用的有谷歌分析、百度统计等，所有统计分析工具的第一步都是网站访问数据的收集。接下来以基于 JavaScript 的数据采集方式为例，简要分析一下网站统计工具的数据收集基本原理。

网站统计分析工具需要收集到用户浏览目标网站的行为（如打开某网页、点击某按钮、将商品加入购物车等）及行为附加数据（如某下单行为产生的订单金额等）。

### （一）埋点脚本执行阶段

若要使用谷歌分析（google analytics，GA），需要在页面中插入一段它提供的 JavaScript 片段，这个片段往往被称为埋点代码。

**知识拓展**

**埋点**

埋点就是在有需要的位置采集相应的信息进行上报。如某页面的访问情况，包括用户信息、设备信息，或者用户在页面上的操作行为，包括时间长短等。这就是埋点，每一个埋点就像一个摄像头，采集用户行为数据，将数据进行多维度的交叉分析，可真实还原出用户使用场景和用户使用需求。

### （二）数据收集脚本执行阶段

数据收集脚本（ga.js）被请求后会被执行，这个脚本一般要做如下几件事。

#### 1. 收集信息

通过浏览器内置 JavaScript 对象收集信息，如页面 title（document.title）、用户显示器分辨率（windows.screen）、cookie 信息（document.cookie）等一些信息。

2. 解析

解析 _gaq 收集配置信息：可能会包括用户自定义的事件跟踪、业务数据（如电子商务网站的商品编号）等。

3. 拼接

拼接是指将上面两步收集的数据按预定义格式解析并拼接。

4. 请求一个后端脚本

请求一个后端脚本是指将信息放在 http request 参数中携带给后端脚本。

### （三）后端脚本执行阶段

GA 的 _utm.gif 是一个伪装成 gif 的脚本。这种后端脚本一般要完成以下几件事情：解析 http 请求参数的信息；从服务器（web server）中获取一些客户端无法获取的信息，如访客 ip 等；将信息按格式写入 log；生成一幅 1 英寸 ×1 英寸的空 gif 图片作为响应内容并将响应头的 content-type 设为 image/gif；在响应头中通过 set-cookie 设置一些需要的 cookie 信息。

之所以要设置 cookie 是因为如果要跟踪唯一访客，通常做法是如果在请求时发现客户端没有指定的跟踪 cookie，则根据规则生成一个全局唯一的 cookie 并种植给用户，否则 set-cookie 中放置获取到的跟踪 cookie 以保持同一用户 cookie 不变。

## 任务二　电子商务数据采集的工具

### 任务描述

在你负责的数据分析工作中，选择合适的数据采集工具是至关重要的。你的任务是熟悉三种主要的数据采集工具：网页源码采集、编程语言采集和第三方采集器。你需要了解如何通过分析网页源码获取数据，使用编程语言实现数据抓取，以及利用第三方采集器进行高效的数据采集。你如何根据不同的数据需求和采集环境，选择和应用这些工具，以实现高效的数据获取？

### 任务分析

本任务的核心在于掌握不同数据采集工具的使用方法及其适用场景。网页源码采集通过解析网页的 HTML 结构来获取数据，适用于静态网页的数据提取；编程语言采集利用 Python 等编程语言编写抓取脚本，可以处理更复杂的数据采集需求，并且能够自动化操作；第三方采集器则提供了更多现成的功能和接口，适合大规模数据的采集和管理。了解并掌握这些工具的特点和使用方法，可以根据具体的数据需求选择最合适的工具，提高数据采集的效率和质量，从而为后续的数据分析工作提供有力支持。

## 任务重点与实施

数据采集是数据分析的关键，很多时候会想到 Python 网络爬虫，实际上数据采集的方法和渠道都很广，有些可以直接使用开放的数据源，比如想获取比特币历史的价格及交易数据，可以直接从 Kaggle 上下载，不需要自己爬取。

根据不同需求，需要采集的数据也不同，比如交通行业，数据采集会和摄像头或者测速仪有关。对于运维人员，日志采集和分析则是关键。所以我们需要针对特定的业务场景，选择适合的采集工具。

### 一、网页源码采集

要想了解网页源码采集首先需要知道网页的基本结构，网页的组成大体上分为三大部分：超文本标记语言（hyer text markup language，HTML）、层叠样式表（cascading style sheets，CSS）、JavaScript（简称 JS，是一种具有函数优先的轻量级、解释型或即时编译型的编程语言）。

HTML 相当于人的骨骼，决定了网页的大体框架结构；CSS 相当于人的皮肤，决定了网页看起来的风格样式；JavaScript 相当于人的肌肉，使网页能够响应你的操作，做出各种活动。

如果把一个网站比喻成一个房子，网页就相当于一个房间。HTML 就相当于房子的房梁、墙壁、地基等基本框架，决定了房子的结构；CSS 就相当于房子的墙面、油漆、色彩、壁画等元素，决定了房子看起来的风格是欧式的，还是田园风的；JavaScript 就相当于房子里面安装的空调、冰箱、防盗门等可以操作、控制的电器或活动器件，决定了房子的内部功能。

#### （一）HTML 概述

HTML 是用于创建可从一个平台移植到另一平台的超文本文档的一种简单标记语言，经常用来创建 Web 页面。

##### 1. HTML 的作用

HTML 被称为超文本标记语言，是一种标识性的语言，它包括一系列标签，通过这些标签可以将网络上的文档格式统一，使分散的网络资源连接为一个逻辑整体。HTML 文本是由 HTML 命令组成的描述性文本，HTML 命令可以说明文字、图形、动画、声音、表格、链接等。超文本是一种组织信息的方式，它通过超级链接的方法将文本中的文字、图表与其他信息媒体相关联。这些相互关联的信息媒体可能在同一文本中，也可能是其他文件，或是地理位置相距遥远的某台计算机上的文件。这种组织信息方式将分布在不同位置的信息资源以随机方式进行连接，为人们查找和检索信息提供方便。

HTML 是制作网页的基础，在网络营销中讲的静态网页，就是以 HTML 为基础制作的网页，早期的网页都是直接用 HTML 代码编写的，不过现在有很多智能化的网页制作软件（常用软件如 FrontPage、Dreamweaver 等）通常不需要人工写代码，而是由这些软件自动生成。尽管不需要自己写代码，但了解 HTML 代码依然非常重要。HTML 网页结构通常包括头部、主体两大部分。头部描述浏览器所需的信息，主体包含所要说明的具体内容。

HTML 文件是带有格式标识符和超文本链接的内嵌代码的 ASC Ⅱ 文本文件，HTML 结构可以被多种网页浏览器读取，产生网页传递各类资讯。从本质上来说，互联网是一个由一系列传输协议和各类文档所组成的集合，HTML 文件只是其中的一种。这些 HTML 文件存储在分布于世界各地的服务器硬盘上，通过传输协议用户可以远程获取这些文件所传达的资讯和信息。

### 2. URL 构成

统一资源定位符（uniform/universal resource locator，URL）是用于完整地描述互联网上网页和其他资源地址的一种标识方法。互联网的每个文件都有其对应的唯一 URL。

URL 由三部分组成，包括资源类型、存放资源的主机域名和资源文件名；也可认为由四部分组成：协议、主机、端口和路径。URL 的一般语法格式如下（带方括号 [] 的为可选项）。Scheme：//host[：port#]/path/…/[? query-string][#anchor]。其中，Scheme 为协议（如 http，https，ftp）；Host 为服务器的 IP 地址或者域名；port# 为服务器的端口（如果是走协议默认端口，缺省端口 80）；path 为访问资源的路径；query-string 为参数，发送给 http 服务器的数据；anchor 为锚（跳转到网页的指定锚点位置）。

以淘宝链接“https://s.taobao.com/search? q= 玻璃胶”为例，其中，https 是传输协议，s.taobao.com 是服务器域名，search 是访问资源的路径，问号后的是参数，如果有多个参数用 & 号连接。

### 3. HTML 源码解析

打开某一网页（如淘宝网），在网页页面空白处单击鼠标右键，弹出菜单中选择“查看源文件”（不同浏览器表述可能有所不同，可能是“查看源”，其功能含义相同）。如图 2-1 所示。

HTML 详情页面如图 2-2 所示，其中，左侧是 HTML 的行号，右侧是 HTML 代码。

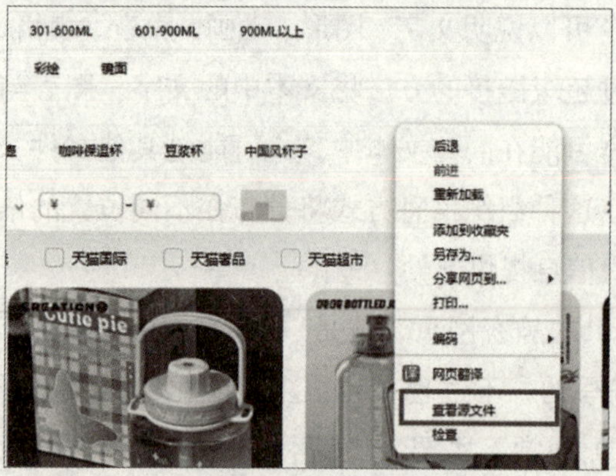


图 2-1　查看网页源代码

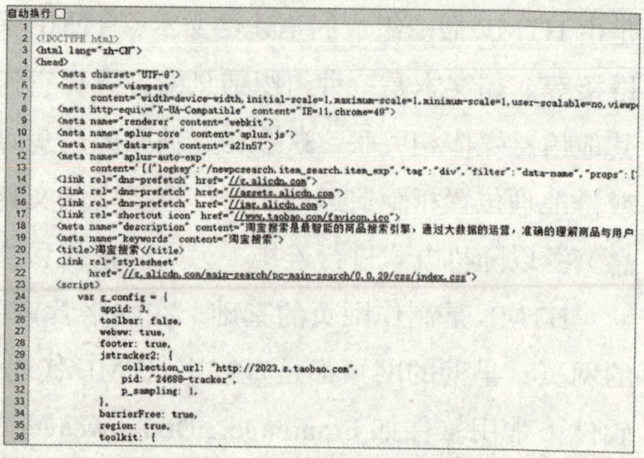

图 2-2　HTML 详情页面

通过键盘的【CTRL+F】键调出搜索框，根据前端页面的目标信息进行搜索（例如，复制图 2-1 查看源码所在页面中任一个商品的标题或其中一部分关键词，粘贴到调出的搜索框内），找到目标信息则说明数据在 HTML 中，将此数据称为静态数据，如图 2-3 所示。

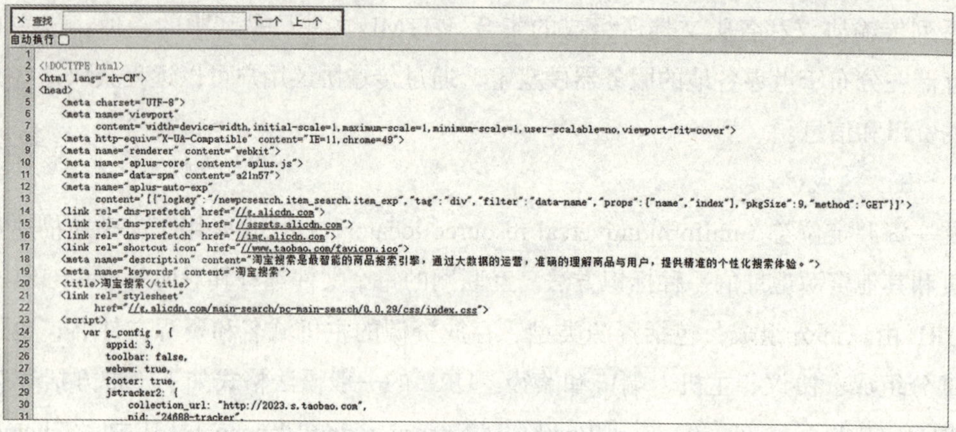


图 2-3　查找目标信息页面

## （二）CSS

HTML 只是设定了一个网页基本结构，但是还没办法形成人们看到的这么美观而颜色丰富的网页，这部分功能是通过 CSS 层叠样式表来实现的。检查 Element、Styles 中的内容，就可以查看对应的 CSS 内容。

```
ClassHead-wrap a {
 Display：inline-block;
 Float：left;
 Padding：0px 20px;
 _padding：0px 15px;
 line-height：33px;
```

```
    Height：33px;
    Cursor：pointer;
    Color：#0474c8;
    border-width：2px 1px 0px 1px;
    border-color：#fff;
    border-style：solid;
}
```

但是在网页中一般不会把 CSS 代码直接写在页面中，一般负责前端的程序员会把 CSS 统一写好后，放入到有 .css 后缀样式的文件中，在网页中使用 link 标签连接到样式文件，就可以调用其中的样式库了。

### （三）JavaScript

JavaScript 是目前很常见的一种语言，当读者在网页中看到一些动态的内容，或者是交互性的功能（如点击后出现某种效果、自动滑动的图片等），都是通过 JS 实现的功能。

JS 通常也是单独放在 .js 后缀的文件中，在网页中通过 <script src='></script> 标签调用。

### （四）网络抓包

浏览器分析响应（response）中的 HTML，发现其中引用了很多文件，比如 Images 文件、CSS 文件、JS 文件。浏览器会自动再次发送请求（request）去获取图片、CSS 文件或 JS 文件，当所有文件都下载成功后，网页会根据 HTML 语法结构完整地显示出来。要注意的是这些文件不会在网页源代码中呈现。

打开淘宝网，在任意空白位置，右键选择“检查”（有的浏览器可能是“审查元素”，或者按键盘【F12】）进入开发者模式，单击网络（network），如图 2-4 所示。

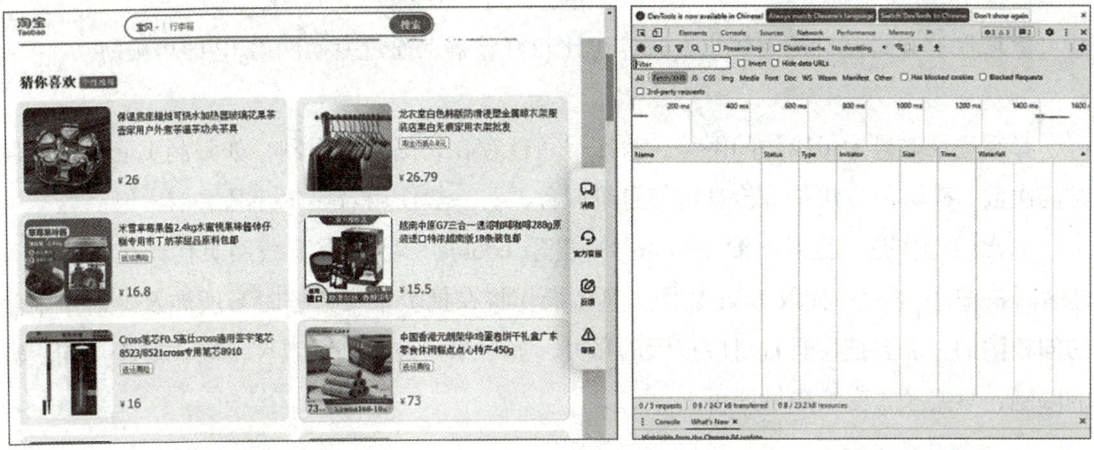


（a）　　　　　　　　（b）

图 2-4　开发者模式

如图 2-5 所示，刷新页面（也可按键盘 F5 键），可以获取到许多文件，这个过程也称之为抓包。

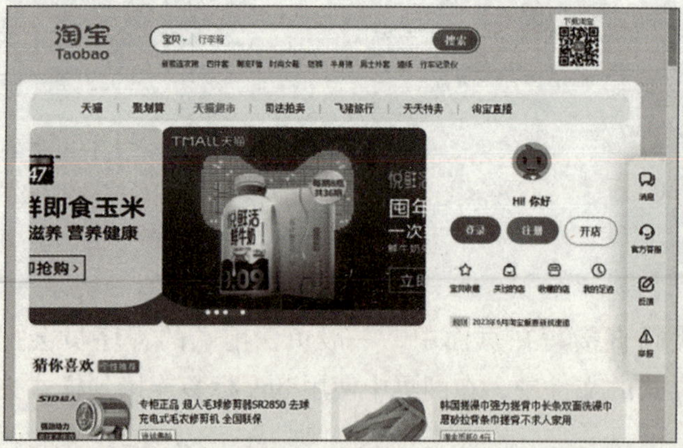


（a）

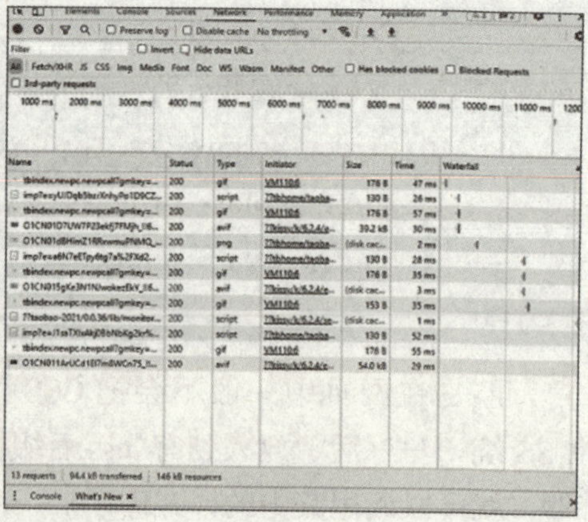

（b）

图 2-5　抓包

搜索下拉框会有关键词推荐，与 HTML 源码解析时搜索出的信息不同，这些关键词并不是静态的，因为系统并不知道用户会搜索什么词，所以无法提前埋在 HTML 中。通过动态交互的方式，用户产生了操作，系统从服务器获取对应的数据包，使用开发者模式可以观察到这些数据包。

## （五）反爬虫

平台为了避免被第三方大量采集数据，造成数据泄露等严重后果或给服务器带来巨大压力影响正常用户的使用体验，均给自己平台的数据设置了反爬虫机制。反爬虫机制一般包含 IP 限制、账号权限限制、密钥匹配这三种方式。

### 1. IP 限制

IP 限制这是最基础的反爬虫方式，也比较好破解，通过变换网络 IP 即可破解。

### 2. 账号权限限制

必须登录账号才可以访问网络，且账号可能存在访问权限限制，如限制页面或者限制访问次数，破解的方法是上传身份信息给服务器，一般使用 cookie 字段。

惯常的操作是：登录电商平台账号—获取 cookie 参数—在下载网页代码函数中加入 Headers—添加延时—提取 Json 数据，具体操作将在批量采集数据时有所涉及。对于限制访问权限的，需要使用具备对应权限的账号，如果暴力破解则是黑客范畴。对于访问次数的限制，只要频繁变换账号即可。

### 3. 密钥匹配

密钥匹配是目前比较难破解的，需要具备密码学的知识，破解密钥的算法，然后自行生成密钥和服务器匹配。

## 二、编程语言采集

除了上文提到的采集方式之外，很多编程语言也可以用来采集数据，例如 Python、R 语言等，使用编程语言采集数据需要读者有一定的语言基础。接下来将以 Python 为例，简单介绍用其采集数据的流程。

Python 是一种跨平台的计算机程序设计语言，是一种高层次的结合了解释性、编译性、互动性和面向对象的脚本语言，同时也是入门简单、通俗易懂的编程语言。Python 在网络爬虫、数据分析、软件游戏开发、人工智能等领域都有突出的表现。

### （一）网络爬虫

网络爬虫简介

爬虫就是从各种网页上面去采集所需要的信息的技术，爬虫的目标对象也很丰富，可以是文字、图片、视频或任何结构化、非结构化的数据，爬虫都可以爬取。

可以用 Python 写一段代码，让它像小蜘蛛一样，自动在互联网这张大蜘蛛网上爬行，去抓取自己的猎物（数据）。Python 在爬虫领域的表现特别突出，生态极其丰富，如 Request、Beautiful Soup、Scrapy 等第三方库非常强大，这些第三方库都是爬虫的好帮手。

### （二）数据清洗

在抓取来的数据中经常会出现格式不同、异常值、缺失值等问题。这时候需要处理它们，这一步被称为“数据清洗”，是分析数据时比重最大的一部分，80% 左右的工作都耗在这里。

Python 可以高效处理多维数据，且兼容性强，在数据清洗方面也有着很突出的能力，能一举处理多、乱、杂的数据，降低时间成本。

### （三）储存

在爬取完数据并且进行过清洗之后，需要将数据储存，可以选择文本文件的形式保存（如 CSV），也可以选择存入数据库（如 MySQL）。

## 三、第三方采集器采集

### （一）Power BI 采集

Power BI 是微软旗下的一款商业智能（business intelligence，BI）软件，它包含桌面版（Power BI Desktop）、网页版和移动版。Power BI 的主要功能由 Power BI Desktop 承载，开发人员可在桌面版将数据和报表发布到网页或者手机端上。网页版可以对报表进行在线编辑，因此，当用户外出时只要记住账号和密码，找到网络就可以编辑报表，轻松应对各种突发情况。移动版需要安装 Power BI 的 App（支持安卓和苹果系统），可以在 App 上查看设计好的报表，在桌面版可以针对移动版重新设计报表样式。

利用 Power BI 数据分析工具采集其实也是属于数据源码采集的方式，上文介绍的方法需要手动去收集数据，这就需要耗费大量的时间和精力，因此使用软件构建采集脚本可极大节约时间成本。

### （二）八爪鱼采集

八爪鱼是一款数据采集器，使用简单，可以从任何网页精确采集读者所需要的数据，生成自定义的、规整的数据格式。下面，我们用爬取淘宝上的一些商品信息为例，介绍如何使用八爪鱼采集数据。

八爪鱼是一款数据采集器，使用简单，可以从任何网页精确采集你需要的数据，生成自定义的、规整的数据格式。接下来实操利用八爪鱼软件爬取淘宝上的一些商品信息。

首先需要下载八爪鱼客户端，去官网下载，注册登录，普通用户使用免费版功能就可以了。八爪鱼主页如图 2–6 所示。

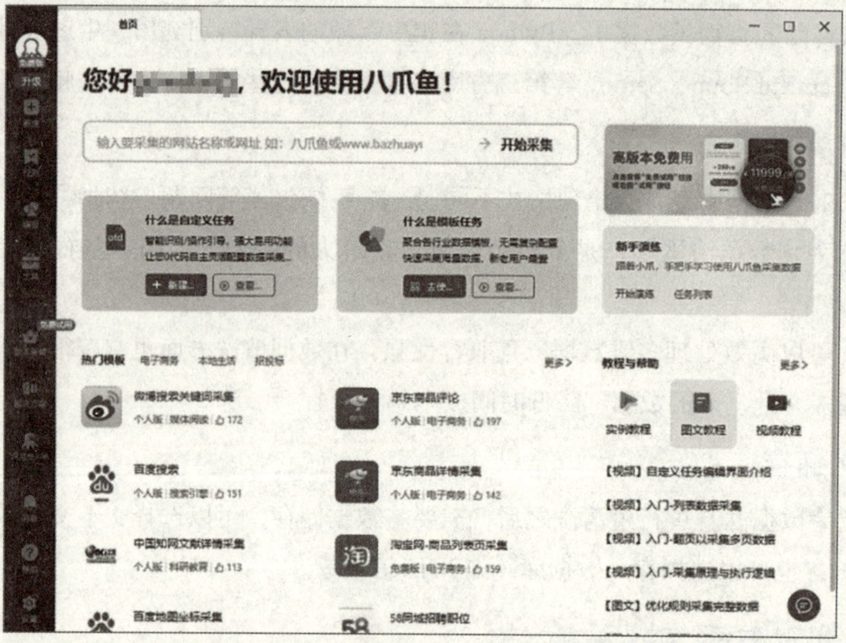


图 2–6　八爪鱼主页

一般情况下，新手使用内置的免费模版就可以实现一键数据采集，当然也可以自定义配置更灵活地采集网页数据。

本案例主要使用模块采集数据，可在热门采集模板中选择“淘宝网－商品列表页采集”，如图 2–7 所示。

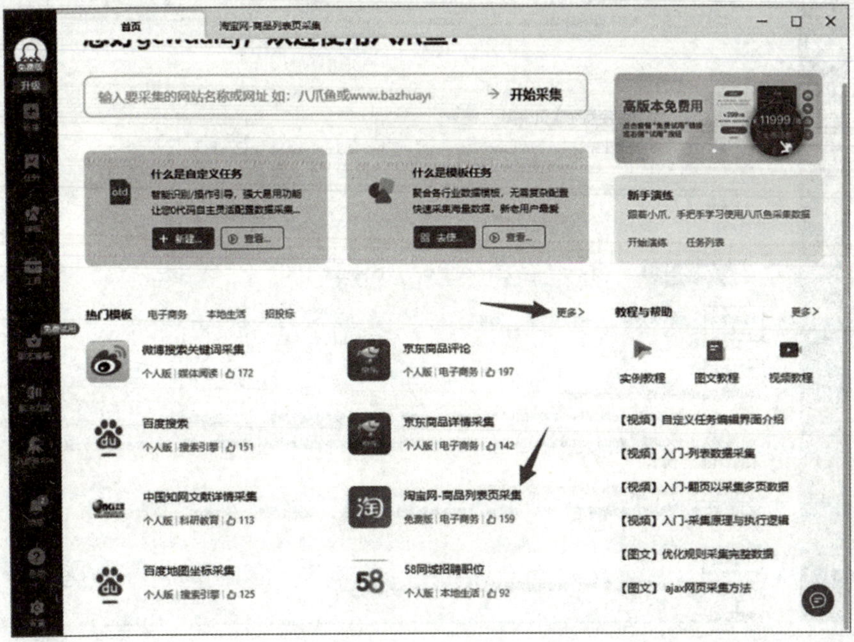


图 2–7　热门采集模板页面

（1）在淘宝的模板下方，有很多不同类型数据模板，如搜索数据、评论数据、商品详情数据等，如图 2–8 所示。可根据自己的需要，选择对应的模板进行采集。

图 2–8　淘宝模板页面

（2）选择“淘宝网 – 商品列表页采集”，可以查看模板介绍，如图 2–9 所示，有模板总体介绍，也有模板的使用方法。

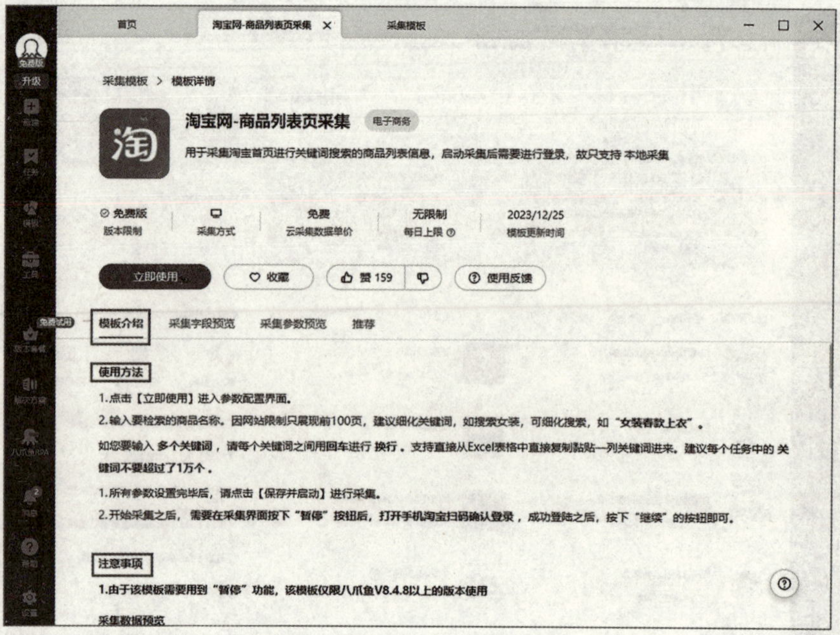

图 2–9　模板介绍页面

（3）点击“采集字段预览”，可以看到每个字段在原网页的位置，如图 2–10 所示。

图 2–10　采集字段预览页面

（4）采集参数预览可以查看需要输入的参数代表的意思，如图 2–11 所示。“页数”代表要采集多少页的数据，“搜索关键词”表示要爬去什么关键词下面的数据。

图 2-11　采集参数预览页面

（5）在“模板介绍”下还有采集数据预览，也就是最终采集的数据的示例，如图 2-12 所示。

图 2-12　示例数据页面

（6）查看完介绍之后，点击“立即使用”，进行数据采集，如图 2-13 所示。

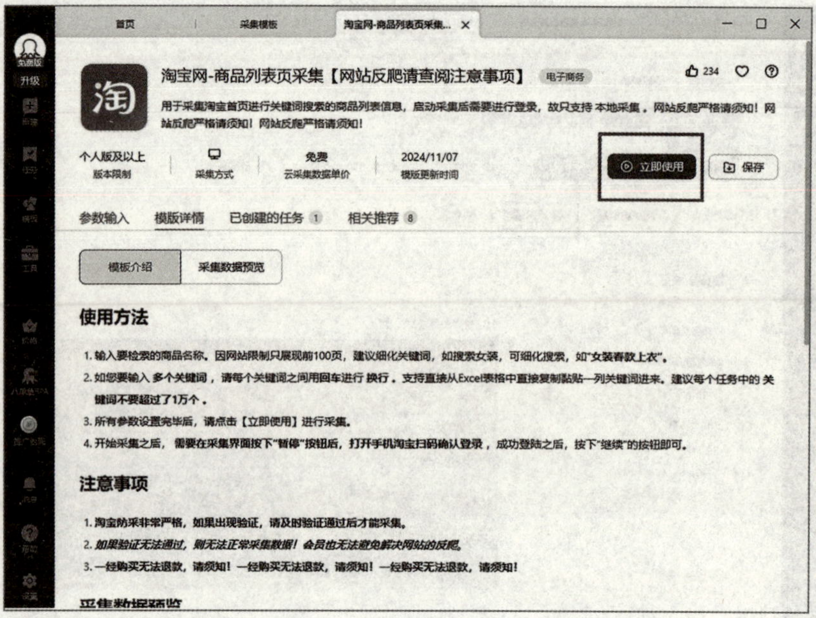


图 2-13　使用模板页面

（7）配置参数，主要需要配置两个参数“搜索关键词”和“页数”。关键词可以设置多个，一行一个，用回车进行换行，这里我们采集的是手机的搜索数据，采集 20 页，如图 2-14 所示。

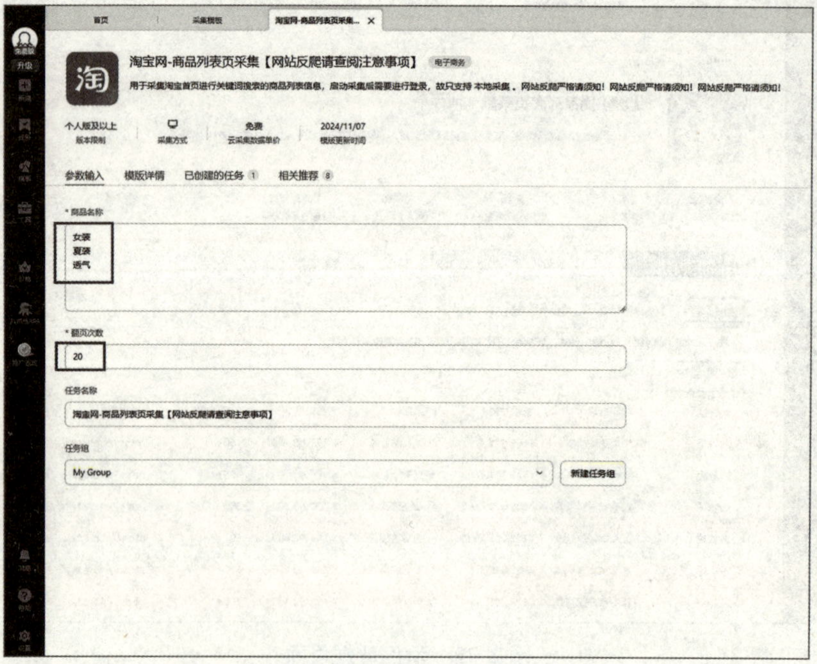


图 2-14　配置参数页面

（8）配置完之后，点击左下角的“启动采集”，会出来如图 2-15 所示的页面，这里只需选择启动本地采集中的普通模式即可。

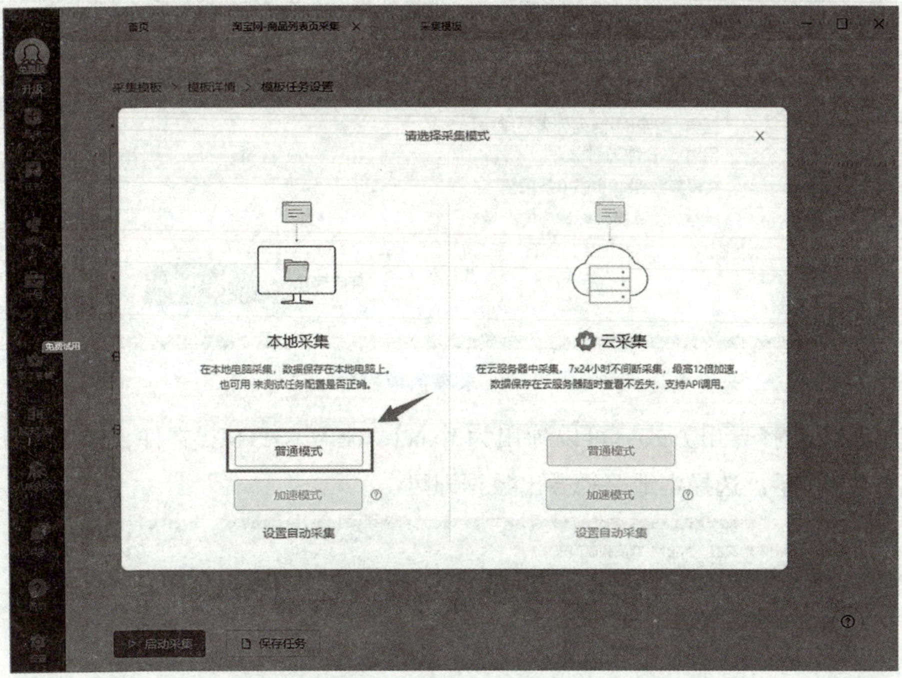


图 2–15　运行任务页面

（9）采集任务正在进行中，如图 2–16 所示。

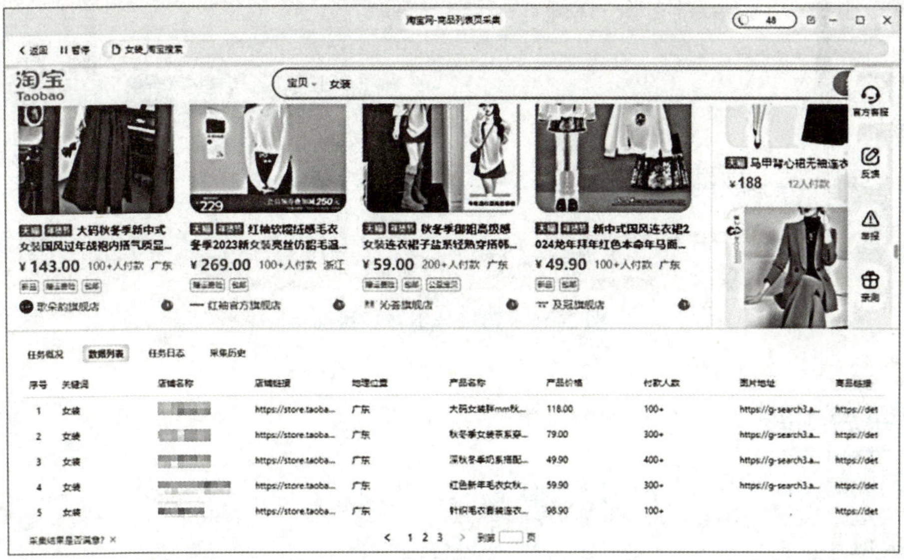


图 2–16　采集任务进行中的页面

（10）采集完成，如图 2–17 所示，直接选择导出数据即可。注意：采集多页数据会比较慢，第一次可以尝试采集 1 ～ 2 页。

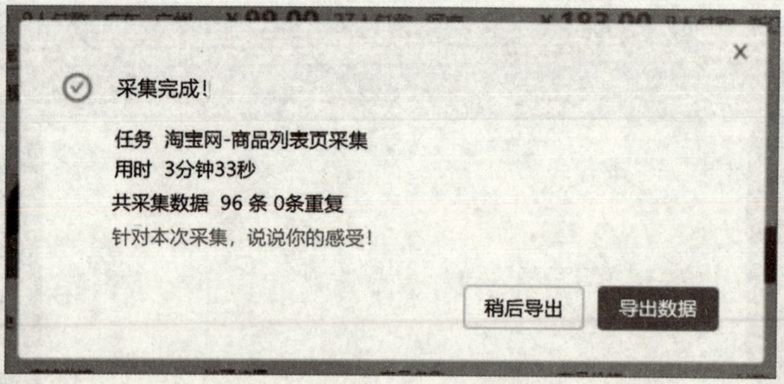


图 2–17 采集完成页面

（11）最后选择导出方式，可以导出为 Excel、CSV、HTML 文件，或者导出到数据库，如图 2–18 所示。选择本地路径导出数据即可。

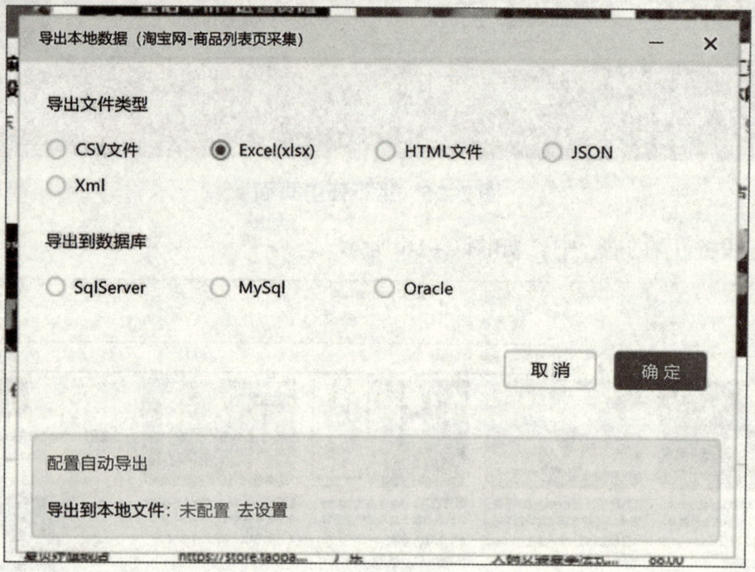


图 2–18 选择导出方式页面

## 课后实践

### AIPL 模型与 FAST 模型应用

1. 实训背景

FAST 模型即消费者运营健康度指标体系，其能在大数据、云计算、物联网、人工智能等数字化时代中，以及新零售线上线下进一步融合的背景下，为数字化导向的消费者管理体系赋能，旨在传统流量运营之上进一步挖掘消费者价值，解决过去商品交易总额（gross merchendise volume，GMV）指标无法考虑消费者转化时间和消费者质量等维度的问题。

F（fertility），指全网消费人群总量，即 AIPL（认识、兴趣、购买、忠诚）总量。

A（advancing），指 AIPL 人群转化率，即消费者从认知，到产生兴趣，再到购买，并成为忠诚用户的各个阶段的转化率。品牌方依据 AIPL 人群转化率，可以实现品牌内沉淀人群细分，对消费者进行分层运营、差异化营销，促进整体消费者的流转与转化。

S（superiority），高价值人群总量，即会员总量。会员 / 粉丝人群对于品牌而言价值巨大，能够为品牌大促提供惊人的爆发力。品牌方可通过线上线下联动、联合品牌营销，以及借助平台的新零售等场景扩大品牌的会员 / 粉丝量级，为后续的会员 / 粉丝运营打下基础。

T（thriving），高价值人群活跃率，即会员活跃率。品牌方需要借势大促，提高会员 / 粉丝的活跃度，激发会员 / 粉丝的潜在价值，为品牌完成 GMV 目标提供助力。

FAST 模型能够更加准确地衡量品牌营销运营效率，同时也将品牌运营的视角从一时的输赢（GMV）转向对品牌价值健康、持久的维护。

2. 实训内容

某品牌在当年 7 月拟采用 AIPL 模型和 FAST 模型对本年“双十一”GMV 目标进行拆解。拆解思路是先把总的 GMV 目标拆解成新客销售目标和老客销售目标，然后将新客销售目标拆解为 A 的销售额和 I 的销售额，再根据以往对等量级的大促活动中 A 人群和 I 人群的销售转化率和客单价，推算出这次的 A 人群体量需求和 I 人群体量需求；同理也可以反推出 P、L 人群的体量需求，再与当前该品牌已有的 AIPL 人群进行对比，找到缺口并提出对策。

已知该品牌本年 GMV 目标为 6 000 万元，上年“双十一”实际 GMV 为 3 800 万元。其中，新客销售额占比 62%，老客销售额占比 38%。新客销售额中 A 人群占比 60%，销售转化率均值为 2.2%，客单价为 120 元；新客销售额中 I 人群占比 40%，销售转化率均值为 3.8%，客单价为 180 元。老客销售额中 P 人群占比 80%，销售转化率均值为 9.5%，客单价为 230 元；老客销售额中 L 人群占比 20%，销售转化率均值为 18%，客单价为 280 元。该品牌本年 7 月 A 人群总量为 400 万人，预计月均增加 8%；I 人群总量为 150 万人，预计月均增加 6%；P 人群总量为 80 万人，预计月均增加 6%；L 人群总量为 9 万人，预计月均增加 5%。

3. 实训要求

本实训要求学生单独完成并提交《GMV 目标拆解报告》，形式为 Excel 表格，字数不限，要求准确应用 AIPL 模型和 FAST 模型，计算过程清晰，数据准确，逻辑严密。

4. 实训评价

根据实训内容与实训过程，完成表 2-1 的填写。

表 2–1　实训评价

<table>
<tr><th rowspan="2">评价内容</th><th rowspan="2">满分 / 分</th><th colspan="3">评分 / 分</th></tr>
<tr><th>自评</th><th>互评</th><th>师评</th></tr>
<tr><td>参与实践的积极性、主动性</td><td>20</td><td></td><td></td><td></td></tr>
<tr><td>独立思考能力</td><td>20</td><td></td><td></td><td></td></tr>
<tr><td>创新能力</td><td>20</td><td></td><td></td><td></td></tr>
<tr><td>团队合作、沟通交流能力强</td><td>20</td><td></td><td></td><td></td></tr>
<tr><td>劳动纪律良好</td><td>20</td><td></td><td></td><td></td></tr>
<tr><td>合计</td><td>100</td><td></td><td></td><td></td></tr>
<tr><td>自评（20%）＋互评（20%）＋师评（60%）＝　综合等级：</td><td colspan="4">指导教师（签名）：</td></tr>
</table>

## 项目小结

本项目主要介绍了电子商务数据采集的基础知识。首先介绍了数据采集的基本概念，包括数据采集的方法和流程，以及背后的工作原理；其次介绍了电子商务数据采集的各种工具，包括网页源码采集、编程语言采集；最后介绍了第三方采集器采集等多种方式。通过本项目的学习，帮助读者打下坚实的理论基础，理解数据采集的重要性和必要性，为企业提供准确、及时的数据支持，从而在激烈的市场竞争中占得先机。

## 课后练习

### 一、判断题

1. 只要在网站上显示出的信息，都可以爬取。（　　）

2. 爬虫被广泛用于搜索引擎中。（　　）

3. 数据收集脚本的拼接阶段，是将前面收集的数据按预定义格式进行合并。（　　）

4. 淘宝客是一种按成交计费的推广模式。（　　）

5. 数据分析中，数据收集是第一步，也是一项相对简单省力的工作。（　　）

### 二、单选题

1. 以下哪个语句实现了解析功能？（　　）

A. import lxml.html，requests

B. res=requests.get（url）

C. ht=lxml.html.fromstring（res.text）

D. text=ht.xpath（xpath）

2. 以下哪个是淘系平台主推品交易数据查询入口？（　　）

A. 店侦探　　B. 千牛平台

C. 轻淘客　　D. 看店宝

3. 调查问卷框架分为几级？（　　）

A. 两级　　B. 三级

C. 四级及以上　　D. 不用分级

4. 以下哪个问题放在调查问卷中是合适的？（　　）

A. 繁华的城市比破旧的农村更好

B. 你在过去一段时间没有进行网购活动

C. 您的年龄段在以下哪个范围

D. 网购比线下购买更方便、便宜

5. 在众多店铺数据中，什么数据最能体现店铺的经营情况？（　　）

A. 商品数据　　B. 流量数据

C. 物流数据　　D. 交易数据

# 项目三

# 电子商务数据清洗与处理

## 项目导读

互联网自发展以来，各行各业的数据呈指数增长，电子商务行业亦是如此。庞大的数据并不能直接用来分析与应用，里面存有各种错误、重复等无效数据。本项目从数据清洗的基本概念、原理、方法和意义出发，到数据处理的基本概念和工具，读者可以通过本项目内容的研读，逐步掌握数据清洗与处理的方法，明确数据清洗在整个数据管理过程中的重要性。掌握了这些核心知识点，读者将在实际工作中更加得心应手地处理数据，提升数据质量，并最终通过高质量的数据分析为企业带来更大的价值。

## 学习目标

### 知识目标

1. 掌握电商数据清洗与处理的相关概念。
2. 了解电商数据清洗与处理的方法与流程。
3. 熟悉 Excel 对数据进行清洗与处理的方法。

### 能力目标

1. 能够熟练使用 Excel 表格进行数据清洗。
2. 能够熟练使用 Excel 表格进行数据处理。
3. 能够运用商业智能平台进行数据清洗与处理。

### 素质目标

1. 培养读者能够在跨境电子商务数据分析过程中坚持科学的价值观和道德观。
2. 培养读者熟悉跨境电子商务企业在运营中应该遵循的法律法规。

## 思政目标

在跨境电商中，诚信和公平竞争是重要的商业原则。教师通过思政教育，引导读者树立正确的价值观，增强社会责任感，理解在国际贸易中遵循法律法规和商业道德的重要性。

## 案例导入

### 数据预处理方法在网络社区数据分析中的应用

在如今互联网上有很多分享生活方式的社区。网络社区通过大数据和人工智能技术将用户线上分享的消费体验内容精准匹配给对它感兴趣的其他用户，从而引发社区互动，再推动其他用户到线下消费，这些用户反过来又会进行更多的线上分享，最终形成一个正循环。如果希望通过收集主题的特征信息对评论主题进行关联规则挖掘，那么数据预处理会成为一个关键环节。

1. 评论主题两大因素的提取

把每个评论主题的信息分为主题诱发的原因和主题影响力结果两大因素。主题诱发的原因包含评论主题发表用户、发生时间、IP 地址、涉及人数、主题类型等因素；主题影响力结果指该评论主题的影响作用。

2. 评论主题的数据清理

在提取评论主题诱发的原因和主题影响力结果后，接下来我们对评论主题的信息进行数据清理，具体步骤如下。

（1）清理空缺值。对主题诱发的原因采用忽略元组法，即直接删除数据库中某个记录元组的属性值都为空或缺少大量数值的数据，因为这些数据没有太大的挖掘价值。对于评论的主题信息属性值空缺数目较少的记录，采用设置默认值的方式填补空值。

（2）泛化处理。针对不统一的数据，必须对其进行规范化处理，以减少数据之间的差异。例如，评论的主题内容大多是商品的质量问题、耐久性问题和材质问题等，则对这三个主题进行泛化处理，全部用该商品的品质来表示。

3. 主题信息的集成与转换

（1）数据转换。用统一的符号表示网络论坛主题及其包含的因素，并进行必要的数据离散化处理，然后构成具体的主题信息表，以便作为关联规则挖掘的输入参数。例如，设置符号 topic 表示网络论坛主题，R1 表示评论主题发表用户；R2 表示评论主题发生时间；R3 表示 IP 地址；R4 表示涉及人数；R5 表示主题类型；R6 表示影响作用。

（2）数据的规范化。将连续属性进行约简，使其符合关联规则算法的要求。例如，将主题影响力分为四类，无注册用户评论的主题影响力是较差的；评论用户数量低于整体注册用户 10% 的主题影响力为一般；评论用户数量占整体注册用户的 10%～30% 的主题影响力为较大；评论用户数量超过整体注册用户的 30% 的主题影响力为最大。

在上述操作之后，可以把数据预处理结果作为挖掘网络社区主题关联规则的初始化数据再进行算法计算。由此案例可知，数据预处理决定了整个主题影响力关联规则挖掘的效率。由此说明，全面的数据预处理工作是数据分析模型的开端，也是提高数据分析算法效率的前提。

# 任务一　电子商务数据的清洗

## 任务描述

作为一名数据分析师，你刚刚从多个来源收集了大量电子商务数据，现在面临一个重要的挑战：数据清洗。首先，需要了解电子商务数据清洗的基本概念，包括什么是数据清洗、为什么需要清洗数据等；其次，将学习数据清洗的原理，理解数据从杂乱无序到规范化的转变过程；再次，需要掌握数据清洗的方法和流程，如何识别和处理数据中的错误和不一致；最后，需要了解数据清洗的意义，了解清洗后的数据如何提高分析结果的准确性和可靠性。你如何通过系统化的数据清洗步骤，为数据分析提供坚实的基础？

## 任务分析

数据清洗是数据分析中的关键步骤，其目的在于提高数据质量，确保分析结果的准确性和可靠性。了解数据清洗的基本概念和原理可以帮助读者认识到清洗的重要性，并为处理数据提供理论基础。掌握清洗的方法和流程是实际操作中的关键，包括如何处理缺失值、重复数据和异常值等问题。清洗后的数据不仅能减少分析中的误差，还能提升数据的可用性和分析效率。通过系统化的数据清洗过程，能够确保数据的质量，从而为后续的数据分析和决策提供坚实的基础。

## 任务重点与实施

电子商务数据清洗是指发现并纠正电商数据文件中可识别的错误的最后一道程序，包括检查数据一致性，处理无效值和缺失值等。与问卷审核不同，录入后的数据清洗一般是由计算机而不是人工完成的。

### 一、电子商务数据清洗的基本知识

数据清洗（data cleaning）是对数据进行重新审查和校验的过程，目的在于删除重复信息、纠正存在的错误，并提供数据一致性。

电子商务数据清洗从名字上也看得出，就是把电商数据中“脏”的数据“洗掉”，因为数据仓库中的数据是面向某一主题的数据的集合，这些数据从多个业务系统中抽取而来，而且包含历史数据，这样就避免不了有的数据是错误数据，或有的数据相互之间有冲突，这些错误的或有冲突的数据显然是我们不想要的，被称为“脏数据”。按照一定的规则把脏数据“洗掉”，这就是电子商务数据清洗。而电子商务数据清洗的任务是过滤那些不符合要求的数据，将过滤的结果交给业务主管部门，确认是否过滤掉，由业务单位修正之后再进行抽取。

电商数据清洗是一个反复的过程，不可能在几天内完成，只有不断地发现问题，才能解决问题。对于是否过滤、是否修正一般要求客户确认，对于过滤掉的数据，写入 Excel 文件或者将过滤数据写入数据表，在 ETL 开发的初期可以每天向业务单位发送过滤数据的邮件，促使他们尽快地修正错误，同时也可以作为将来验证数据的依据。电商数据清洗需要注意的是，不要将有用的数据过滤掉，对于每个过滤规则认真进行验证，并要用户进行确认。

不符合要求的数据有以下几个。

（1）残缺数据主要是一些应该有的信息缺失，如总消费额出现空值、人均消费额报错等。将这一类数据过滤出来，按缺失的内容分别写入不同 Excel 文件向客户提交，要求在规定的时间内补全，之后才写入数据仓库。

（2）错误数据产生的原因是业务系统不够健全，在接收输入后没有进行判断直接写入后台数据库造成的，如数值数据输成全角数字字符、字符串数据后面有一个回车操作、日期格式不正确、日期越界等。这一类数据也要分类，对类似于全角字符、数据前后有不可见字符的问题，只能通过写 SQL 语句的方式找出来，然后要求客户在业务系统修正之后抽取。日期格式不正确的或者是日期越界的这一类错误会导致 ETL 运行失败，这一类错误需要去业务系统数据库用 SQL 的方式挑出来，交给业务主管部门要求限期修正，修正之后再抽取。

（3）对于重复数据（特别是维表中会出现这种情况），将重复数据记录的所有字段导出来，让客户确认并整理。

## 二、电子商务数据清洗的原理

电商数据清洗原理是指利用有关技术，如数理统计、数据挖掘或预定义的清洗规则将“脏数据”转化为满足数据质量要求的数据，如图 3-1 所示。

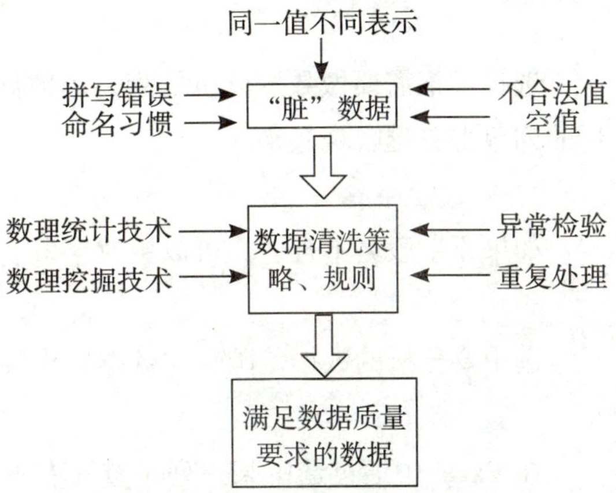


图 3-1　数据清洗原理

## 三、电子商务数据清洗的方法和流程

一般来说，电子商务数据清洗是将数据库精简以除去重复记录，并使剩余部分转换成标准可接收格式的过程。数据清洗标准模型是将数据输入到数据清洗处理器，通过一系列步骤“清洗”数据，然后以期望的格式输出清洗过的数据。数据清洗从数据的准确性、完整性、一致性、唯一性、适时性、有效性几个方面来处理数据的丢失值、越界值、不一致代码、重复数据等问题。

### （一）电子商务数据清洗方法

#### 1. 解决不完整数据（即值缺失）的方法

大多数情况下，缺失的值必须手工填入（即手工清洗）。当然，某些缺失值可以从本数据源或其他数据源推导出来，这就可以用平均值、最大值、最小值或更为复杂的概率估计代替缺失的值，从而达到清洗的目的。

#### 2. 错误值的检测及解决方法

用统计分析的方法识别可能的错误值或异常值，如偏差分析、识别不遵守分布或回归方程的值，也可以用简单规则库（常识性规则、业务特定规则等）检查数据值，或使用不同属性间的约束、外部的数据来检测和清洗数据。

#### 3. 重复记录的检测及消除方法

数据库中属性值相同的记录被认为是重复记录，通过判断记录间的属性值是否相等来检测记录是否相等，相等的记录合并为一条记录（即合并 / 清除）。合并 / 清除是消重的基本方法。

#### 4. 不一致性（数据源内部及数据源之间）的检测及解决方法

从多数据源集成的数据可能有语义冲突，可定义完整性约束用于检测不一致性，也可通过分析数据发现联系，从而使得数据保持一致。

### （二）电子商务数据清洗流程（以 Excel 为例）

#### 1. 选择子集

选择子集需要做数据分析的列，当数据的列比较多时，可以使用隐藏功能把不需要分析的列单击右键隐藏起来。

#### 2. 列名重命名

如果原字段名不合适，可以更改字段名称。

#### 3. 删除重复项

选中要分析的数据范围，“数据”中的“删除重复值”可用来删除重复值。

#### 4. 缺失值处理

在 Excel 中通过选中某一列，查看右下角显示的统计数目，通过和其他列对比来得知该列是否有缺失。

### 5. 一致化处理

一致化是指数据有统一的命名。可以对数据进行拆分从而实现命名的统一。

### 6. 数据排序

利用 Excel 中的函数功能得出数据的平均值或者是求和，从而对数据进行排序。

### 7. 异常值处理

通过 Excel 的筛选功能来查看数据是否有错误。在下拉菜单中所列出的数据类型中，可以查看到是否有不正常的数值。

**提示**

处理缺失值的方法。

方法 1：用一个样本统计量的值代替缺失值。

方法 2：直接将有缺失值的记录删除。

方法 3：将有缺失值的记录保留。

方法 4：用一个统计模型计算出来的值代替缺失值。

## 四、电子商务数据清洗的意义

一般来说，数据清洗是指在数据集中发现不准确、不完整或不合理数据，并对这些数据进行修补或移除以提高数据质量的过程。而通常来说，数据清洗框架由五个步骤构成：第一是定义错误类型；第二是搜索并标识错误实例；第三是改正错误；第四是文档记录错误实例和错误类型；第五是修改数据录入程序以减少未来的错误。

按照数据清洗的步骤进行工作的时候还需要重视格式检查、完整性检查、合理性检查和极限检查，这些工作也要在数据清洗过程中完成。数据清洗对保持数据的一致和更新起着重要的作用，因此被用于多个行业。尤其是在电子商务领域，尽管大多数数据是通过电子方式收集的，但仍存在数据质量问题。影响数据质量的因素包括软件错误、定制错误和系统配置错误等。通过检测爬虫和定期处理客户账户的重复数据，对电子商务数据进行清洗。所以说数据清洗备受大家的关注。

企业认识到了数据的价值，但是数据本身存在的一些特点，使得每个企业又对其头疼不已。比如数据的一个特点多样性，它既表明数据来源多种多样，也表明数据的形式千奇百怪。

当与各种数据打交道的时候，通常会发现，数据本身真的不是那么友好。如果企业想直接从业务数据库提取数据用来分析，会面临的问题是，业务数据库通常是根据业务操作的需要进行设计的，遵循第三范式，尽可能减少了数据冗余，但同时也会带来一些问题，比如表与表之间关系错综复杂。

在分析业务状况时，储存业务数据的表，与储存想要分析的角度表，很可能不会直接关联，而是需要通过多层关联来达到，这为分析增加了很大的复杂度，同时因为业务数据库会接受大量用户的输入，如果业务系统没有做好足够的数据校验，就会产生一些错误数据，如不合法的身份证号、不应存在的 Null 值或空字符串等。

此外，随着 NoSQL（非关系型数据库）的进一步发展，有许多数据储存在诸如 MongoDB（一个基于分布式文件存储的数据库）等 NoSQL 数据库中，多种多样的数据储存方式，也给取数带来了困难，无法简单地用一条 SQL 完成数据查询。机器的源日志和靠爬虫获取的数据了就更难。

所以整理清洗的目的就是从以上大量的、结构复杂、杂乱无章、难以理解的数据中抽取并推导出对解决问题有价值、有意义的数据和数据结构。清洗后，保存下来真正有价值、有条理的数据，为后面做数据分析减少分析障碍。

# 任务二　电子商务数据的处理

## 任务描述

在完成了电子商务数据的清洗之后，你需要对数据进行进一步的处理，以便进行深入分析。你的任务是首先了解电子商务数据处理的基本概念，包括数据处理的目的和主要步骤；其次需要熟悉几种主要的数据处理工具，这些工具可以帮助你对数据进行整理、转换和分析。你如何选择和使用这些工具，来有效地处理数据并为后续的分析工作做好准备？

## 任务分析

数据处理是数据分析过程中的重要环节，其主要任务是将清洗后的数据进行进一步的整理和转换，以适应分析的需求。了解数据处理的基本概念和步骤有助于明确处理的目标和方法。掌握数据处理工具的使用，可以提高数据处理的效率和精确度。这些工具通常包括数据整理、数据转换和数据分析等功能，可以帮助读者处理大量数据，并进行复杂的数据分析。通过有效地选择和使用这些工具，可确保数据处理的质量，从而为后续的数据分析和决策提供高质量的数据支持。

## 任务重点与实施

### 一、数据处理概念

企业获取到数据之后，就会进入数据处理的阶段。数据处理阶段也可以称作数据准备阶段，包含从原始数据到形成最终数据集的所有操作，包括表、数据清洗和转换、语义层定义及数据集定义。数据处理是大数据分析的前提条件。

## 知识拓展

《中华人民共和国数据安全法》于2021年6月10日第十三届全国人民代表大会常务委员会第二十九次会议通过。该法规定，在中华人民共和国境外开展数据处理活动，损害中华人民共和国国家安全、公共利益或者公民、组织合法权益的，依法追究法律责任。每一个中国公民都要遵守国家的法律法规，作为跨境电子商务从业人员，每一天都要跟数据打交道，要让数据分析更好地服务于跨境电子商务事业。《中华人民共和国数据安全法》对于跨境电子商务从业人员更有着和其他行业的人员不同的意义。（以下节选部分法条）

第三条 本法所称数据，是指任何以电子或者其他方式对信息的记录。

数据处理，包括数据的收集、存储、使用、加工、传输、提供、公开等。

第七条 国家保护个人、组织与数据有关的权益，鼓励数据依法合理有效利用，保障数据依法有序自由流动，促进以数据为关键要素的数字经济发展。

第八条 开展数据处理活动，应当遵守法律、法规，尊重社会公德和伦理，遵守商业道德和职业道德，诚实守信，履行数据安全保护义务，承担社会责任，不得危害国家安全、公共利益，不得损害个人、组织的合法权益。

第十九条 国家建立健全数据交易管理制度，规范数据交易行为，培育数据交易市场。

第二十条 国家支持教育、科研机构和企业等开展数据开发利用技术和数据安全相关教育和培训，采取多种方式培养数据开发利用技术和数据安全专业人才，促进人才交流。

第二十一条 国家建立数据分类分级保护制度，根据数据在经济社会发展中的重要程度，以及一旦遭到篡改、破坏、泄露或者非法获取、非法利用，对国家安全、公共利益或者个人、组织合法权益造成的危害程度，对数据实行分类分级保护。国家数据安全工作协调机制统筹协调有关部门制定重要数据目录，加强对重要数据的保护。

关系国家安全、国民经济命脉、重要民生、重大公共利益等数据属于国家核心数据，实行更加严格的管理制度。

各地区、各部门应当按照数据分类分级保护制度，确定本地区、本部门以及相关行业、领域的重要数据具体目录，对列入目录的数据进行重点保护。

第二十七条 开展数据处理活动应当依照法律、法规的规定，建立健全全流程数据安全管理制度，组织开展数据安全教育培训，采取相应的技术措施和其他必要措施，保障数据安全。利用互联网等信息网络开展数据处理活动，应当在网络安全等级保护制度的基础上，履行上述数据安全保护义务。

重要数据的处理者应当明确数据安全负责人和管理机构，落实数据安全保护责任。

第二十八条 开展数据处理活动以及研究开发数据新技术，应当有利于促进经济社会发展，增进人民福祉，符合社会公德和伦理。

第三十二条 任何组织、个人收集数据，应当采取合法、正当的方式，不得窃取或者以其他非法方式获取数据。

数据处理有广义和狭义两种理解：从广义上来讲，所有的数据采集、存储、加工、分析、挖掘和展示等工作都可以叫作数据处理；从狭义来讲，数据处理仅仅是指从存储的数据中通过提取，筛选出有用数据，对有用数据进行加工的过程，是为数据分析和挖掘的模型所做的数据准备工作。

一般意义上讲的数据处理是狭义的定义，即对数据进行增、删、改、查的操作。在目前大数据的背景下，数据处理工作往往是通过技术手段来实现的，如说利用数据库的处理能力，对数据进行增加、删除、改动、查询等处理。在实践中，数据处理工作中最大量的工作是对数据进行清洗，即对不清洁的数据进行清洁化的工作，让数据更加规范，让数据的结构更加合理，让数据的含义更加明确，并让数据处在数学模型的可用状态。

**提示**

外部大数据因为数据价值密度较低，数据的杂质和噪音很多，需要大量的数据处理工作才能将有价值的数据和信息提炼出来。而企业大数据，特别是内部采集的数据，其价值密度高，几乎所有的数据和信息都是有价值的，其杂质和噪声也会少。

## 二、数据处理的工具

Excel 是最基本也是最常用的数据处理工具，功能非常强大，通过 Excel 进行的数据处理包括对数据进行排序、筛选、去除重复项、分列、异常值处理、透视表等。除此之外，还有 SQL、Hive、Python、Google Analytics、GrowingIO、BI 等，每种工具都各有优缺点，对于工具的选择应视情况、侧重点来确定。根据数据处理的不同阶段，有不同的专业工具来对数据进行不同阶段的处理。

在数据转换部分，有专业的 ETL、Informatica 和开源的 Kettle 等工具，帮助完成数据的提取、转换和加载。在数据存储和计算部分，有 Oracle、DB2、MySQL 等工具。在数据可视化部分，有 BIEE、Microstrategy、Yonghong 的 Z-Suite 等工具。

使用 Excel 进行数据分析，对于个人功能强大。但是，如果企业使用，通常会遇到以下问题。

（1）数据分析不普及：企业业务人员使用 Excel，通常只做简单的数据分析，复杂的数据分析太烦琐，都要找 IT 部门帮忙。

（2）效率低，成本高：取数≠数据分析，IT 画报表做数据分析，沟通周期长，人工成本增加。

（3）功能不够：Excel 处理数万条以上数据时，会出现卡顿的情况。

面对这种困境，企业需要有强大的 BI 数据分析工具的支持，向下帮助 IT 进行数据管理和控制，向上充分利用底层数据，支持前端业务数据应用。

## 课后实践

### 社交平台用户留存诊断

1. 实训背景

某社交平台数据团队发现很多用户注册之后就不再使用该产品，留下来的活跃用户很少。于是数据团队收集了 3 月份新注册用户数据（表 3–1），跟踪他们在次月的留存情况，其中次月留存用户数是指在次月使用过该产品的人数。数据团队还将每月至少使用 7 次该产品的用户定义为核心用户，将注册后在 2 个月内只有 1 次使用记录的用户定义为流失用户，将其他用户定义为普通用户。

表 3–1　某社交平台 3 月份新注册用户数据

| 新注册用户分组 | 用户数量 / 人 | 次月留存用户数量 / 人 |
|---|---|---|
| 使用 1 天组 | 13 345 | 158 |
| 使用 2 天组 | 8 552 | 195 |
| 使用 3 天组 | 6 319 | 263 |
| 使用 4 天组 | 5 217 | 515 |
| 使用 5 天组 | 3 975 | 1 274 |
| 使用 6 天组 | 3 383 | 1 759 |
| 使用 7 天组 | 2 867 | 2 442 |
| 使用 8 天组 | 2 526 | 2 325 |
| 使用 9 天组 | 2 139 | 2 011 |
| 使用 10 天组 | 1 441 | 1 366 |
| 使用 10 天以上组 | 3 642 | 3 537 |
| 合计 | 53 406 | 15 845 |

2. 实训内容

请根据该社交平台 3 月份新注册用户数据，分析用户使用产品天数与用户留存率的关系，再判断导致用户留存率低的主要原因，然后统计该社交平台 3 月份新注册用户中核心用户、普通用户和流失用户的占比。数据团队要想提高用户留存率，应该选择哪类用户做进一步分析，需要做哪些分析？

3. 实训要求

本实训是一个团队任务，两名学生一组分工协作完成，完成后上交《×× 社交平台用户留存诊断报告》，并做好汇报的准备。

4. 实训评价

根据实训内容与实训过程，完成表 3-2 的填写。

表 3-2　实训评价

<table>
<tr><th rowspan="2">评价内容</th><th rowspan="2">满分 / 分</th><th colspan="3">评分 / 分</th></tr>
<tr><th>自评</th><th>互评</th><th>师评</th></tr>
<tr><td colspan="2">参与实践的积极性、主动性</td><td>20</td><td></td><td></td><td></td></tr>
</table>

| 评价内容 | 满分 / 分 | 自评 | 互评 | 师评 |
| --- | --- | --- | --- | --- |
| 参与实践的积极性、主动性 | 20 | | | |
| 独立思考能力 | 20 | | | |
| 创新能力 | 20 | | | |
| 团队合作、沟通交流能力强 | 20 | | | |
| 劳动纪律良好 | 20 | | | |
| 合计 | 100 | | | |
| 自评（20%）+互评（20%）+师评（60%）＝ | 综合等级 | 指导教师（签名）： | | |

## 项目小结

本项目主要介绍了电子商务数据清理与处理的方法。首先介绍了电子商务数据清洗的基本概念，解释为何需要数据清洗，并介绍数据清洗的原理和方法流程；其次介绍了电子商务数据处理的基本概念，并探讨用于数据处理的常用工具。通过本项目的学习，读者能够明白数据清洗在整个数据管理过程中的重要性，并能够掌握如何有效地进行数据清洗以提高数据质量。

## 课后练习

### 一、判断题

1. 对于缺失数据的处理，Excel 常采用的是高级筛选法。（　　）

2. 数据预处理中，对于孤立点或异常数据可以直接删除。（　　）

3. 数据预处理的目的是提高数据质量。（　　）

4. Excel 表中如果出现缺失数据，一般表示为空值或者错误表示符，运用“定位条件”功能可以进行缺失数据的处理。（　　）

5. 数据规约是采用线性或非线性的数学变换方法将多维数据压缩成较少维数的数据。（　　）

## 二、单选题

1. 在 Excel 中，处理总和计算的函数是（　　）。

A. SUM　　B. AVERAGE

C. COUNT　　D. MAX

2.（　　）就是在减少数据存储空间的同时尽可能保证数据的完整性，或得比原始数据小得多的数据，并将数据以合乎要求的方式表示。

A. 数据清理　　B. 数据融合

C. 数据变换　　D. 数据规约

3. 数据变换方法中，以下哪个是数据平滑的作用？（　　）

A. 对数据进行汇总　　B. 去噪

C. 减少数据复杂化　　D. 构造新的属性

4. 对于 2，3，4，5 这组数据，运用最小—最大标准化处理后，数据 4 转换为（　　）。

A. 0　　B. 0.33

C. 0.67　　D. 1

5. 数据规约方法中，以下哪个是数值压缩的具体方法？（　　）

A. 分箱技术　　B. 主成分分析

C. 直方图　　D. 回归

# 项目四

# 数据可视化

## 项目导读

数据可视化是将复杂的数据通过图形、图像的形式直观地表达出来的一种方法，它能够帮助人们更快地理解和分析数据。本项目内容将系统地介绍数据可视化的基本概念、关键要素，以及如何在实际工作中运用各种数据可视化工具和技术。

## 学习目标

### 知识目标

1. 掌握数据可视化的基本概念。

2. 掌握数据透视表的使用步骤。

### 能力目标

1. 能够使用 Excel 进行图表绘制，熟练绘制饼图、柱形图、直方图、雷达图、折线图、散点图。

2. 掌握文本分析与标签云的相关概念和使用方法。

### 素质目标

1. 培养读者严谨细致的工作作风。

2. 规范数据图表表达方式，提升读者图文布局的审美。

3. 提升读者系统化思维和文字表达的综合能力。

## 思政目标

通过教育过程中对数据隐私和信息安全的重视，教师应引导读者在数据处理和可视化过程中遵守相关法律法规和道德规范，培养读者在商业实践中负责任的态度和风险意识。

通过对这些内容的学习，读者不仅可以提高在数据分析和决策支持中的技术能力，还能为未来的职业发展和社会互动奠定坚实的道德基础。

## 案例导入

### 京东手机“6.18”数据实时战报

作为京东一年一度的促销盛典，京东“6.18”期间的产品销量无疑已成为国人关注的焦点。自2015年起，京东运用数据可视化手段对销售情况进行实时展示。京东“6.18”的“购Phone狂，Party On”活动数据可视化展示，运用了真实的实时数据，展示了手机的实时销售额、销售量、销售品牌与销售地点，酷炫的效果在促销盛典现场掀起了阵阵热潮，场面十分震撼。另外，京东内部也通过数据可视化应用来实时了解全平台的销售状态及整体销售动向。

数据可视化为什么会受到电商平台如此的重视，电商平台可使用哪些数据可视化效果分析各类电商数据，这些效果又是如何呈现出来的？通过视觉化手段呈现电商数据能够揭示更多有价值的模式和结论，用真实的数据说话对电商而言是非常重要的。

# 任务一　表格的制作

## 任务描述

在数据可视化的过程中，表格是一个重要的工具，用于整理和展示原始数据。你被要求制作一份关于销售数据的表格需要从方面确保表格的清晰度和易读性？如何在Excel中制作这样的数据表格呢？

## 任务分析

此任务强调了表格在数据可视化中的基础作用。制作清晰、易读的表格是确保数据准确传达的关键。通过考虑表格的编制规则，如标题、表头、数据格式等，可以提高数据表格的可读性。同时，掌握Excel等电子表格软件的使用技巧也是必不可少的，这有助于提高工作效率和数据处理的准确性。

## 任务重点与实施

数据可视化技术的不断发展及其在电商领域的成功应用，让数据在电商行业展现出强大的价值。

数据可视化工具

数据可视化是关于数据视觉表现形式的科学技术，它是一种利用图形、表格、动画等手段，将数据内在的规律直观地进行展现的方式。其中，数据的视觉表现形式被定义为一种以某种概要形式抽取出来的信息，包括相应信息单位的各种属性和变量。数据可视化的基本思想是将每一个数据项作为单个图元（图形元素，可以编辑的最小图形单位）进行表示，大量的数据集构成数据图像，同时将数据的各属性值以多维数据的形式表示，以便从不同的维度观察数据，从而对数据进行更深入的观察和分析。数据可视化已广泛应用于各个领域。

## 一、统计表格编制的规则

数据可视化的关键在于借助图形手段清晰有效地传达数据背后的规律和数据分析的结论。为了有效地传达思想、理念，需要美学形式与功能并重，并直观地传达关键的内容与特征，从而实现对稀疏而复杂数据集的深入洞察。

在数据描述过程中，不仅需要整理以数据形式表现的资料，而且有时需要整理以文字形式表现的资料，如性别、职业、文化程度等。这些资料可以通过统计表格来呈现。

统计表格的编制规则如下。

（1）如果统计表格的栏数过多，那么要加以编号，主词和计量单位各栏用甲、乙、丙、丁等文字编写；宾词指标各栏则用 1、2、3、4 等数字编号。

（2）统计表格中的数字要填写整齐，位数对齐。当不存在某项数字时，用符号“—”表示；当缺乏某项资料时，用符号“…”表示。

（3）数字资料要注明计量单位。当全表只有一种计量单位时，可把它写在表头的右上方。如果统计表格中需要分别注明不同单位，那么横行的计量单位可专设“计量单位”一栏，纵栏的计量单位可与纵标题写在一起并用小字标明。

（4）统计表格中的文字、数字要书写工整、清晰。

（5）当某些特殊资料需要说明时，应在统计表格的下方加以注解；数字资料要说明来源，以备考查。

（6）在统计表格编制完毕经审核后，制表人和主管部门负责人要签名，并加盖公章以示负责。

下面是某平台进口原料进出仓账目表（表 4–1）。

表 4–1　某平台进口原料进出仓账目表（样表）

制表人：　　　　部门负责人：　　　　制表日期：

| 序号 | 进出仓单号 | 进出仓日期 | 收发货单位编号 | 订单号 | 料件编号 | 商品编码 | 品名 | 数量单位 | 质量单位 | 进仓质量 |
|---|---|---|---|---|---|---|---|---|---|---|
| 1 | BC001 | 12312020 | AC08 | | 100100 | 320649000 | 色粉 | — | 千克 | 409.5 |
| 2 | BC002 | 12312020 | AC09 | | 100200 | 400299110 | AES 合成硅胶 | 桶 | 千克 | 269.72 |

续表

| 序号 | 进出仓单号 | 进出仓日期 | 收发货单位编号 | 订单号 | 料件编号 | 商品编码 | 品名 | 数量单位 | 质量单位 | 进仓质量 |
|---|---|---|---|---|---|---|---|---|---|---|
| 3 | MC001 | 12062020 | BE01 | | 100400 | 848079009 | 塑胶模胚 | 袋 | 千克 | 1 409.8 |
| 4 | MC003 | 10242019 | BE02 | MV05004 | 100500 | 731025500 | 塑胶模胚 | 卷 | 千克 | 345.6 |
| 5 | RF201 | 03122019 | DR04 | MC050097 | 100300 | 731025500 | 铁盒/容积(50升) | — | 千克 | 2 956 |

注：进出仓日期表示是月日年。例如，12312020 表示 2020 年 12 月 31 日。

数据来源：根据某平台进口原料进出仓账表整理。

## 二、Excel 数据表格

工作簿是 Excel 环境中用来储存并处理工作数据的文件，其扩展名为 .XLS 或 .XLSX（2007 以上版本）。每一本工作簿可以拥有许多不同的工作表，工作簿中最多可创建 255 个工作表。工作表是显示在工作簿窗口中的表格，一个工作表可以由 1 048 576 行和 256 列构成，行的编号从 1 到 1 048 576，列的编号依次用字母 A、B、……、IV 表示；行号显示在工作簿窗口的左边，列号显示在工作簿窗口的上边。在工作表中，可以对数据进行组织和分析，也可以同时在多个工作表上输入并编辑数据，还可以对来自不同工作表的数据进行汇总计算。在创建工作表后，既可以将其置于源数据所在的工作表上，也可以将其放置在单独的工作表上。

# 任务二 图表的制作

### 任务描述

在数据可视化中，图表是呈现数据关系和趋势的重要工具。你被要求根据不同的数据选择合适的图表类型进行制作，可以从饼图、柱形图、直方图、雷达图、折线图和散点图中选择，并解释每种图表的特点和适用场景。

### 任务分析

此任务旨在培养读者根据不同数据和分析需求，选择适当图表类型的能力。各种图表类型都有其独特的特点和适用场景，选择合适的图表对于准确传达数据信息至关重要。通过分析各种图表的特点和适用情况，可以更好地理解和应用各种图表，从而提高数据可视化的效果。

# 任务重点与实施

## 一、常用的可视化图表

简单的图表往往能够有效、形象、快速地传达信息。常用的可视化图表包括饼图、柱形图、条形图、雷达图、折线图和散点图，这六类图表可以满足大部分数据展现与分析的需求，如图 4-1 所示。同时，每一类图表还能衍生出其他稍微复杂些的图表，如柱形图还包括簇状柱形图、堆积柱形图、百分比柱形图等。

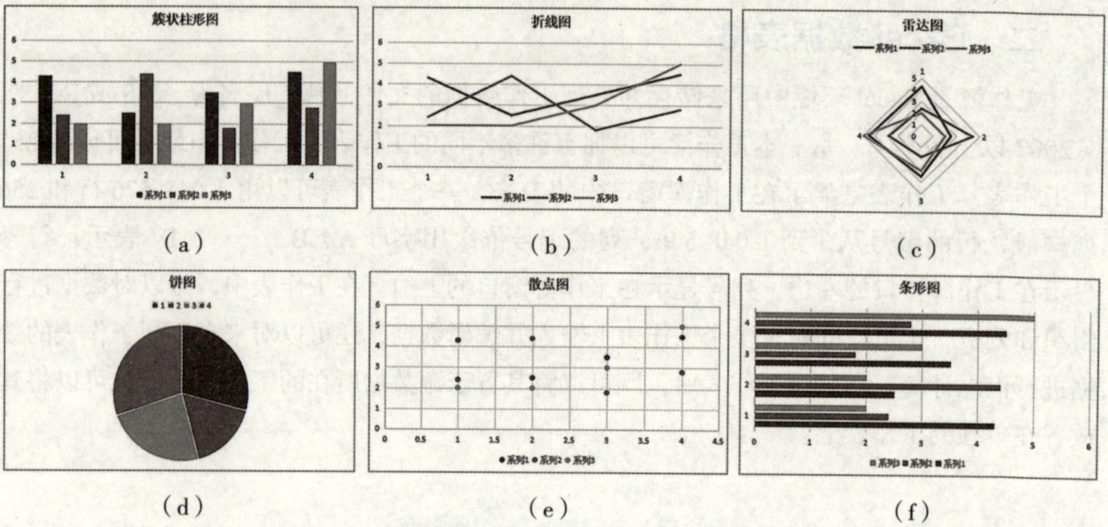


图 4-1　基本的可视化图表种类

Excel 对各类图表进行了详细的分类归纳。打开 Excel，可以在插入图表功能中看到 Excel 提供的主要图表模板，如图 4-2 所示。在新版本的 Excel 中，增加了许多图表功能，如树状图、旭日图、直方图、箱形图、瀑布图、漏斗图和组合等。

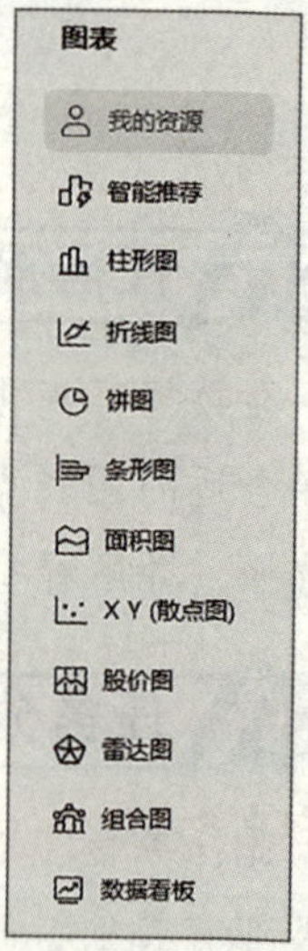


图 4-2　Excel 中的图表分类

## 二、制作饼图

饼图是一种用圆内扇形面积的大小来反映统计分组数据的图形，主要用于反映总体内部的结构及其变化，对研究结构性问题比较适用。饼图通常只能用于一个数据系列，可方便比较一个总计的每个部分所占的比例，其各部分百分比之和为 100%，主要用来分析内部各组成部分对事件的影响。下面主要介绍 Excel 制作饼图的过程。

“环保、低脂”已成了当下人们对食品的热门需求。某国外电商公司是一家定位于纯互联网食品品牌的企业，为迎合消费者的最新需求，需要对平台的商品进行分析，从而决定今后企业的发展方向。通过网络爬虫技术获取平台上架食品的品牌名称、商品名称、包装是否可回收、是否低脂等数据资料，然后利用 Excel 制作饼图，以描述平台商品包装是否可回收的比例。

### 1. 制作常规饼图

（1）打开“数据可视化”工作簿，选择“商品”工作表，如图 4–3 所示。

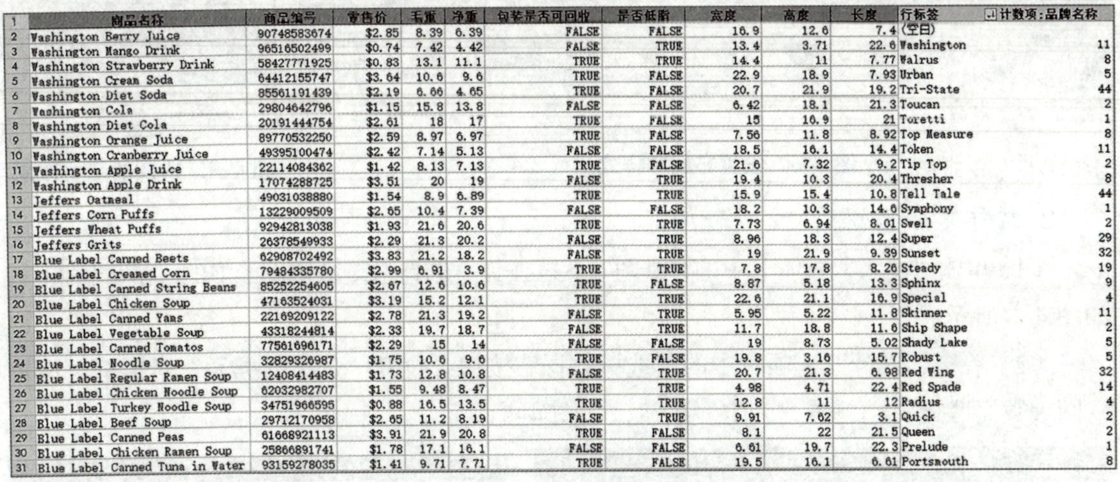

| 1 | 商品名称 | 商品编号 | 零售价 | 毛重 | 净重 | 包装是否可回收 | 是否低脂 | 宽度 | 高度 | 长度 | 行标签 | 计数项:品牌名称 |
|---|---|---|---|---|---|---|---|---|---|---|---|---|
| 2 | Washington Berry Juice | 90748583674 | $2.85 | 8.39 | 6.39 | FALSE | FALSE | 16.9 | 12.6 | 7.4 | (空白) | |
| 3 | Washington Mango Drink | 96516502499 | $0.74 | 7.42 | 4.42 | FALSE | TRUE | 13.4 | 3.71 | 22.6 | Washington | 11 |
| 4 | Washington Strawberry Drink | 58427771925 | $0.83 | 13.1 | 11.1 | TRUE | TRUE | 14.4 | 11 | 7.77 | Walrus | 8 |
| 5 | Washington Cream Soda | 64412155747 | $3.64 | 10.6 | 9.6 | TRUE | FALSE | 22.9 | 18.9 | 7.93 | Urban | 5 |
| 6 | Washington Diet Soda | 85561191439 | $2.19 | 6.66 | 4.65 | TRUE | FALSE | 20.7 | 21.9 | 19.2 | Tri-State | 44 |
| 7 | Washington Cola | 29804642796 | $1.15 | 15.8 | 13.8 | FALSE | FALSE | 6.42 | 18.1 | 21.3 | Toucan | 2 |
| 8 | Washington Diet Cola | 20191444754 | $2.61 | 18 | 17 | TRUE | FALSE | 15 | 10.9 | 21 | Toretti | 1 |
| 9 | Washington Orange Juice | 89770532250 | $2.59 | 8.97 | 6.97 | TRUE | FALSE | 7.56 | 11.8 | 8.92 | Top Measure | 8 |
| 10 | Washington Cranberry Juice | 49395100474 | $2.42 | 7.14 | 5.13 | FALSE | FALSE | 18.5 | 16.1 | 14.4 | Token | 11 |
| 11 | Washington Apple Juice | 22114084362 | $1.42 | 8.13 | 7.13 | TRUE | FALSE | 21.6 | 7.32 | 9.2 | Tip Top | 2 |
| 12 | Washington Apple Drink | 17074288725 | $3.51 | 20 | 19 | FALSE | TRUE | 19.4 | 10.3 | 20.4 | Thresher | 8 |
| 13 | Jeffers Oatmeal | 49031038880 | $1.54 | 8.9 | 6.89 | TRUE | TRUE | 15.9 | 15.4 | 10.8 | Tell Tale | 44 |
| 14 | Jeffers Corn Puffs | 13229009509 | $2.65 | 10.4 | 7.39 | FALSE | FALSE | 18.2 | 10.3 | 14.6 | Symphony | 1 |
| 15 | Jeffers Wheat Puffs | 92942813038 | $1.93 | 21.6 | 20.6 | TRUE | TRUE | 7.73 | 6.94 | 8.01 | Swell | 2 |
| 16 | Jeffers Grits | 26378549933 | $2.29 | 21.3 | 20.2 | FALSE | TRUE | 8.96 | 18.3 | 12.4 | Super | 29 |
| 17 | Blue Label Canned Beets | 62908702492 | $3.83 | 21.2 | 18.2 | FALSE | TRUE | 19 | 21.9 | 9.39 | Sunset | 32 |
| 18 | Blue Label Creamed Corn | 79484335780 | $2.99 | 6.91 | 3.9 | TRUE | TRUE | 7.8 | 17.8 | 8.26 | Steady | 19 |
| 19 | Blue Label Canned String Beans | 85252254605 | $2.67 | 12.6 | 10.6 | TRUE | FALSE | 8.87 | 5.18 | 13.3 | Sphinx | 9 |
| 20 | Blue Label Chicken Soup | 47163524031 | $3.19 | 15.2 | 12.1 | TRUE | TRUE | 22.6 | 21.1 | 16.9 | Special | 4 |
| 21 | Blue Label Canned Yams | 22169209122 | $2.78 | 21.3 | 19.2 | FALSE | TRUE | 5.95 | 5.22 | 11.8 | Skinner | 11 |
| 22 | Blue Label Vegetable Soup | 43318244814 | $2.33 | 19.7 | 18.7 | FALSE | TRUE | 11.7 | 18.8 | 11.6 | Ship Shape | 2 |
| 23 | Blue Label Canned Tomatos | 77561696171 | $2.29 | 15 | 14 | FALSE | FALSE | 19 | 8.73 | 5.02 | Shady Lake | 5 |
| 24 | Blue Label Noodle Soup | 32829326987 | $1.75 | 10.6 | 9.6 | TRUE | FALSE | 19.8 | 3.16 | 15.7 | Robust | 5 |
| 25 | Blue Label Regular Ramen Soup | 12408414483 | $1.73 | 12.8 | 10.8 | FALSE | TRUE | 20.7 | 21.3 | 6.98 | Red Wing | 32 |
| 26 | Blue Label Chicken Noodle Soup | 62032982707 | $1.55 | 9.48 | 8.47 | TRUE | TRUE | 4.98 | 4.71 | 22.4 | Red Spade | 14 |
| 27 | Blue Label Turkey Noodle Soup | 34751966595 | $0.88 | 16.5 | 13.5 | TRUE | TRUE | 12.8 | 11 | 12 | Radius | 4 |
| 28 | Blue Label Beef Soup | 29712170958 | $2.65 | 11.2 | 8.19 | FALSE | TRUE | 9.91 | 7.62 | 3.1 | Quick | 2 |
| 29 | Blue Label Canned Peas | 61668921113 | $3.91 | 21.9 | 20.8 | TRUE | FALSE | 8.1 | 22 | 21.5 | Queen | 2 |
| 30 | Blue Label Chicken Ramen Soup | 25866891741 | $1.78 | 17.1 | 16.1 | FALSE | FALSE | 6.61 | 19.7 | 22.3 | Prelude | 1 |
| 31 | Blue Label Canned Tuna in Water | 93159278035 | $1.41 | 9.71 | 7.71 | TRUE | FALSE | 19.5 | 16.1 | 6.61 | Portsmouth | 8 |

图 4–3　“商品”工作表（部分）

（2）将“包装是否可回收”一列复制、粘贴至“饼图”工作表。利用数据透视表将其按“FALSE”与“TRUE”值归类，重新制作表格，如图 4–4 所示。

（3）单击“插入”选项卡中的“饼图”下拉按钮，选择“二维饼图”中的“饼图”，如图 4–5 所示。

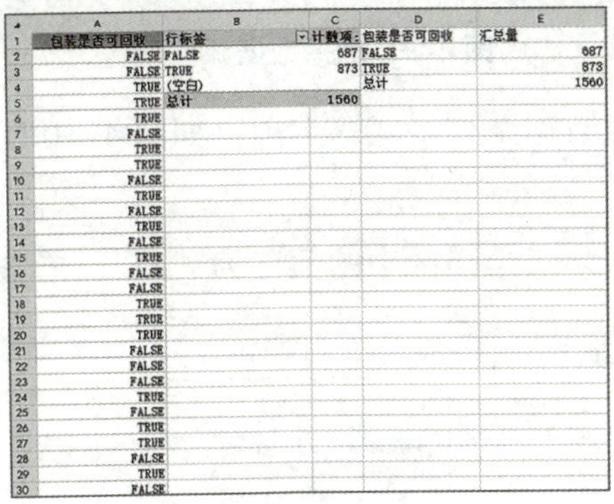

图 4–4　归类后的工作表

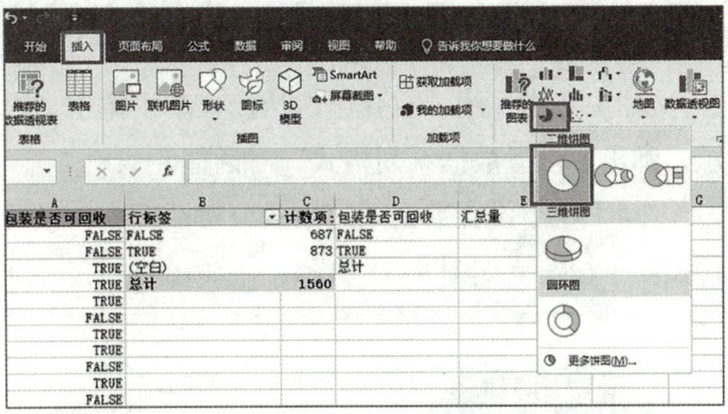

图 4–5　插入二维饼图

（4）单击“设计”选项卡中的“选择数据”按钮，打开“选择数据源”对话框；设置“图表数据区域”，单击“确定”按钮。在“设计”选项卡中，选择图表布局和图表样式，如图 4–6 所示。

（5）将饼图标题设置为“商品包装是否可回收比例”，饼图的最终效果如图 4–7 所示。

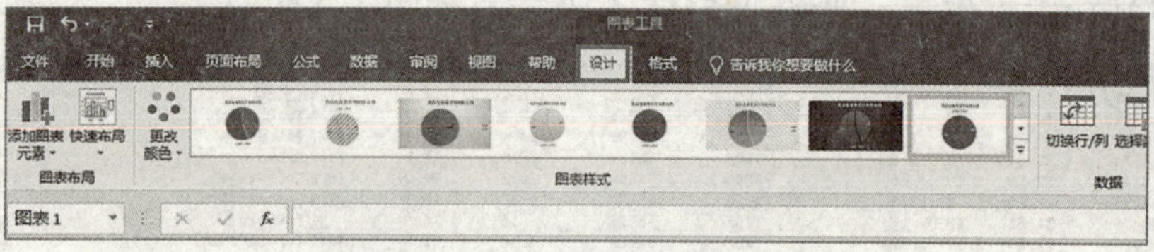


图 4–6　设置布局和样式

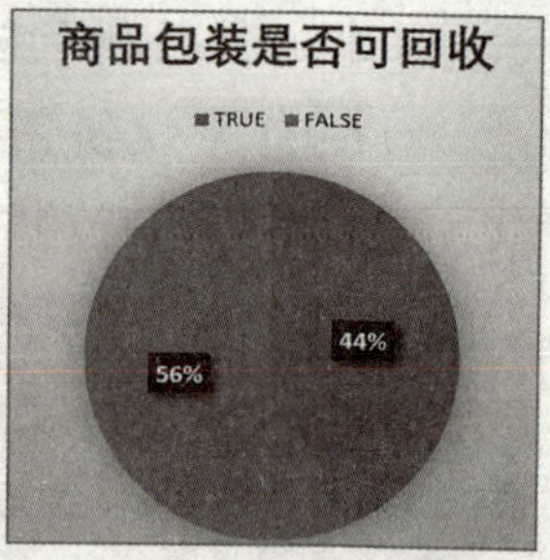


图 4–7　饼图的最终效果

## 2. 制作复合型饼图

（1）单击“插入”选项卡中的“饼图”下拉按钮，选择“二维饼图”中的“子母饼图”，如图 4–8 所示。

（2）单击“设计”选项卡中的“选择数据”按钮，打开“选择数据源”对话框；设置“图表数据区域”，单击“确定”按钮，如图 4–9 所示。

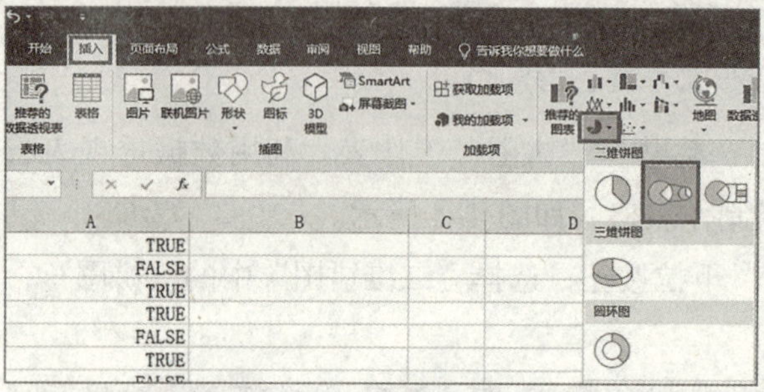


图 4–8　插入“二维子母”饼图

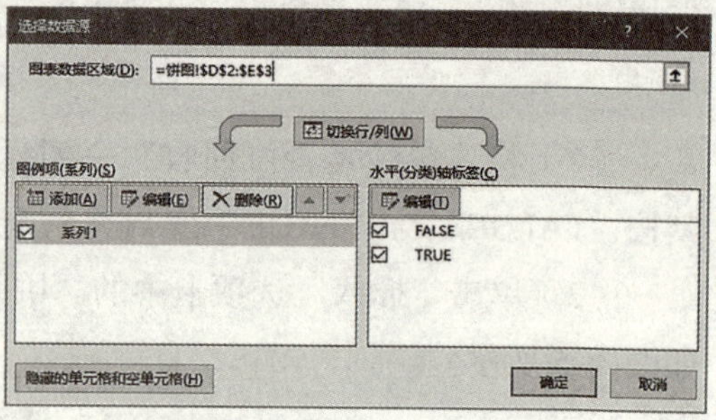


图 4–9　选择数据源

（3）右击饼图，在弹出的快捷菜单中单击“设置数据系列格式”选项，如图 4–10 所示，弹出“设置数据系列格式”对话框。

（4）在“设置数据系列格式”对话框中，设置“第二绘图区中的值”为“2”，单击“关闭”按钮，如图 4–11 所示。

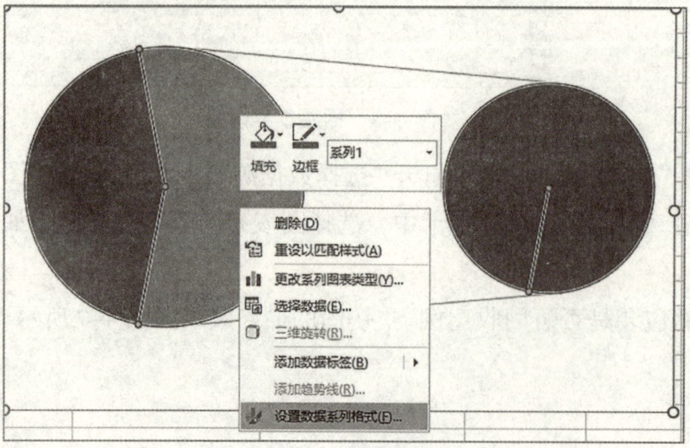


图 4–10　选择数据系列格式

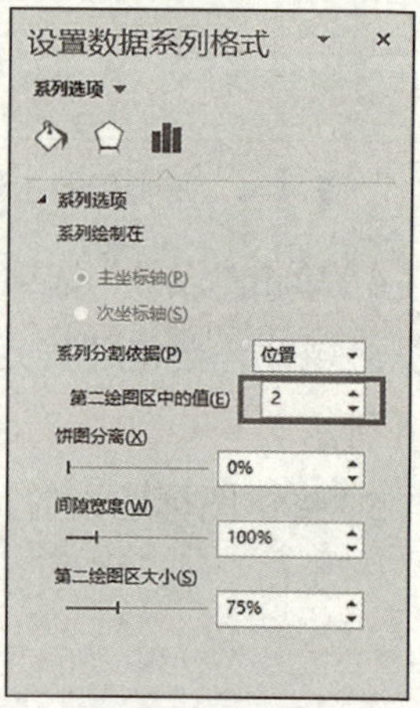


图 4–11　“设置数据系列格式”对话框

（5）右击饼图，在弹出的快捷菜单中选择“设置数据标签格式”选项，如图 4–12 所示，弹出“设置数据标签格式”对话框。

（6）在“设置数据标签格式”对话框中，单击“标签选项”下拉按钮，勾选“百分比”复选框，将“分隔符”设置为“（新文本行）”，单击“关闭”按钮，如图 4–13 所示。

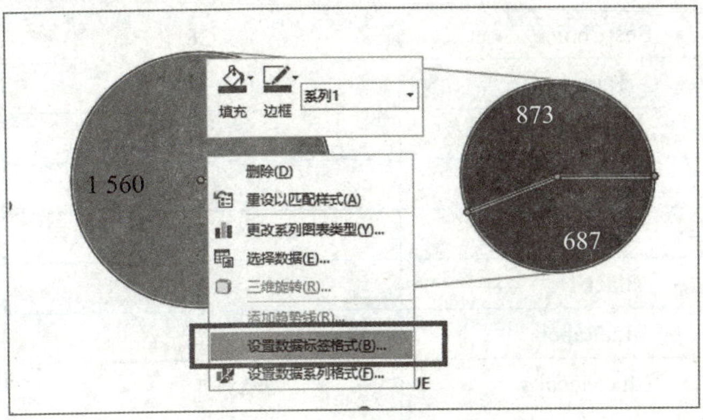


图 4–12　选择数据标签格式

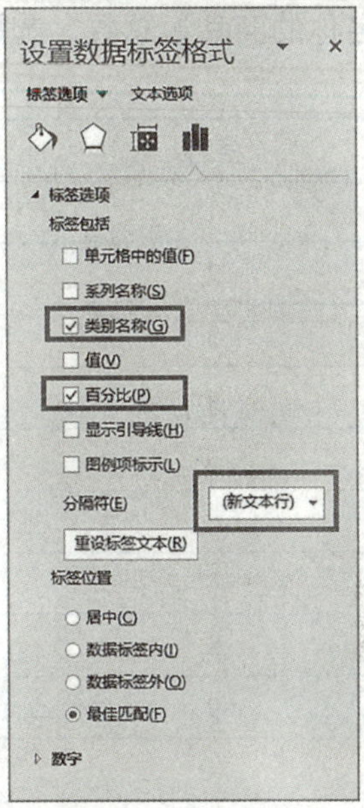


图 4–13　“设置数据标签格式”对话框

（7）复合饼图的最终效果如图 4–14 所示。

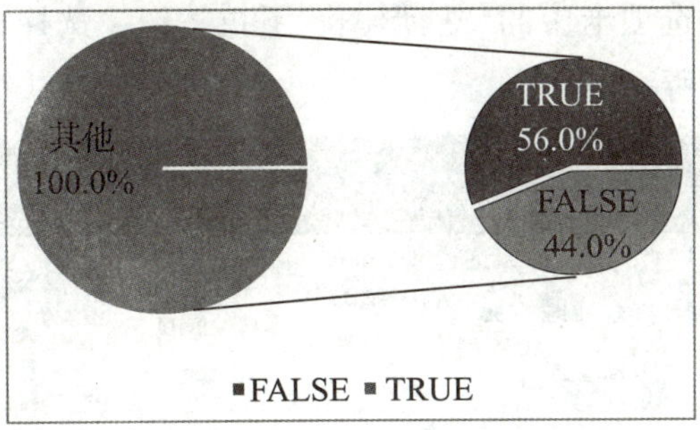


图 4–14　复合饼图的最终效果

## 三、制作柱形图

柱形图可以非常清晰地表达不同项目之间的差距和数值，通常用于不同时期或不同类别的数据之间的比较，也可以用来反映不同时期和不同数据的差异。柱形图可以纵向放置条形，也可以横向放置条形（也称为条形图）。在纵向柱形图中，通常水平轴表示分组类别，垂直轴表示各分组类别的数值。横向柱形图的坐标轴表示刚好同纵向柱形图相反。其中，堆积柱形图可以比较不同数值在总计中所占的比重，因此可以选择使用单位或百分比显示，常用于比较总计的每个部分，以便看出各组成总体的具体比重。

下面主要介绍利用 Excel 制作柱形图。仍以图 4-3 中“商品”工作表为例，根据该表中的数据分析该电商平台中，品牌名称以 B 开头的商品数量，并采用柱形图描述，具体操作如下。

（1）打开“数据可视化”工作簿，选择“商品”工作表。利用数据透视表获取不同品牌名称的商品汇总数，选择 B 开头的字段，复制数据至“柱形图”工作表，见表 4-2。

表 4-2　制作柱形图的数据

| 序号 | 品牌名称 | 汇总量 |
|---|---|---|
| 1 | BBBBest | 29 |
| 2 | Best | 4 |
| 3 | BestChoice | 36 |
| 4 | Better | 22 |
| 5 | BigCity | 2 |
| 6 | BigTime | 31 |
| 7 | BirdCall | 19 |
| 8 | BlackTie | 2 |
| 9 | BlueLabel | 22 |
| 10 | BlueMedal | 5 |
| 11 | Booker | 20 |
| 12 | Bravo | 22 |

（2）单击“插入”选项卡中的“柱形图”下拉按钮，选择“二维柱形图”中的“簇状柱形图”，如图 4-15 所示。

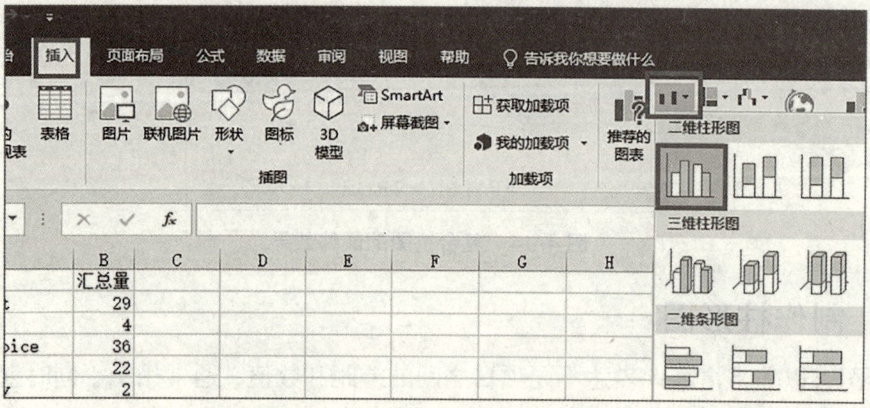


图 4-15　插入二维柱形图

（3）单击“设计”选项卡中的“选择数据”按钮，打开“选择数据源”对话框，设置“图表数据区域”，单击“确定”按钮，如图 4-16 所示。

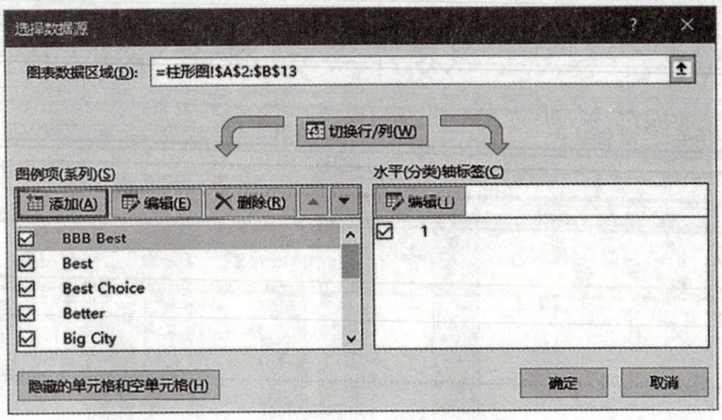


图 4–16　选择数据区域

（4）在“设计”选项卡中选择图表布局“布局 6”和图表样式“样式 3”，如图 4–17 所示。

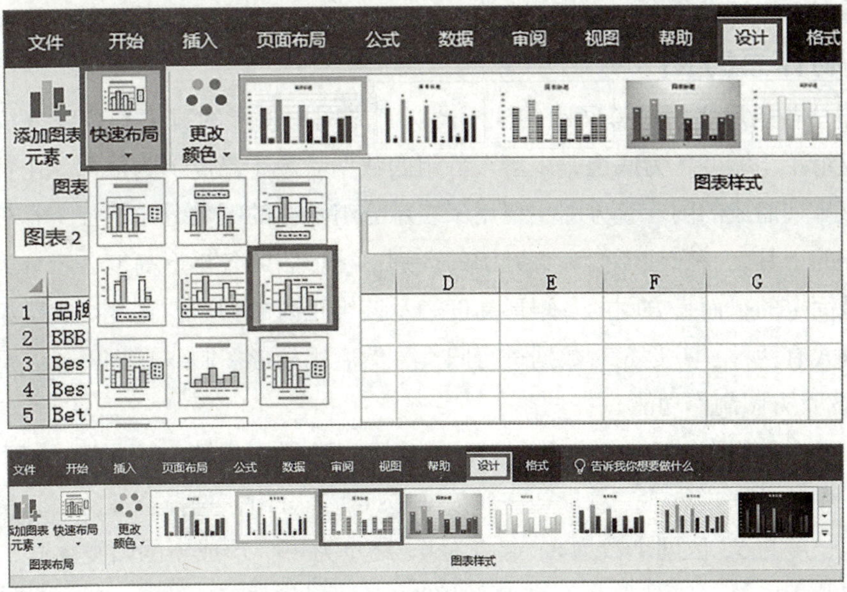


图 4–17　设置布局和样式

（5）右击数值，在弹出的快捷菜单中选择“设置数据标签格式”选项，如图 4–18 所示，弹出“设置数据标签格式”对话框。

（6）在“设置数据标签格式”对话框中，单击“数字”下拉按钮，将“类别”设置为“数字”，将“小数位数”设置为“0”，单击“关闭”按钮，如图 4–19 所示。

（7）将柱形图标题设置为“以 B 开头品牌名称的商品比例”，柱形图的最终效果如图 4–20 所示。

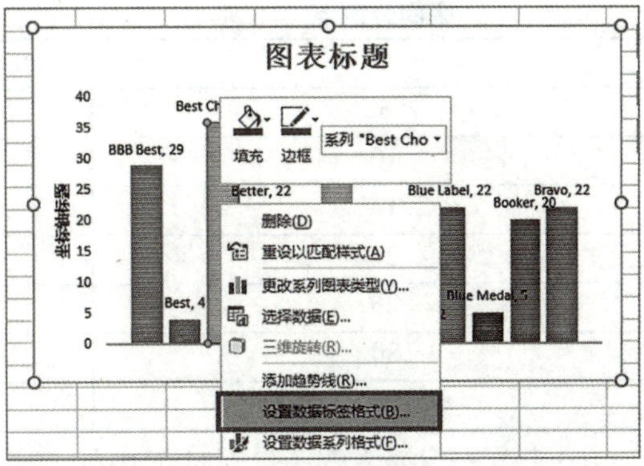


图 4–18　选择数据标签格式

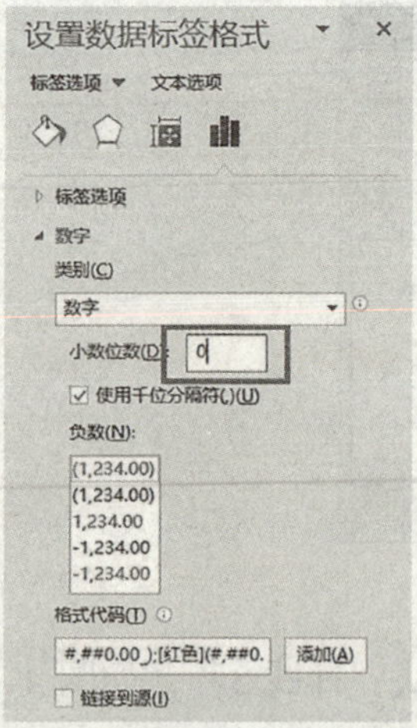


图 4-19 “设置数据标签格式”对话框

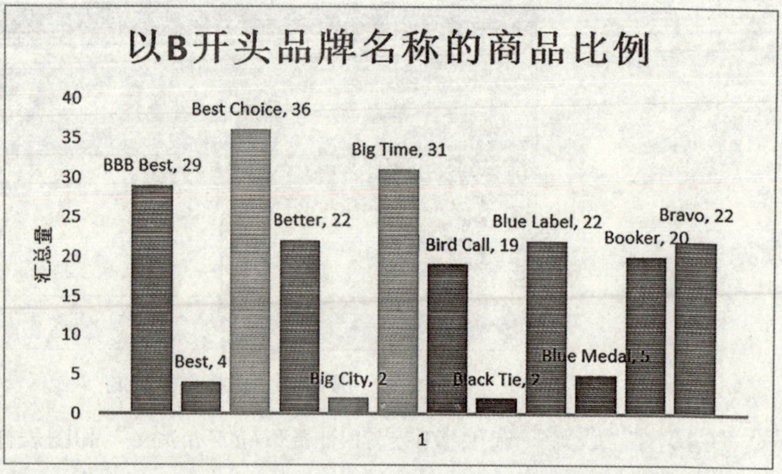


图 4-20 柱形图的最终效果

## 四、制作直方图

直方图是各条形之间没有间距的柱形图。直方图用条形的宽度和高度来统计分组数据，其是以组距（宽度）为底边，以落入各组的数据频数（高度）为依据，由按比例构成的若干矩形排列而成的图。直方图主要用于表示分组数据的频数分布特征，是分析总数数据分布特征的工具之一。柱形图和直方图的区别：柱形图的各矩形高度表示分组类别的频数，宽度是固定的；而直方图的各矩形高度表示该组距内的频数，宽度则表示组距。生成直方图的方式有两种：一是先对数据进行归类，然后用柱形图制作直方图；二是直接使用 Excel 提供的直方图制作功能。

以图 4–3 中“商品”工作表为例，打开“数据可视化”工作簿，新建“直方图”工作表。利用表 4–2 中的数据，对“汇总量”一列数据进行适当分组，选择合适的区间长度。此处选择的区间长度为 5，区间个数为 8，起点为 0，终点为 39，形成新的归类数据，见表 4–3。利用直方图分析以 B 开头品牌名称的商品比例，具体操作如下。

表 4–3 制作直方图的数据

| 区间分割点 | 组标识 | 频率 |
| --- | --- | --- |
| 0 | 0 ～ 4 | 3 |
| 5 | 5 ～ 9 | 1 |
| 10 | 10 ～ 14 | 0 |
| 15 | 15 ～ 19 | 1 |
| 20 | 20 ～ 24 | 4 |
| 25 | 25 ～ 29 | 1 |
| 30 | 30 ～ 34 | 1 |
| 35 | 35 ～ 39 | 1 |

（1）单击“插入图表”对话框中的“所有图表”选项卡，选择“直方图”选项，如图 4–21 所示。

（2）双击直方图打开“设置数据系列格式”对话框，在“系列选项”下拉列表中，将“间隙宽度”调整为 0，如图 4-22 所示。

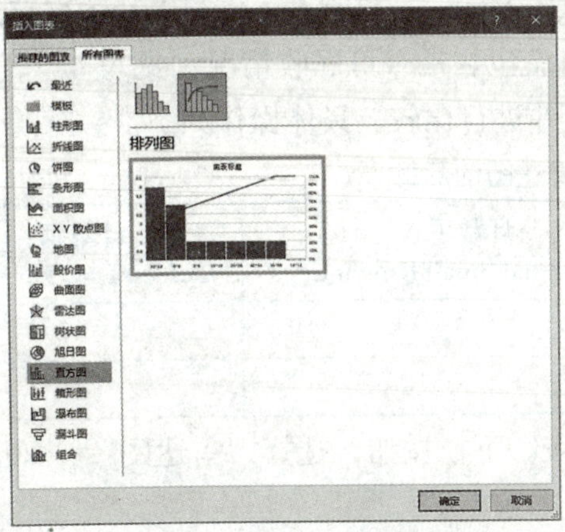


图 4-21　设置“直方图”

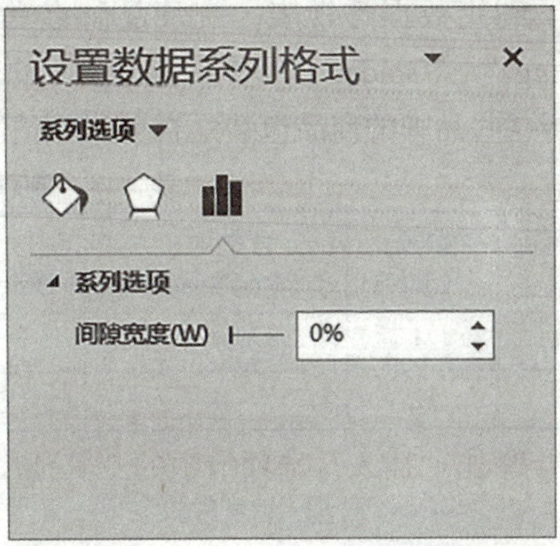


图 4-22　设置“间隙宽度”

（3）在“设置数据系列格式”对话框中，选择“边框”选项卡，单击“实线”单选按钮，将“颜色”设置为黑色，将“宽度”设置为 0.5 磅，单击“关闭”按钮，如图 4-23 所示。

（4）在“设计”选项卡的“添加图表元素”中选择“坐标轴标题”，设置横纵坐标轴名称。直方图的最终效果如图 4-24 所示。

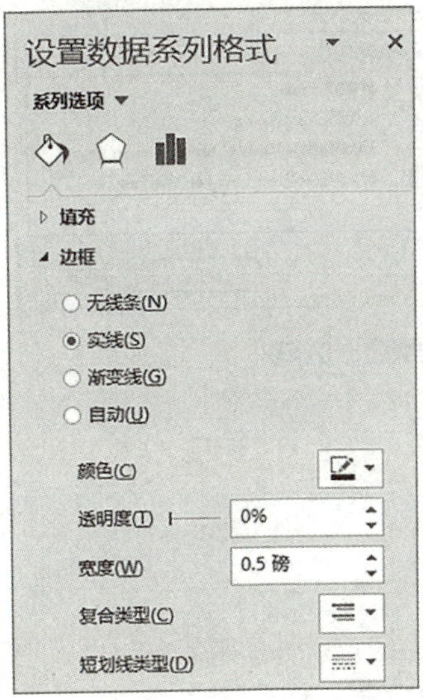


图 4-23　设置“边框”

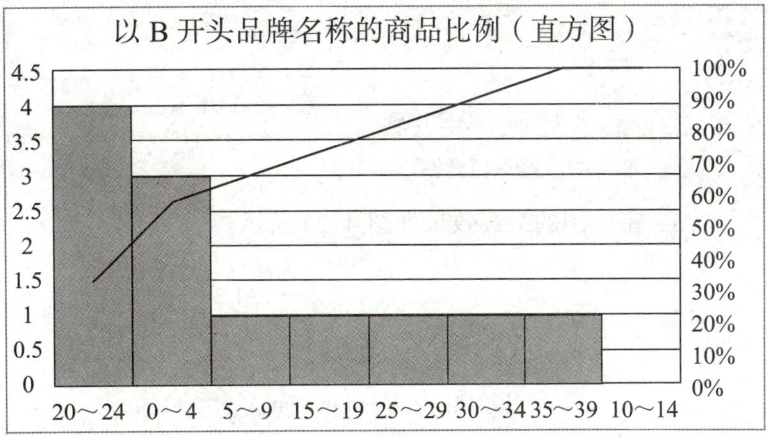


图 4-24　直方图的最终效果

## 五、制作雷达图

先将评价某一系统的各指标要素构成坐标轴，再由各指标要素之间的数值构成环绕的网，最后形成雷达图。雷达图主要用来评估某个事件多个指标的综合水平，其可以对多组变量进行多种项目的对比，也可以反映数据相对中心点和其他数据点的变化情况。雷达图常用于多项指标的全面分析，以及明晰各项指标的变动情况和好坏趋向。

仍以图 4-3 中“商品”工作表为例，打开“数据可视化”工作簿，新建“雷达图”工作表。利用数据透视表，统计品牌名称为“Club”“Red Spade”“Blue Medal Small Brown Eggs”“Golden Low Fat Waffles”的商品包装是否可回收情况，见表 4-4。制作雷达图分析这些品牌的商品包装是否可回收情况并进行比较，具体操作如下。

表 4-4　制作雷达图的数据

| 包装是否可回收 | 计数项：Club | 计数项：Red Spade | 计数项：Blue Medal Small Brown Eggs | 计数项：Golden Low Fat Waffles |
|---|---|---|---|---|
| FALSE | 21 | 9 | 3 | 12 |
| TRUE | 12 | 4 | 1 | 18 |

（1）单击“插入”选项卡中的“其他图表”下拉按钮，选择“雷达图”，如图 4-25 所示。

（2）单击“设计”选项卡中的“选择数据”按钮，打开“选择数据源”对话框，设置“图表数据区域”，单击“确定”按钮，如图 4-26 所示。

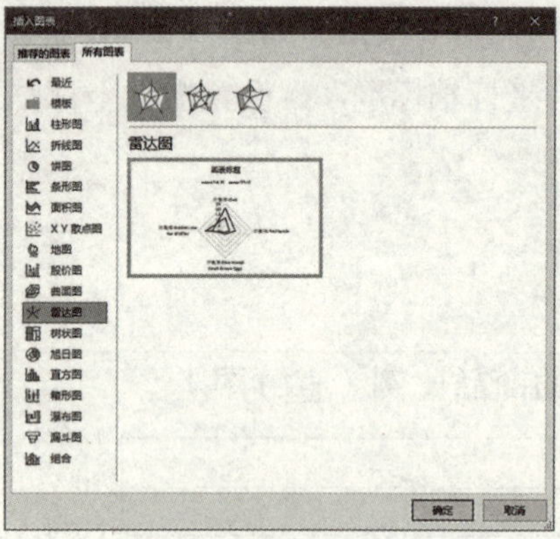

图 4-25　插入雷达图

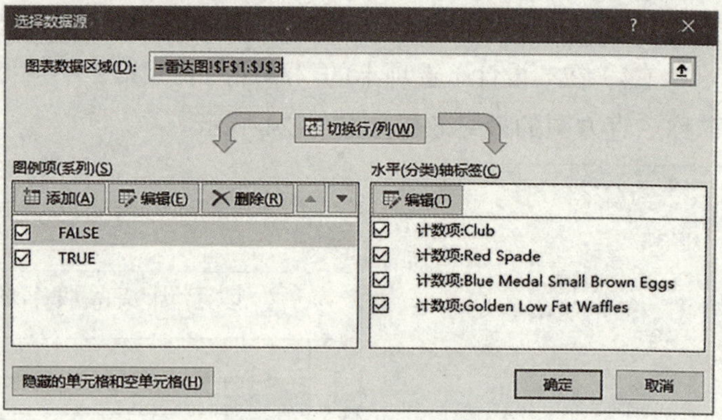


图 4-26　选择数据区域

（3）雷达图的最终效果如图 4-27 所示。

图 4-27　雷达图的最终效果

## 六、制作折线图

折线图是用来表达数据随时间推移而发生变化的一种图表，其可以预测未来的发展趋势。折线图常通过若干条折线来绘制若干组数据，以判断每组数据的峰值与谷值，以及折线变化的方向、速率和周期等特征。

仍以图 4-3 中“商品”工作表为例，打开“数据可视化”工作簿，新建“折线图”工作表。利用数据透视表，统计品牌名称为“Club”“Red Spade”“Blue Medal Small Brown Eggs”“Golden Low Fat Waffles”的包装可回收商品数量，见表 4-5。下面通过制作折线图来分析这些品牌中包装可回收商品数量的变化，具体操作如下。

**表 4-5　制作折线图的数据**

| 品牌名称 | 包装可回收商品数量 |
| --- | --- |
| 计数项：Club | 12 |
| 计数项：Red Spade | 4 |
| 计数项：Blue Medal Small | 1 |
| 计数项：Golden Low Fat Waffles | 18 |

（1）单击“插入”选项卡中的“二维折线图”下拉按钮，选择“折线图”，如图 4-28 所示。

（2）单击“设计”选项卡中的“选择数据”按钮，打开“选择数据源”对话框，设置“图表数据区域”，单击“确定”按钮，如图 4-29 所示。

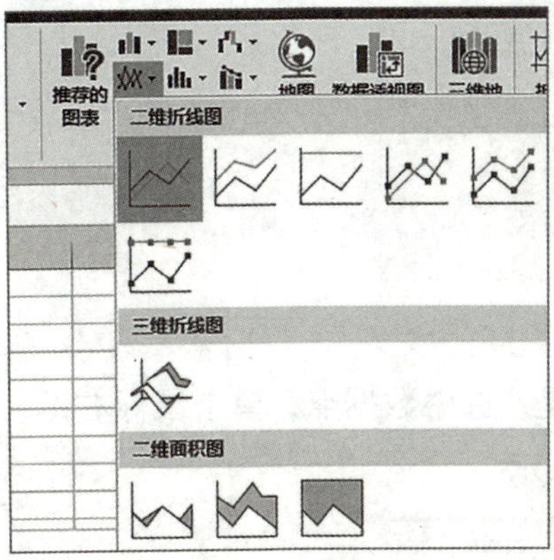


图 4-28　插入折线图

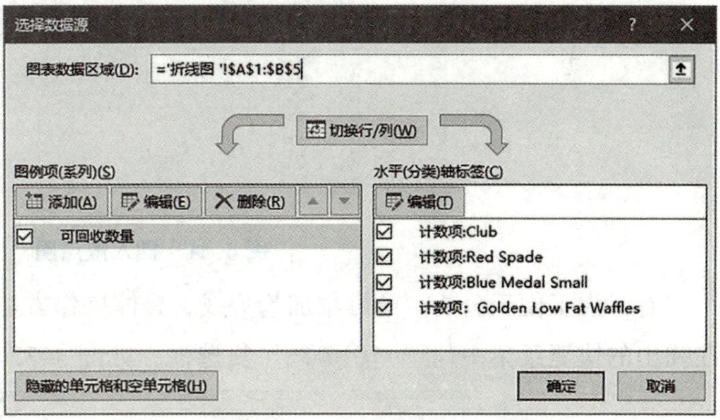


图 4-29　选择数据区域

（3）折线图的最终效果如图 4-30 所示。

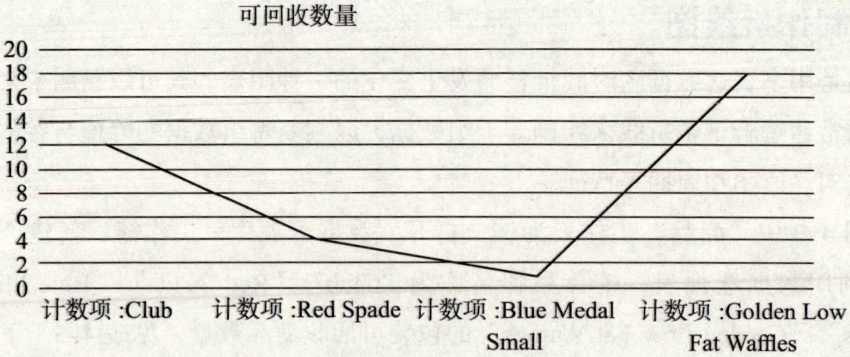


图 4–30　折线图的最终效果

## 七、制作散点图

散点图是用来说明若干组变量之间相互关系的，也可表示因变量随自变量变化的大致趋势。散点图一般呈现簇状不规则分布，可用数据点来说明数据的变化趋势、离散程度及不同系列数据间的相关性。

图 4–31 展示了某公司 2021 年和 2022 年客户交易额的量化情况，选中 B 列、C 列数据，插入散点图。

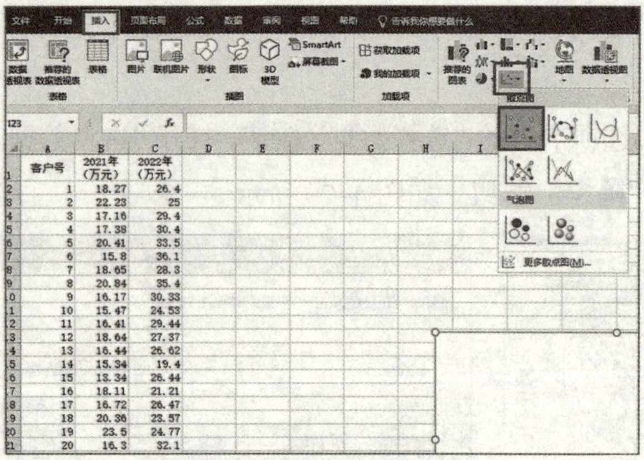


图 4–31　插入散点图

有时为了便于分析，还可添加趋势线，具体操作方法是：选中数据点，单击鼠标右键，在弹出的快捷菜单中勾选“趋势线”复选框，如图 4–32 所示。

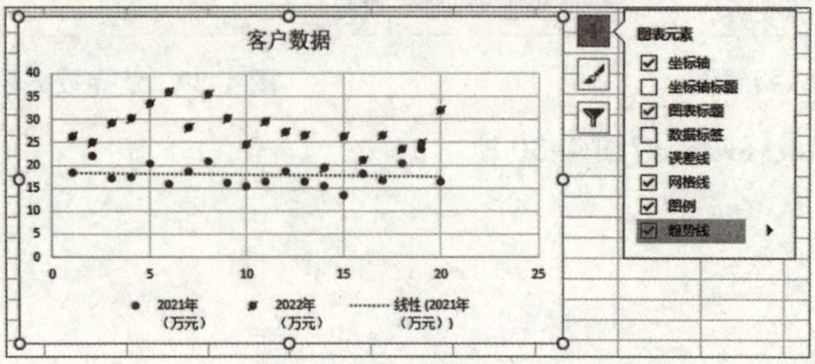


图 4–32　添加趋势线

# 任务三　数据可视化数据透视表

## 任务描述

数据透视表是一种强大的数据汇总和分析工具，它可以帮助你快速探索和理解大量数据。要求你学习如何使用数据透视表，并注意在使用过程中的一些关键事项。此外，你还需要利用数据透视表来制作一份销售数据的统计表。

## 任务分析

此任务突出了数据透视表在数据处理和分析中的重要性。通过掌握数据透视表的使用方法和注意事项，可以更有效地进行数据的汇总、分析和可视化。利用数据透视表制作统计表不仅提高了工作效率，还使得数据分析结果更加直观和易于理解。

## 任务重点与实施

数据透视表是一种交互式的表，它可以动态地改变分析结果的版面布置，以便按不同方式分析数据，如重新安排行号、列标和页字段。每改变一次版面布置，数据透视表会立即按新的版面布置重新计算数据。如果原始数据发生更改，那么数据透视表也会随之更新。

### 一、数据透视表的注意事项

#### 1. 缓存

每次在新建数据透视表或数据透视图时，Excel 均将报表数据的副本存储在内存中，并将其保存为工作簿文件的一部分。这样，每张新的报表均需要额外的内存和磁盘空间。但是，如果将现有数据透视表作为同一个工作簿中新报表的源数据，那么两张报表可共享同一个数据副本。

#### 2. 位置要求

如果将某个数据透视表用作其他报表的源数据，那么两个报表必须位于同一工作簿中。如果源数据透视表位于另一工作簿中，那么需要将其复制到要新建报表的工作簿中。不同工作簿中的数据透视表和数据透视图是独立的，它们在内存和工作簿文件中都有各自的数据副本。

#### 3. 更改会同时影响两个报表

在刷新报表中的数据时，Excel 也会更新源数据报表中的数据，反之亦然。如果对某个报表中的项进行分组或取消分组，那么将同时影响两个报表；如果在某个报表中创建了计算字段或计算项（使用用户创建的公式进行字段或字段中项的计算），那么将同时影响两个报表。

### 4. 数据透视图报表

可以基于其他数据透视表创建新的数据透视表或数据透视图，但是不能直接基于其他数据透视图创建新的报表。不过，当创建数据透视图时，Excel 会基于相同的数据创建一个相关联的数据透视表（为数据透视图提供源数据的数据透视表）。如果更改其中一个报表的布局，那么另一个报表也会随之更改。因此，可以基于关联的报表创建一个新报表。对数据透视图所做的更改将影响关联的数据透视表，反之亦然。

## 二、利用数据透视表制作统计表

### 1. 计数项值汇总

以图 4-3 中的商品数据为例，利用数据透视表对不同品牌名称的商品数量进行汇总计数，具体操作如下。

（1）打开“数据可视化”工作簿，选择“商品”工作表。

（2）单击“插入”选项卡中的“数据透视表”下拉按钮，选择“数据透视表”选项。

（3）打开“创建数据透视表”对话框，设置“表 / 区域”，选择将数据透视表放在“现有工作表”，然后单击“确定”按钮，如图 4-33 所示。

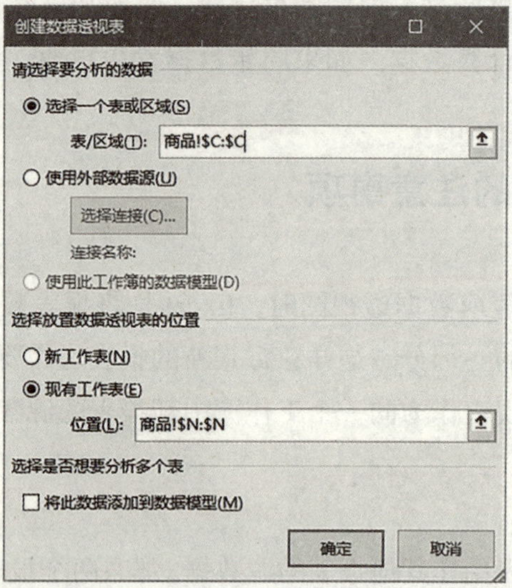


图 4-33 “创建数据透视表”对话框

在“数据透视表字段”对话框中，单击“品牌名称”字段并按住鼠标左键将其拖曳到“行”标签处；因为要按品牌名称进行计数，所以将“品牌名称”字段拖曳到“值”字段处，形成品牌名称计数结果，即不同品牌下包含的商品数量，如图 4-34 所示。

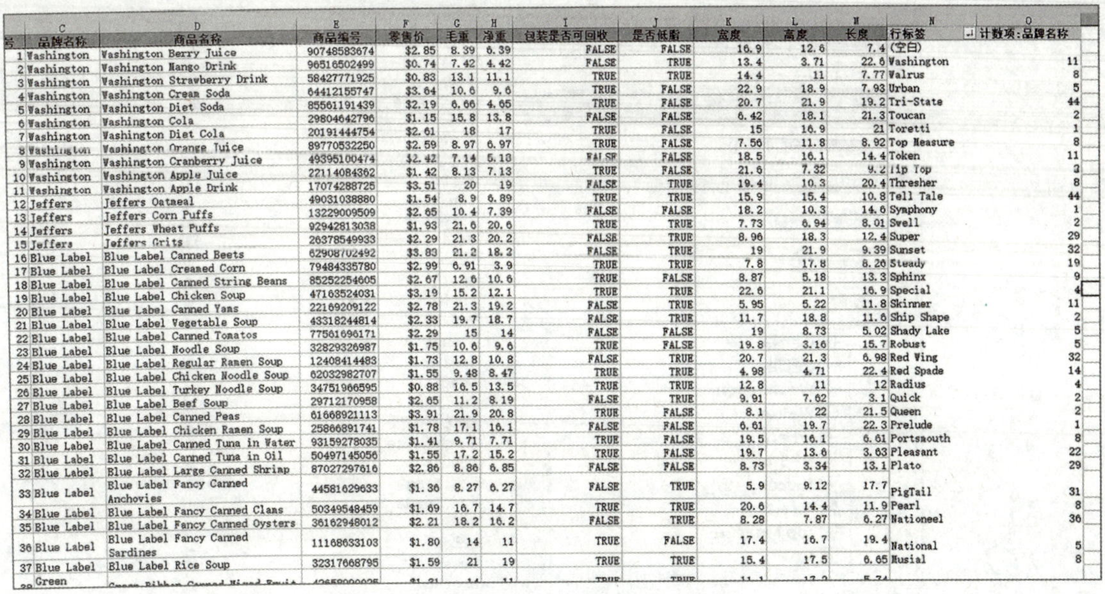

| 号 | 品牌名称 | 商品名称 | 商品编号 | 零售价 | 毛重 | 净重 | 包装是否可回收 | 是否低脂 | 宽度 | 高度 | 长度 | 行标签 | 计数项:品牌名称 |
|---|---|---|---|---|---|---|---|---|---|---|---|---|---|
| 1 | Washington | Washington Berry Juice | 90748583674 | $2.85 | 8.39 | 6.39 | FALSE | FALSE | 16.9 | 12.6 | 7.4 | (空白) | |
| 2 | Washington | Washington Mango Drink | 96516502499 | $0.74 | 7.42 | 4.42 | FALSE | TRUE | 13.4 | 3.71 | 22.6 | Washington | 11 |
| 3 | Washington | Washington Strawberry Drink | 58427771925 | $0.83 | 13.1 | 11.1 | TRUE | TRUE | 14.4 | 11 | 7.77 | Walrus | 8 |
| 4 | Washington | Washington Cream Soda | 64412155747 | $3.64 | 10.6 | 9.6 | TRUE | FALSE | 22.9 | 18.9 | 7.93 | Urban | 5 |
| 5 | Washington | Washington Diet Soda | 85561191439 | $2.19 | 6.66 | 4.65 | TRUE | FALSE | 20.7 | 21.9 | 19.2 | Tri-State | 44 |
| 6 | Washington | Washington Cola | 29804642796 | $1.15 | 15.8 | 13.8 | FALSE | FALSE | 6.42 | 18.1 | 21.3 | Toucan | 2 |
| 7 | Washington | Washington Diet Cola | 20191444754 | $2.61 | 18 | 17 | TRUE | FALSE | 15 | 16.9 | 21 | Toretti | 1 |
| 8 | Washington | Washington Orange Juice | 89770532250 | $2.59 | 8.97 | 6.97 | TRUE | FALSE | 7.56 | 11.8 | 8.92 | Top Measure | 8 |
| 9 | Washington | Washington Cranberry Juice | 49395100474 | $2.42 | 7.14 | 5.13 | FALSE | FALSE | 18.5 | 16.1 | 14.4 | Token | 11 |
| 10 | Washington | Washington Apple Juice | 22114084362 | $1.42 | 8.13 | 7.13 | TRUE | FALSE | 21.6 | 7.32 | 9.2 | Tip Top | 3 |
| 11 | Washington | Washington Apple Drink | 17074288725 | $3.51 | 20 | 19 | FALSE | TRUE | 19.4 | 10.3 | 20.4 | Thresher | 8 |
| 12 | Jeffers | Jeffers Oatmeal | 49031038880 | $1.54 | 8.9 | 6.89 | TRUE | TRUE | 15.9 | 15.4 | 10.8 | Tell Tale | 44 |
| 13 | Jeffers | Jeffers Corn Puffs | 13229009509 | $2.65 | 10.4 | 7.39 | FALSE | FALSE | 18.2 | 10.3 | 14.6 | Symphony | 1 |
| 14 | Jeffers | Jeffers Wheat Puffs | 92942813038 | $1.93 | 21.6 | 20.6 | TRUE | TRUE | 7.73 | 6.94 | 8.01 | Swell | 2 |
| 15 | Jeffers | Jeffers Grits | 26378549933 | $2.29 | 21.3 | 20.2 | FALSE | TRUE | 8.96 | 18.3 | 12.4 | Super | 29 |
| 16 | Blue Label | Blue Label Canned Beets | 62908702492 | $3.83 | 21.2 | 18.2 | FALSE | TRUE | 19 | 21.9 | 9.39 | Sunset | 32 |
| 17 | Blue Label | Blue Label Creamed Corn | 79484335780 | $2.99 | 6.91 | 3.9 | TRUE | TRUE | 7.8 | 17.8 | 8.26 | Steady | 19 |
| 18 | Blue Label | Blue Label Canned String Beans | 85252254605 | $2.67 | 12.6 | 10.6 | TRUE | FALSE | 8.87 | 5.18 | 13.3 | Sphinx | 9 |
| 19 | Blue Label | Blue Label Chicken Soup | 47163524031 | $3.19 | 15.2 | 12.1 | TRUE | TRUE | 22.6 | 21.1 | 16.9 | Special | 4 |
| 20 | Blue Label | Blue Label Canned Yams | 22169209122 | $2.78 | 21.3 | 19.2 | FALSE | TRUE | 5.95 | 5.22 | 11.8 | Skinner | 11 |
| 21 | Blue Label | Blue Label Vegetable Soup | 43318244814 | $2.33 | 19.7 | 18.7 | FALSE | TRUE | 11.7 | 18.8 | 11.6 | Ship Shape | 2 |
| 22 | Blue Label | Blue Label Canned Tomatos | 77561696171 | $2.29 | 15 | 14 | FALSE | FALSE | 19 | 8.73 | 5.02 | Shady Lake | 5 |
| 23 | Blue Label | Blue Label Noodle Soup | 32829326987 | $1.75 | 10.6 | 9.6 | TRUE | FALSE | 19.8 | 3.16 | 15.7 | Robust | 5 |
| 24 | Blue Label | Blue Label Regular Ramen Soup | 12408414483 | $1.73 | 12.8 | 10.8 | FALSE | TRUE | 20.7 | 21.3 | 6.98 | Red Wing | 32 |
| 25 | Blue Label | Blue Label Chicken Noodle Soup | 62032982707 | $1.55 | 9.48 | 8.47 | TRUE | TRUE | 4.98 | 4.71 | 22.4 | Red Spade | 14 |
| 26 | Blue Label | Blue Label Turkey Noodle Soup | 34751966595 | $0.88 | 16.5 | 13.5 | TRUE | TRUE | 12.8 | 11 | 12 | Radius | 4 |
| 27 | Blue Label | Blue Label Beef Soup | 29712170958 | $2.65 | 11.2 | 8.19 | FALSE | TRUE | 9.91 | 7.62 | 3.1 | Quick | 2 |
| 28 | Blue Label | Blue Label Canned Peas | 61668921113 | $3.91 | 21.9 | 20.8 | TRUE | FALSE | 8.1 | 22 | 21.5 | Queen | 2 |
| 29 | Blue Label | Blue Label Chicken Ramen Soup | 25866891741 | $1.78 | 17.1 | 16.1 | FALSE | FALSE | 6.61 | 19.7 | 22.3 | Prelude | 1 |
| 30 | Blue Label | Blue Label Canned Tuna in Water | 93159278035 | $1.41 | 9.71 | 7.71 | TRUE | FALSE | 19.5 | 16.1 | 6.61 | Portsmouth | 8 |
| 31 | Blue Label | Blue Label Canned Tuna in Oil | 50497145056 | $1.55 | 17.2 | 15.2 | TRUE | FALSE | 19.7 | 13.6 | 3.63 | Pleasant | 22 |
| 32 | Blue Label | Blue Label Large Canned Shrimp | 87027297616 | $2.86 | 8.86 | 6.85 | FALSE | FALSE | 8.73 | 3.34 | 13.1 | Plato | 29 |
| 33 | Blue Label | Blue Label Fancy Canned Anchovies | 44581629633 | $1.36 | 8.27 | 6.27 | FALSE | TRUE | 5.9 | 9.12 | 17.7 | PigTail | 31 |
| 34 | Blue Label | Blue Label Fancy Canned Clams | 50349548459 | $1.69 | 16.7 | 14.7 | TRUE | TRUE | 20.6 | 14.4 | 11.9 | Pearl | 8 |
| 35 | Blue Label | Blue Label Fancy Canned Oysters | 36162948012 | $2.21 | 18.2 | 16.2 | FALSE | TRUE | 8.28 | 7.87 | 6.27 | Nationeel | 36 |
| 36 | Blue Label | Blue Label Fancy Canned Sardines | 11168633103 | $1.80 | 14 | 11 | TRUE | FALSE | 17.4 | 16.7 | 19.4 | National | 5 |
| 37 | Blue Label | Blue Label Rice Soup | 32317668795 | $1.59 | 21 | 19 | TRUE | TRUE | 15.4 | 17.5 | 6.65 | Musial | 8 |

图 4–34　设置字段列表

计数项的汇总方式有多种形式，如“求和”“最大值”“平均值”“乘积”等；数据显示方式也有多种，如“指数”“百分比”“列汇总的百分比”“总计的百分比”等，这些都可以根据分析的目标进行选择，如图 4–35 所示。

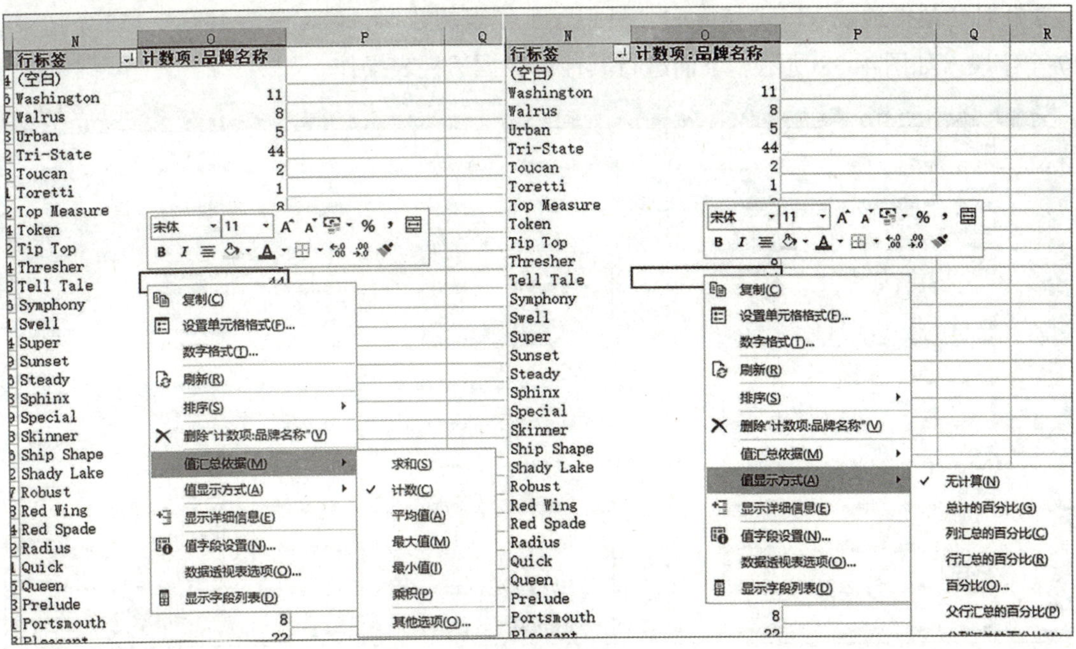


图 4–35　值汇总方式和显示方式

“计数项：品牌名称”一列默认按字母顺序进行升序排序，同时可查看降序排序的结果。单击“行标签”下拉按钮，选择“降序”，如图 4–36 所示。

计数项显示内容按降序进行排列，降序结果如图 4–37 所示。

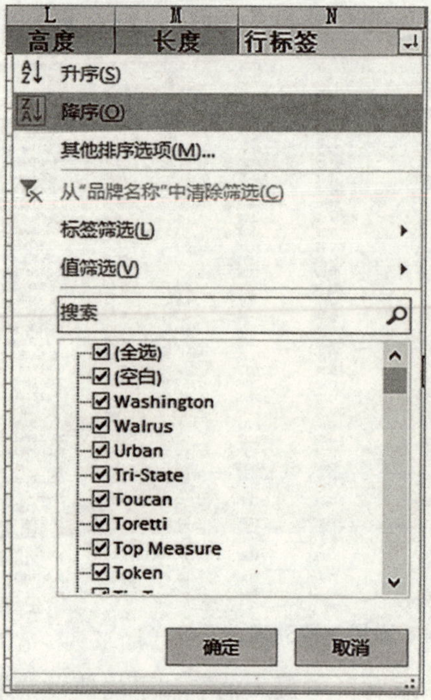


图 4-36 快捷菜单

| | |
|---|---|
| (空白) | |
| Washington | 11 |
| Walrus | 8 |
| Urban | 5 |
| Tri-State | 44 |
| Toucan | 2 |
| Toretti | 1 |
| Top Measure | 8 |
| Token | 11 |
| Tip Top | 2 |
| Thresher | 8 |
| Tell Tale | 44 |
| Symphony | 1 |
| Swell | 2 |
| Super | 29 |
| Sunset | 32 |
| Steady | 19 |
| Sphinx | 9 |
| Special | 4 |
| Skinner | 11 |
| Ship Shape | 2 |
| Shady Lake | 5 |
| Robust | 5 |
| Red Wing | 32 |
| Red Spade | 14 |
| Radius | 4 |
| Quick | 2 |
| Queen | 2 |
| Prelude | 1 |
| Portsmouth | 8 |
| Pleasant | 22 |
| Plato | 29 |

图 4-37 降序结果

## 2. 多维数据分析

针对“数据透视表”工作簿中“员工”工作表的数据，该工作表共有 1 155 条记录、17 个字段，如图 4-38 所示。下面进行其他的数据透视表操作。

| | A | B | C | D | E | F | G | H | I | J | K | L | M | N | O | P | Q |
|---|---|---|---|---|---|---|---|---|---|---|---|---|---|---|---|---|---|
| 1 | 员工编号 | 全名 | 名 | 姓 | 职称编号 | 职称 | 商店编号 | 部门编号 | 出生日期 | 就职日期 | 离职日期 | 薪水 | 部长编号 | 教育水平 | 婚姻状况 | 性别 | 管理职位 |
| 2 | 1 | Sheri Nowmer | Sheri | Nowmer | 1 | President | 0 | 1 | 1961/8/26 | 1994/12/1 | | $80,000.00 | 0 | Graduate Degree | S | F | Senior Management |
| 3 | 2 | Derrick Whelply | Derrick | Whelply | 2 | VP Country Manager | 0 | 1 | 1915/7/3 | 1994/12/1 | | $40,000.00 | 1 | Graduate Degree | M | M | Senior Management |
| 4 | 4 | Michael Spence | Michael | Spence | 2 | VP Country Manager | 0 | 1 | 1969/6/20 | 1998/1/1 | | $40,000.00 | 1 | Graduate Degree | S | M | Senior Management |
| 5 | 5 | Maya Gutierrez | Maya | Gutierrez | 2 | VP Country Manager | 0 | 1 | 1951/5/10 | 1998/1/1 | | $35,000.00 | 1 | Bachelors Degree | M | F | Senior Management |
| 6 | 6 | Roberta Damstra | Roberta | Damstra | 3 | VP Information Systems | 0 | 2 | 1942/10/8 | 1994/12/1 | | $25,000.00 | 1 | Bachelors Degree | M | F | Senior Management |
| 7 | 7 | Rebecca Kanagaki | Rebecca | Kanagaki | 4 | VP Human Resources | 0 | 3 | 1949/3/27 | 1994/12/1 | | $15,000.00 | 1 | Bachelors Degree | M | F | Senior Management |
| 8 | 8 | Kim Brunner | Kim | Brunner | 11 | Store Manager | 9 | 11 | 1922/8/10 | 1998/1/1 | | $10,000.00 | 5 | Bachelors Degree | S | F | Store Management |
| 9 | 9 | Brenda Blumberg | Brenda | Blumberg | 11 | Store Manager | 21 | 11 | 1979/6/23 | 1998/1/1 | | $17,000.00 | 5 | Graduate Degree | M | F | Store Management |
| 10 | 10 | Darren Stanz | Darren | Stanz | 5 | VP Finance | 0 | 5 | 1949/8/26 | 1994/12/1 | | $50,000.00 | 1 | Partial College | M | M | Senior Management |
| 11 | 11 | Jonathan Murraiin | Jonathan | Murraiin | 11 | Store Manager | 1 | 11 | 1967/6/20 | 1998/1/1 | | $15,000.00 | 5 | Graduate Degree | S | M | Store Management |
| 12 | 12 | Jewel Creek | Jewel | Creek | 11 | Store Manager | 5 | 11 | 1971/10/18 | 1998/1/1 | | $8,500.00 | 5 | Graduate Degree | S | F | Store Management |
| 13 | 13 | Peggy Medina | Peggy | Medina | 11 | Store Manager | 10 | 11 | 1975/10/12 | 1998/1/1 | | $15,000.00 | 5 | Bachelors Degree | S | F | Store Management |

图 4-38 “员工”工作表（部分显示）

（1）创建数据透视表，选择将其放置在新工作表中，如图 4–39 所示。

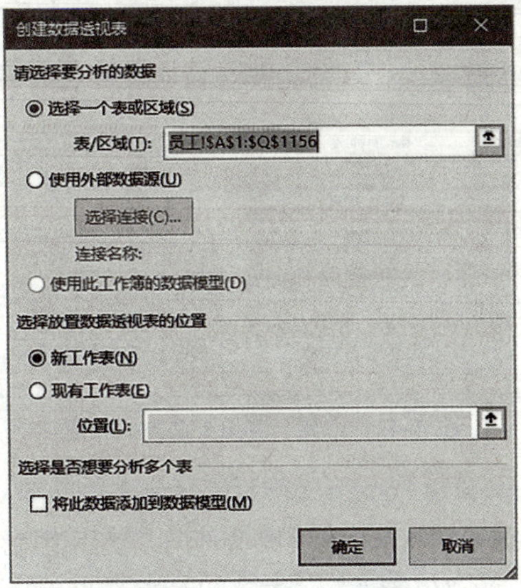


图 4–39　创建数据透视表

（2）为分析薪水与学历和职位之间的关系，选择将“管理职位”和“职称”字段放入“行”标签，将“教育水平”放入“列”字段，将“薪水”放入“值”字段，得到相关表，如图 4–40 所示。

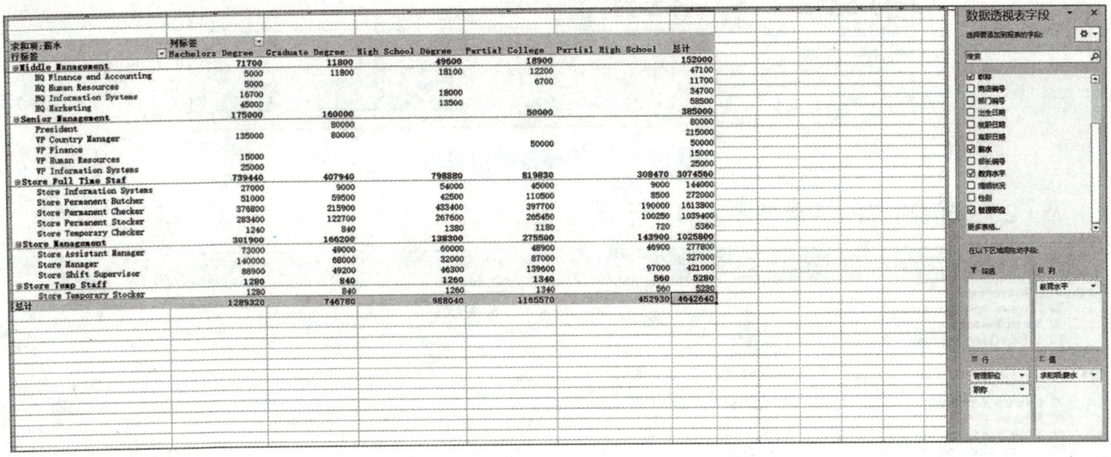

| 求和项:薪水<br>行标签 | 列标签<br>Bachelors Degree | Graduate Degree | High School Degree | Partial College | Partial High School | 总计 |
|---|---|---|---|---|---|---|
| ⊟Middle Management | 71700 | 11800 | 49600 | 18900 | | 152000 |
| HQ Finance and Accounting | 5000 | 11800 | 18100 | 12200 | | 47100 |
| HQ Human Resources | 5000 | | | 6700 | | 11700 |
| HQ Information Systems | 16700 | | 18000 | | | 34700 |
| HQ Marketing | 45000 | | 13500 | | | 58500 |
| ⊟Senior Management | 175000 | 160000 | | 50000 | | 385000 |
| President | | 80000 | | | | 80000 |
| VP Country Manager | 135000 | 80000 | | | | 215000 |
| VP Finance | | | | 50000 | | 50000 |
| VP Human Resources | 15000 | | | | | 15000 |
| VP Information Systems | 25000 | | | | | 25000 |
| ⊟Store Full Time Staf | 739440 | 407940 | 798880 | 819830 | 308470 | 3074560 |
| Store Information Systems | 27000 | 9000 | 54000 | 45000 | 9000 | 144000 |
| Store Permanent Butcher | 51000 | 59500 | 42500 | 110500 | 8500 | 272000 |
| Store Permanent Checker | 376800 | 215900 | 433400 | 397700 | 190000 | 1613800 |
| Store Permanent Stocker | 283400 | 122700 | 267600 | 265450 | 100250 | 1039400 |
| Store Temporary Checker | 1240 | 840 | 1380 | 1180 | 720 | 5360 |
| ⊟Store Management | 301900 | 166200 | 138300 | 275500 | 143900 | 1025800 |
| Store Assistant Manager | 73000 | 49000 | 60000 | 48900 | 46900 | 277800 |
| Store Manager | 140000 | 68000 | 32000 | 87000 | | 327000 |
| Store Shift Supervisor | 88900 | 49200 | 46300 | 139600 | 97000 | 421000 |
| ⊟Store Temp Staff | 1280 | 840 | 1260 | 1340 | 560 | 5280 |
| Store Temporary Stocker | 1280 | 840 | 1260 | 1340 | 560 | 5280 |
| 总计 | 1289320 | 746780 | 988040 | 1165570 | 452930 | 4642640 |



图 4–40　数据透视表字段选择

将“值”字段的汇总方式由“求和”改为“平均值”，得到薪水的平均值情况，如图 4–41 所示。

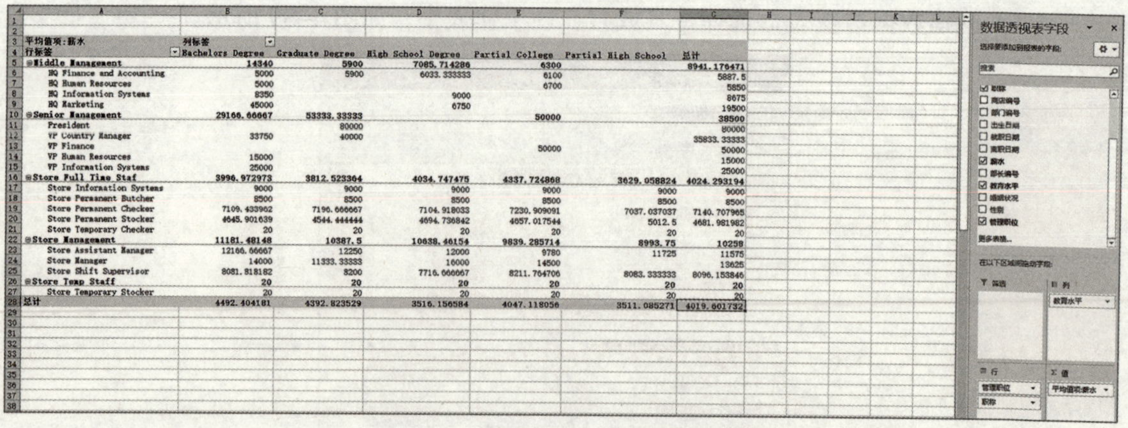

图 4-41　“值”字段汇总方式设置

### 3. 值筛选

为了解平均薪水大于或等于 5 000 的有哪些部门，使用值筛选功能，具体操作如下。

（1）单击“行标签”的“值筛选”，在弹出的对话框中选择“大于或等于”，输入“5 000”，单击“确定”按钮，如图 4-42 所示。

图 4-42　行标签的值筛选

（2）按值筛选的结果如图 4-43 所示。

| 平均值项:薪水<br>行标签 | 列标签<br>Bachelors Degree | Graduate Degree | High School Degree | Partial College | Partial High School | 总计 |
|---|---|---|---|---|---|---|
| ⊟**Middle Management** | **14340** | **5900** | **7085.714286** | **6300** | | **8941.176471** |
| HQ Finance and Accounting | 5000 | 5900 | 6033.333333 | 6100 | | 5887.5 |
| HQ Human Resources | 5000 | | | 6700 | | 5850 |
| HQ Information Systems | 8350 | | 9000 | | | 8675 |
| HQ Marketing | 45000 | | 6750 | | | 19500 |
| ⊟**Senior Management** | **29166.66667** | **53333.33333** | | **50000** | | **38500** |
| President | | 80000 | | | | 80000 |
| VP Country Manager | 33750 | 40000 | | | | 35833.33333 |
| VP Finance | | | | 50000 | | 50000 |
| VP Human Resources | 15000 | | | | | 15000 |
| VP Information Systems | 25000 | | | | | 25000 |
| ⊟**Store Management** | **11181.48148** | **10387.5** | **10638.46154** | **9839.285714** | **8993.75** | **10258** |
| Store Assistant Manager | 12166.66667 | 12250 | 12000 | 9780 | 11725 | 11575 |
| Store Manager | 14000 | 11333.33333 | 16000 | 14500 | | 13625 |
| Store Shift Supervisor | 8081.818182 | 8200 | 7716.666667 | 8211.764706 | 8083.333333 | 8096.153846 |
| 总计 | 14436.84211 | 16095.2381 | 9395 | 10762.5 | 8993.75 | 12305.51181 |

图 4-43　按值筛选的结果

### 4. 标签筛选

为了解管理层职工的信息，可单击“行标签”的“标签筛选”，在弹出的对话框中选择“包含”后，输入“Management”，如图 4-44 所示。

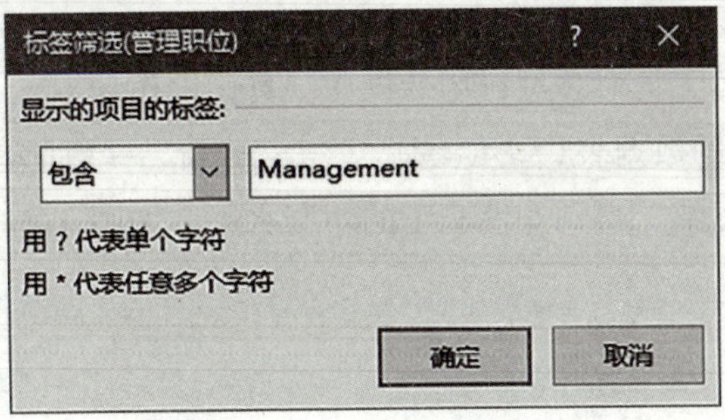


图 4–44　行标签的标签筛选

按标签筛选的结果如图 4–45 所示。

| 平均值项:薪水 行标签 | 列标签 Bachelors Degree | Graduate Degree | High School Degree | Partial College | Partial High School | 总计 |
|---|---|---|---|---|---|---|
| ⊟**Middle Management** | **14340** | **5900** | **7085.714286** | **6300** | | **8941.176471** |
| HQ Finance and Accounting | 5000 | 5900 | 6033.333333 | 6100 | | 5887.5 |
| HQ Human Resources | 5000 | | | 6700 | | 5850 |
| HQ Information Systems | 8350 | | 9000 | | | 8675 |
| HQ Marketing | 45000 | | 6750 | | | 19500 |
| ⊟**Senior Management** | **29166.66667** | **53333.33333** | | **50000** | | **38500** |
| President | | 80000 | | | | 80000 |
| VP Country Manager | 33750 | 40000 | | | | 35833.33333 |
| VP Finance | | | | 50000 | | 50000 |
| VP Human Resources | 15000 | | | | | 15000 |
| VP Information Systems | 25000 | | | | | 25000 |
| ⊟**Store Management** | **11181.48148** | **10387.5** | **10638.46154** | **9839.285714** | **8993.75** | **10258** |
| Store Assistant Manager | 12166.66667 | 12250 | 12000 | 9780 | 11725 | 11575 |
| Store Manager | 14000 | 11333.33333 | 16000 | 14500 | | 13625 |
| Store Shift Supervisor | 8081.818182 | 8200 | 7716.666667 | 8211.764706 | 8083.333333 | 8096.153846 |
| 总计 | 14436.84211 | 16095.2381 | 9395 | 10762.5 | 8993.75 | 12305.51181 |

图 4–45　按标签筛选的结果

## 5. 旋转

对上一步骤得到的数据表（图 4–45）进行旋转操作中的行列交换，由此可得到不同视角的数据，如图 4–46 所示。

| 平均值项:薪水 | 列标签 ⊟Middle Management | | | | Middle Management 汇总 | ⊟Senior Management |
|---|---|---|---|---|---|---|
| 行标签 | HQ Finance and Accounting | HQ Human Resources | HQ Information Systems | HQ Marketing | | President |
| Bachelors Degree | 5000 | 5000 | 8350 | 45000 | 14340 | |
| Graduate Degree | 5900 | | | | 5900 | 80000 |
| High School Degree | 6033.333333 | | 9000 | 6750 | 7085.714286 | |
| Partial College | 6100 | 6700 | | | 6300 | |
| Partial High School | | | | | | |
| 总计 | 5887.5 | 5850 | 8675 | 19500 | 8941.176471 | 80000 |

图 4–46　旋转结果

## 6. 查看特定数据

为查看某一特定数据，从汇总数据深入到细节数据，可采用向下钻取操作。例如，查看董事长的薪水，可将“职称”拖入“筛选”字段，然后在表的上方选择“President”，如图 4–47 所示。

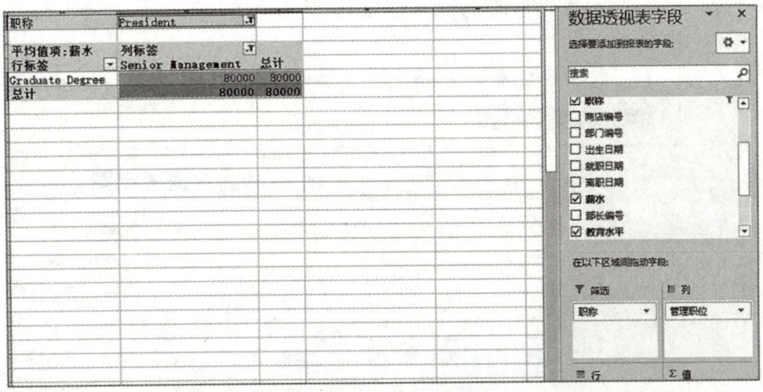


图 4–47　查看特定数据结果

### 7. 切片操作

Excel 可使用切片器工具对表进行切片操作，具体操作如下。

选取标签筛选得到的数据表（图 4–45），单击“分析”→“插入切片器”按钮，勾选“性别”标签，单击“F”标签，得到女性职工的薪资水平，如图 4–48 所示。

| 平均值项:薪水<br>行标签 | 列标签<br>Bachelors Degree | Graduate Degree | High School Degree | Partial College | Partial High School | 总计 |
|---|---|---|---|---|---|---|
| ⊟**Middle Management** | **14340** | **5000** | **7220** | **6300** | | **9407.142857** |
| HQ Finance and Accounting | 5000 | 5000 | 6550 | 6100 | | 5883.333333 |
| HQ Human Resources | 5000 | | | 6700 | | 5850 |
| HQ Information Systems | 8350 | | 9000 | | | 8675 |
| HQ Marketing | 45000 | | 5000 | | | 25000 |
| ⊟**Senior Management** | **28000** | **80000** | | | | **36666.66667** |
| President | | 80000 | | | | 80000 |
| VP Country Manager | 33333.33333 | | | | | 33333.33333 |
| VP Human Resources | 15000 | | | | | 15000 |
| VP Information Systems | 25000 | | | | | 25000 |
| ⊟**Store Management** | **10877.77778** | **11928.57143** | **9533.333333** | **9975** | **8685.714286** | **10312.96296** |
| Store Assistant Manager | 11750 | 13000 | 11666.66667 | 10333.33333 | 13000 | 11785.71429 |
| Store Manager | 14000 | 12500 | | 13750 | | 13576.92308 |
| Store Shift Supervisor | 8100 | 7000 | 7400 | 8177.777778 | 7966.666667 | 7977.777778 |
| **总计** | **14553.57143** | **18722.22222** | **8481.818182** | **9394.736842** | **8685.714286** | **12278.37838** |

性别
F
M

图 4–48　切片操作结果

### 8. 建立数据透视图

选取标签筛选得到的数据表（图 4–45），单击工具栏中的“数据透视图”，选择图表类型中的“簇状树形图”，得到数据透视图，如图 4–49 所示。

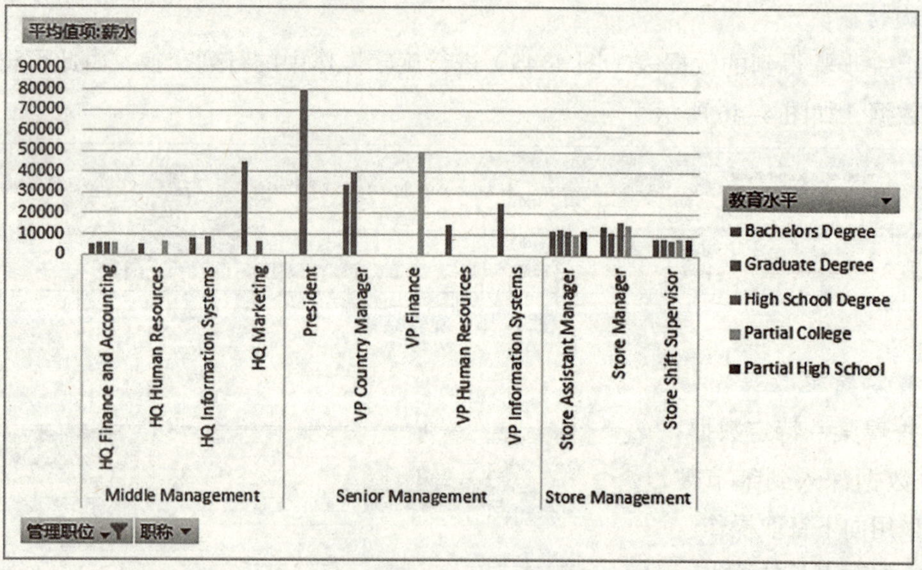


图 4–49　数据透视图

# 任务四 标签云可视化

## 任务描述

标签云是一种新颖的数据可视化方法，它通过不同颜色和大小的文字来展示关键词的频率或重要性。了解标签云的定义，并学习如何使用 WordArt 等工具来制作标签云。通过这种方式，读者可以直观地展示文本数据中的关键信息。

## 任务分析

此任务介绍了标签云这一独特的数据可视化技术。通过学习和实践 WordArt 等标签云制作工具的使用，可以拓展数据可视化的方法和手段。标签云适用于展示文本数据中的关键词和频率信息，使得大量文本数据的关键信息能够一目了然地呈现出来。

## 任务重点与实施

随着互联网技术的发展，每天都伴随着海量数据的产生，其中大部分数据都是以文本的形式存在。文本信息超载和数据过剩等问题促使了文本可视化的出现，利用文本可视化可以简单明了地显示文本中包含的信息。标签云是最为简单有效的文本可视化技术，它可以帮助人们理解复杂文本的内容和内在规律等信息。

### 一、标签云的定义

标签云又称为文字云、词云，是文本数据中出现频率较高的关键词在视觉上的突出呈现。标签云通过对关键词的渲染形成类似云一样的彩色图片，从而一眼就可以领略文本数据的主要表达意思，常见于博客、微博等。下面以 WordArt（一款制作文字云效果图的免费在线软件）为例，介绍利用标签云对文本数据进行可视化描述的具体操作。

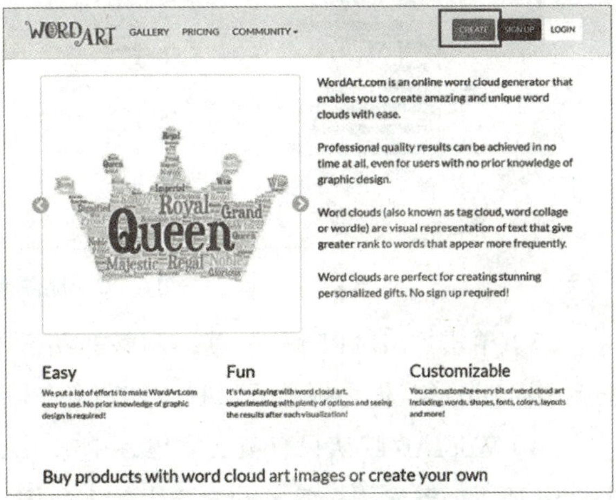


图 4–50 WordArt 网站首页

### 二、WordArt 标签云工具的使用

登录 WordArt 网站，单击“Create”按钮，如图 4–50 所示。

（1）单击“Import”按钮，添加文

本，弹出对话框，在对话框中输入文章内容，将本书项目一任务一的文本内容复制进去，然后单击“Import words”选项，如图 4-51 所示。

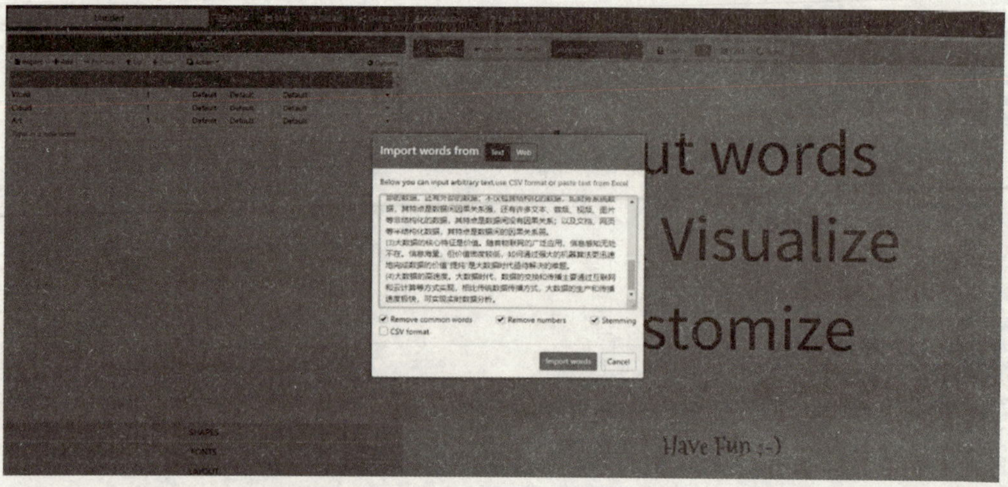


图 4-51　输入文本内容

（2）选中行，单击“Remove”按钮，删除对文本分析无意义的词语，如图 4-52 所示。

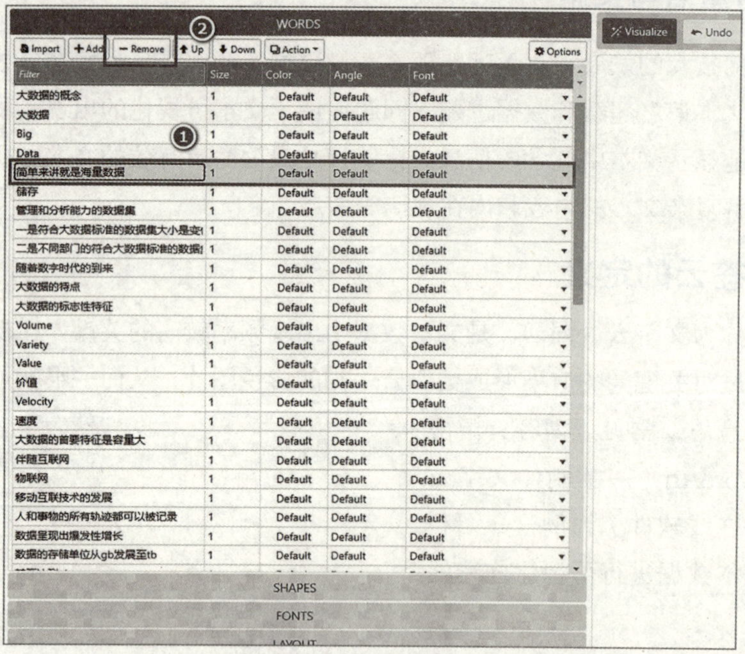


图 4-52　删除无用标签

（3）单击“SHAPES”标签，调整标签云的形状。标签云的形状可以任意选择，这里选择第 4 个形状作为标签云形状，如图 4-53 所示。

（4）WordArt 默认只有英文字体，单击“Add font”按钮，手动添加中文字体库，如图 4-54 所示。若希望标签云的文字为仿宋简体，则添加仿宋简体文字的字体库。

图 4-53　选择标签云形状

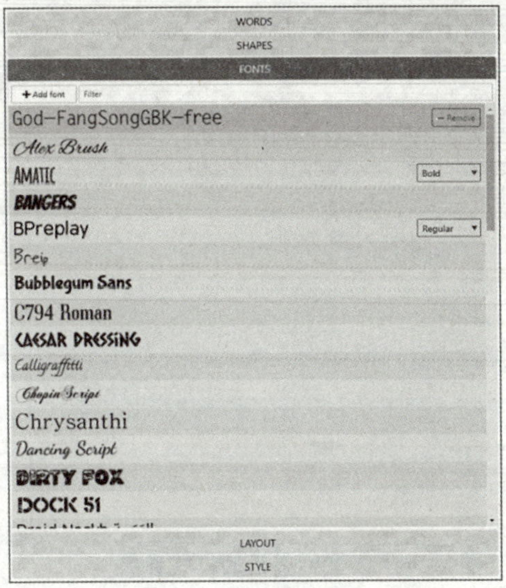


图 4-54　添加中文字体库

（5）单击“LAYOUT”标签，选择单个标签排列形状，并设置标签云的布局。“Words amount”参数是用于设置标签个数的，“Density”参数是用于设置透明度的。这里设置第一个字体形状（横式排列）与默认的字体数量，如图 4-55 所示。

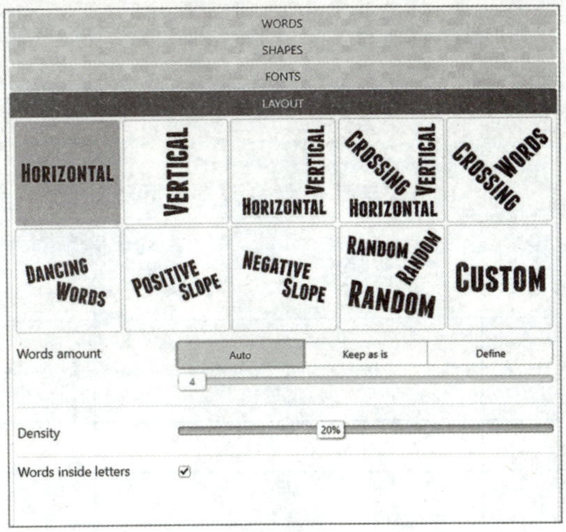


图 4-55　设置标签云的布局

（6）单击“STYLE”标签，设置标签云的多个样式参数。“Words colors”参数是用于设置字体颜色的，“Color emphasis”参数是用于设置颜色比重的，“Background color”参数是用于设置背景图片颜色的，“Background image”参数是用于设置背景图片所占比重的，“Animation speed”参数是用于调整文字显示速度的，“Rollover text color”参数是用于调整鼠标指针滑过字体时扩大的文字颜色和文字背景颜色的。设置标签云的样式参数如图 4-56 所示。

（7）单击“Visualize”标签，生成标签云，如图 4-57 所示。单击“Print”按钮，可选择生成格式并下载到本地，选好格式后单击“确定”按钮，便生成了标签云。

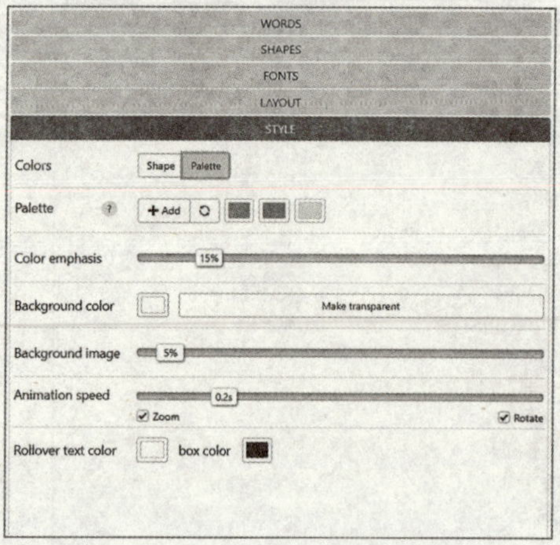


图 4–56　设置标签云的样式参数

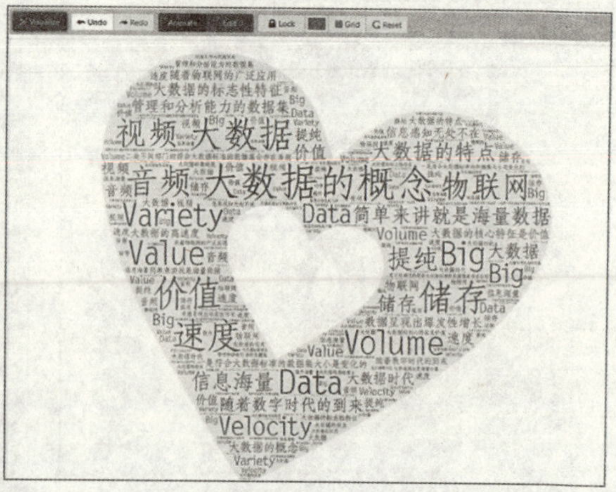


图 4–57　标签云效果

## 课后实践

### 关键竞争因素对比分析

1. 实训背景

企业在做竞争对手分析时能否抓住关键因素，将直接影响企业能否取得成功。对于电商企业来说，关键竞争因素包括但不限于产品结构、产品质量、核心技术、产品价格、产品销量、客户服务、品牌声誉、营销策略、广告效果、客户忠诚度等，见表 4–6。

表 4–6　某电商企业关键竞争因素对比

| 关键竞争因素 | 竞争对手状况 | 本企业状况 | 相对于竞争对手 | | 应采取的超越/改善行动 |
|---|---|---|---|---|---|
| | | | 优势 | 劣势 | |
| 产品结构 | | | | | |
| 产品质量 | | | | | |
| 核心技术 | | | | | |
| 产品价格 | | | | | |
| 产品销量 | | | | | |
| 客户服务 | | | | | |
| 品牌声誉 | | | | | |
| 营销策略 | | | | | |
| 广告效果 | | | | | |
| …… | | | | | |

2. 实训内容

2024 年国际数据公司 IDC 发布报告显示，三星、苹果、小米、传音、OPPO 手机的总出货量排在前 5 位，其中小米手机与苹果手机之间的竞争尤为激烈。请运用关键竞争因素分析法进行小米手机与苹果手机的关键竞争因素对比分析，并将分析结果进行数据可视化。

3. 实训要求

本实训安排两名学生一组，合作完成并提交《小米手机与苹果手机关键竞争因素对比分析报告》，并做好汇报的准备。

4. 实训评价

根据实训内容与实训过程，完成表 4-7。

表 4-7　实训评价

<table>
<tr><th rowspan="2" colspan="2">评价内容</th><th rowspan="2">满分 / 分</th><th colspan="3">评分 / 分</th></tr>
<tr><th>自评</th><th>互评</th><th>师评</th></tr>
<tr><td colspan="2">参与实践的积极性、主动性</td><td>20</td><td></td><td></td><td></td></tr>
<tr><td colspan="2">独立思考能力</td><td>20</td><td></td><td></td><td></td></tr>
<tr><td colspan="2">创新能力</td><td>20</td><td></td><td></td><td></td></tr>
<tr><td colspan="2">团队合作、沟通交流能力强</td><td>20</td><td></td><td></td><td></td></tr>
<tr><td colspan="2">劳动纪律良好</td><td>20</td><td></td><td></td><td></td></tr>
<tr><td colspan="2">合计</td><td>100</td><td></td><td></td><td></td></tr>
<tr><td rowspan="2">自评（20%）+互评（20%）+师评（60%）=</td><td>综合等级</td><td colspan="4" rowspan="2">指导教师（签名）：</td></tr>
<tr><td></td></tr>
</table>

## 项目小结

本项目主要介绍了数据可视化的相关内容。首先介绍了表格的制作，包括统计表格编制的规则以及在 Excel 中创建数据表格的具体操作；其次介绍了图表的制作，主要包括饼图、柱形图、直方图、雷达图、折线图和散点图在内的常用可视化图表的制作方法；再次介绍了如何使用数据透视表，这是一种强大的数据分析工具，能够帮助用户快速地对大量数据进行汇总、比较和分析；最后介绍了标签云的概念，并通过 WordArt 等工具演示如何创建一个有效的标签云，以突出关键词或短语。通过本项目的学习，读者不仅能够掌握数据可视化的理论知识，还能学习丰富的实战技巧，能够灵活运用 Excel 等软件工具进行高效的数据处理和分析。

## 课后练习

### 一、判断题

1. 数据可视化是将数据内在的规律间接地进行展现的一种方式。（　　）

2. 数字资料要注明计量单位。当全表只有一种计量单位时，可把它写在表头的左上方。（　　）

3. 统计表的文字、数字要书写工整、清晰，数位要对齐。（　　）

4. 有效、形象、快速地传达信息需要复杂的图表。（　　）

5. 工作簿是在 Excel 环境中用来储存并处理工作数据的文件。（　　）

### 二、单选题

1. 以下不属于可视化的作用的是（　　）。

A. 传播交流　　B. 信息记录

C. 数据采集　　D. 数据分析

2. Excel 工作表的行号显示在工作簿窗口的（　　）。

A. 左边　　B. 右边

C. 上边　　D. 下边

3. Excel 工作表的列号显示在工作簿窗口的（　　）。

A. 左边　　B. 右边

C. 上边　　D. 下边

4. 反映不同时期或不同类别数据之间的比较或差异，可使用（　　）。

A. 饼图　　B. 柱形图

C. 直方图　　D. 折线图

5. 可用于多项指标的全面分析，明晰各项指标变动情况和好坏趋向是（　　）。

A. 饼图　　B. 柱形图

C. 直方图　　D. 雷达图

# 项目五

# 客单价数据分析

## 项目导读

客单价是衡量零售业销售绩效的重要指标之一，它反映的是每位顾客平均购买商品的价值。本项目通过对客单价的多角度解读，从客单价的概述到影响因素的分析，再到具体的分析指标，每一部分都提供了实用的知识和技巧。

## 学习目标

### 知识目标

1. 了解客单价的相关概念，并能够进行区分。
2. 熟悉影响客单价的因素，并能够进行分析。

### 能力目标

1. 能够通过商品定价调整销售策略，提高销售利润。
2. 能够对客单价进行分析，并提出合理意见。

### 素质目标

1. 培养读者敏锐的市场意识和竞争意识。
2. 培养读者树立合法经营的理念。
3. 培养读者与竞争对手合作共赢的意识。

## 思政目标

跨境电商的发展离不开创新与技术进步。教师通过思政教育，激励读者勇于创新、敢于创业，鼓励读者在跨境电商领域探索新的商业模式和服务，推动经济发展。

案例导入

## 神奇的购物篮分析

在一家超市中，人们发现了一个特别有趣的现象：尿布与啤酒这两种风马牛不相及的商品居然摆在一起。但这一奇怪的举措居然使尿布和啤酒的销量大幅增加了。原来，美国的妇女通常在家照顾孩子，所以她们经常会嘱咐丈夫在下班回家的路上为孩子买尿布，而丈夫在买尿布的同时会顺手购买自己爱喝的啤酒。这个发现为商家带来了大量的利润，但是如何从杂乱无章的数据中发现啤酒销售和尿布销售之间的联系呢？这又给了人们什么样的启示呢？这个案例说明，通过分析商品大数据，利用能够找出商品之间关联关系的数据分析算法，进一步提取客户的购买行为，能够为商业决策提供辅助的决策支持。

# 任务一　客　单　价

## 任务描述

作为一名数据分析师，需要深入分析公司的客单价数据。客单价是指每个客户在一次购物中平均花费的金额。这一数据对评估销售表现、制定定价策略和优化市场活动至关重要。需要了解如何计算客单价，并探讨其在不同销售场景下的变化。如何通过全面理解和分析客单价，为公司提供有价值的业务建议呢？

## 任务分析

客单价是衡量客户在每次购买时平均支出的重要指标，它直接影响企业的收入和盈利能力。通过计算和分析客单价，可以帮助企业评估销售策略的效果、了解客户的购买力以及优化产品定价。了解客单价的计算方法及其在不同情况下的表现，可以为制定更有效的销售和市场策略提供数据支持。通过对客单价的深入分析，企业可以发现潜在的增长机会，提升客户的购买价值，从而实现盈利的最大化。

## 任务重点与实施

### 一、客单价概述

客单价（average transaction value，ATV）是指每一位客户平均购买商品的金额，即平均每位客户在店里消费了多少金额，计算公式为

客单价=销售总额 / 客户总数

有时客户总数的真实数据不太容易获取，于是有些商家会用笔单价代替客单价。

笔单价是指平均每一笔生意的成交金额，计算公式为

笔单价=销售总额 / 成交总笔数

客单价=笔单价 × 人均购买笔数

可见，客单价主要受到两个因素的影响：单笔购买金额和购买频次。客单价还与件单价和客单量有关。件单价是指平均每件支付商品的单价，计算公式为

件单价=销售总额 / 支付商品件数

客单量是指平均每位客户购买商品的数量，还是网店运营的重要指标，计算公式为

客单量=销售商品总件数 / 客户总数

客单价=件单价 × 客单量

【例】某网店是一家品牌女装专营店，最近 7 天的访客数是 230 000 人，支付客户数为 3 000 人，销售额是 810 000 元，计算该网店最近 7 天的客单价。该网店最近 7 天的客单价 =810 000/3 000=270（元）。

【分析】客单价的本质是在一定时期内，每位客户消费的平均价格，离开了“一定时期”这个范围，客单价这个指标是没有任何意义的。客单价的计算公式还有以下三个。

客单价=商品平均单价 × 每位客户平均购买商品件数

客单价=日均客单价 × 复购率

客单价=动线长度 × 停留率 × 注目率 × 购买率 × 购买件数 × 商品单价

## 二、客单价的影响因素

在网店的日常经营中，影响入店人流量、交易次数和客单价的因素有很多，如网店装修、商品类目的广度和深度、商品详情页的设计、商品储备、补货能力、促销活动、员工服务态度、员工对专业知识的熟悉程度、客服推销技巧、关联推荐、商品品质、商品定价、客户购买能力及竞争对手等。其中，对客单价影响比较大的因素有商品定价、关联推荐、促销活动、客服推销技巧、商品类目的广度和深度、客户购买能力。

### 1. 商品定价

商品定价是影响客单价的首要因素，一旦网店确定好商品价格，客单价的变化范围也就随之确定。

如果顾客买的是高价位商品，最后成交的金额有可能是平常一单的很多倍。因此，在顾客消费能力允许、个人意愿相差不大的情况下，商家可以推出更高价位的商品。即使顾客没有选择这些商品，商家在推荐高价位商品之后再去推荐其他商品，顾客在心理上也会更容易接受，觉得这些商品更便宜、更实惠。以女装 T 恤为例，在同等条件下有 52% 的

人接受 34 ～ 93 元的价位，某商家设定的价位范围就是 69 ～ 89 元，生产成本在 30% 左右，为 20 ～ 30 元，利润可观，客单价也高。

### 2. 关联推荐

关联推荐是指通过向顾客推荐关联商品，促使其在购物中对多种商品产生兴趣，并最终购买多种商品的营销行为。以人群的行为特征进行细分，关联推荐可分为以下三类：商品功能存在互补关系、商品人群认可度较高、商品功能相似。关联推荐对提高客单价、增加回头客、提高回购率、降低跳失率、提升页面浏览量、增加访问深度及提高转化率都有作用。

在促成顾客购买不同类商品的过程中，商家应重视关联性商品和非关联性商品的销售，利用这种具有互补性和暗示性的刺激购物促使顾客购买同类或异类商品。商家做关联推荐的目的是让店铺的其他商品获得更多的展现机会。关联推荐是常见的店铺营销手段，但想要做好关联推荐就必须了解顾客的心理，只有这样才能够更好地运用关联推荐。关联推荐对顾客来说可以实现功能互补，对商家来说则可以实现高客单价。例如，卖服装的可以搭配鞋子或者配饰等，这就是关联推荐。等到换季时，商家想要变换商品使其从夏季过渡到秋季，那么关联推荐就是一个很好的方法。商家可以在夏季款商品详情页后面的位置添加秋季款商品，推荐的商品如果能引起顾客的兴趣，那么就能够加深访问深度、促成成交。关联推荐常用的技巧有以下几种。

（1）关联展示

网店在经营过程中可以将关联的、可以搭配的商品进行关联展示或组合展示，以起到提高客单价的作用。

（2）关联销售

当顾客为选购某款服装发起咨询时，优秀的客服应该马上想到这款服装可以搭配哪些商品。客服在解答顾客疑问的同时需要主动、热情地为顾客进行服装搭配推荐，让顾客看到整套着装的效果。例如，如果顾客选择的是单裙，那客服可以帮她搭配合适的衬衣、毛衫等；如果顾客选择的是毛衣，那客服可以帮她搭配外套、裤装或裙子，甚至可以为她搭配精致的毛衣项链、皮包、胸针、皮带等。

### 3. 促销活动

开展促销活动是商家提高客单价常用的方式。通过促销活动促使顾客购买计划之外的商品或者多买想买的商品，商家就能提高客单价。提高客单价常见的促销方式有以下几种。

（1）捆绑销售

捆绑销售也称附带条件销售，即商家要求顾客在购买某个商品或者服务的同时也要购买其另一个商品或者服务，并且把顾客购买第一个商品或者服务作为其可以购买第二个商品或者服务的条件。捆绑销售其实是降价促销的变形，店铺里常做的捆绑销售是将两件衣服按照价格最高的那一件的价格出售，或者买第二件衣服时给予优惠，如图 5-1 所示。这些都可以增加同类商品的销量，大部分还可以增加单个顾客的销售额。

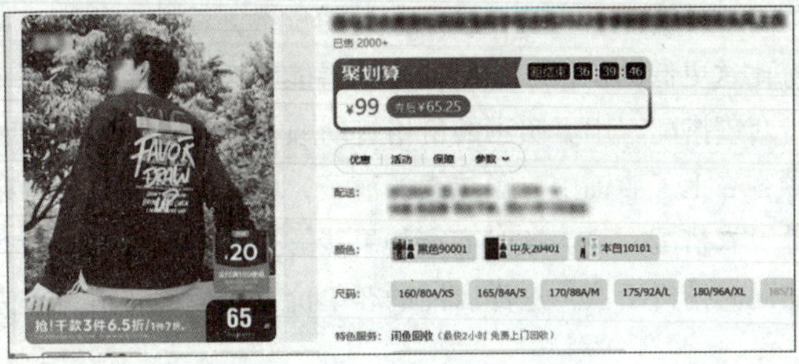


图 5-1　某店铺促销活动（捆绑销售）

（2）买赠活动

买赠活动是一种与捆绑销售类似的促销方式，这种促销方式常用于新品的搭赠促销，或者对一些即将过期商品、待处理商品进行处理，同样也能够刺激同类商品的销售。例如买一件衣服只需多加 1 元，就可以拿走比第一件衣服价格更低的衣服。图 5-2 为某品牌卫衣促销（买一送一活动）。

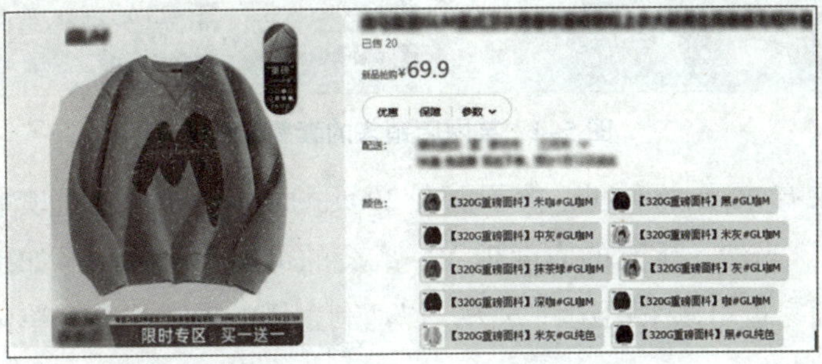


图 5-2　某品牌卫衣促销（买一送一活动）

（3）降价促销

降价促销是指通过降价刺激顾客多买。由于商品价格存在弹性，对于那些价格弹性大的商品，商家通过降价促销能有效增加顾客的购买量。图 5-3 为某网店新品上市的满减促销。

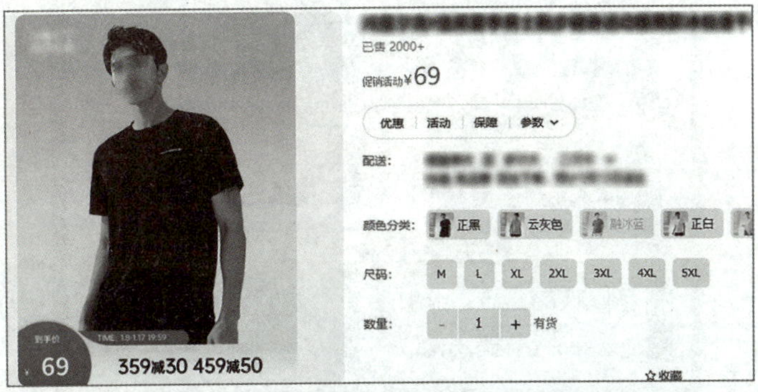


图 5-3　某网店新品上市的满减促销

（4）套餐搭配

顾客看到一款喜欢的商品后，就会注意商品的价格，看看价格是否在自己的消费承受范围内，是否还有比这更低的价格。这时商家如果能够抓住顾客的心理，清楚他们的消费需求，对商品进行套餐搭配，用更实惠的价格打动顾客，就能够为店铺增加销量和利润。

例如，一位顾客看上了店铺中一条热卖的裤子，他可能就会考虑一条裤子是否够穿，是不是还要买一件上衣搭配一下。这时商家如果能够提供搭配套餐供顾客选择，就有很大的机会把两款商品同时销售出去，这样店铺的客单价就提高了。图 5–4 为某网店销售的套餐搭配。

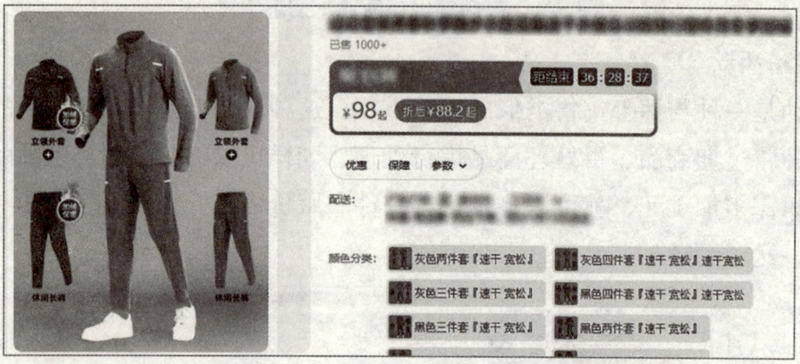


图 5–4　某网店销售的套餐搭配

假设衣服本来有 20 元的利润，裤子也有 20 元的利润，那么搭配套餐时可以适当地把总售价降低 10 元。当然，优惠的力度越大，成交的可能性就越高，如果店铺有新品需要提高基础销量，商家也可以采用这种方法，以薄利多销的形式提高客单价。

（5）店铺优惠券

店铺优惠券是商家为了提高销量和客单价常用的一种促销手段，即顾客消费满一定金额就赠送优惠券。这种促销手段不仅能够提高客单价，而且有助于顾客的维护；同时顾客的二次回购对商品的搜索权重提升也很有帮助；还能够让顾客对店铺更加了解，让他们成为店铺的优质客户。图 5–5 为店铺优惠券。

图 5–5　店铺优惠券

（6）满就送

满就送是指顾客消费满一定金额后商家就赠送一些小礼物、优惠券等。这种促销方式不仅能够提高店铺客单价，也能够提升顾客的购物体验。图 5–6 为某品牌采取的满就送促销活动（单笔实付满 600 送 50 元券）。

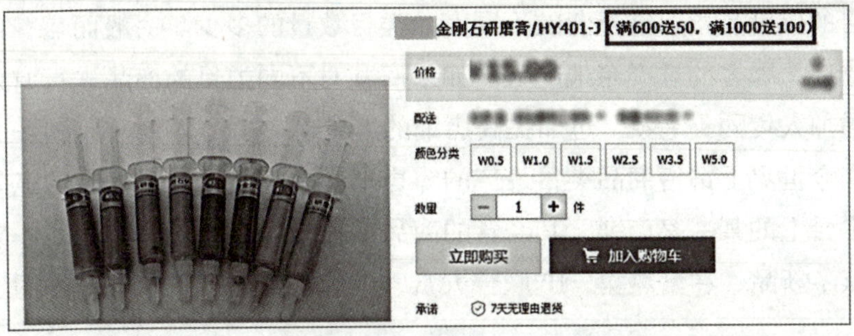


图 5–6　采取的满就送满就送促销活动

## 4. 客服推销技巧

对于店铺来说，客服的专业性和积极性对提高客单价作用明显。客服只有树立专业的顾问形象，才能取得顾客的信任，进而顾客才会听取客服的建议，采纳客服提供的方案，尤其是定制行业。利用客服的专业性提高客单价一般有以下两种情况。

（1）扩大商品组合提高客单价

客服通过给顾客提供合理搭配建议销售更多的商品，如某位顾客为购买大衣前来咨询，客服可以利用专业知识将店内的其他商品一并介绍给他；顾客来购买裤子，客服可以推荐几件小衫，同时将腰带、项链、衬衣等一起推荐给他。

（2）通过价位升级提高客单价

如顾客购买商品的预算为 300 元，客服通过专业的介绍与搭配建议，就可能会让顾客接受 500 元甚至更高价格的商品。如果顾客的消费预算是固定的，客服可以有效地利用陈列和促销手段推动顾客的消费升级，这也是一种比一般促销方式更有效的提高客单价的办法。

推销技巧的关键于在客服的专业能力。商家要想通过客服提高客单价，客服的绩效考核制度就要与之配套，将客服销售商品的连带率与客服的薪水结合在一起不失为提高客单价的一个好办法。

**提示**

推销技巧案例某网店经理运用有差别的提成方式刺激客服整套销售商品：卖一件羽绒服，客服提成为 1%，顾客成交价为 8 折；卖羽绒服、内搭和裤子，客服提成为 1.2%，顾客成交价为 7.5 折；卖羽绒服、内搭、裤子、围巾和配饰，客服提成为 1.5%，顾客成交价为 7 折。这种导购提成分级与顾客成交价分级的方式既刺激了客服整套销售，也给了顾客很大的优惠，增加了商品的吸引力。通过这种双重刺激，客单价得到了很大的提高。

### 5. 商品类目的广度和深度

商家在网上开设店铺之初，一般已经决定了店铺的经营范围和主要类目。当店铺发展到一定阶段，商家需要开始考虑商品类目的广度和深度，以进一步提高客单价。

（1）商品类目的广度

商品类目的广度是指店铺经营的不同商品类目数量的多少。一般而言，店铺经营商品类目的广度越广，顾客的选择余地越大。如果商家对不同类目的商品进行有效搭配或关联营销，就能增加人均购买笔数，进而提高店铺的客单价。

淘宝是当今世界上销售商品类目最广的零售平台之一，这也是淘宝的竞争优势所在。具体到电商平台上的某一家店铺，其经营的商品类目广度是有限的。例如，某品牌官方旗舰店经营的秋冬新品、春夏热卖、IP 联合大赏、上装、外套、裤装等，如图 5-7 所示。

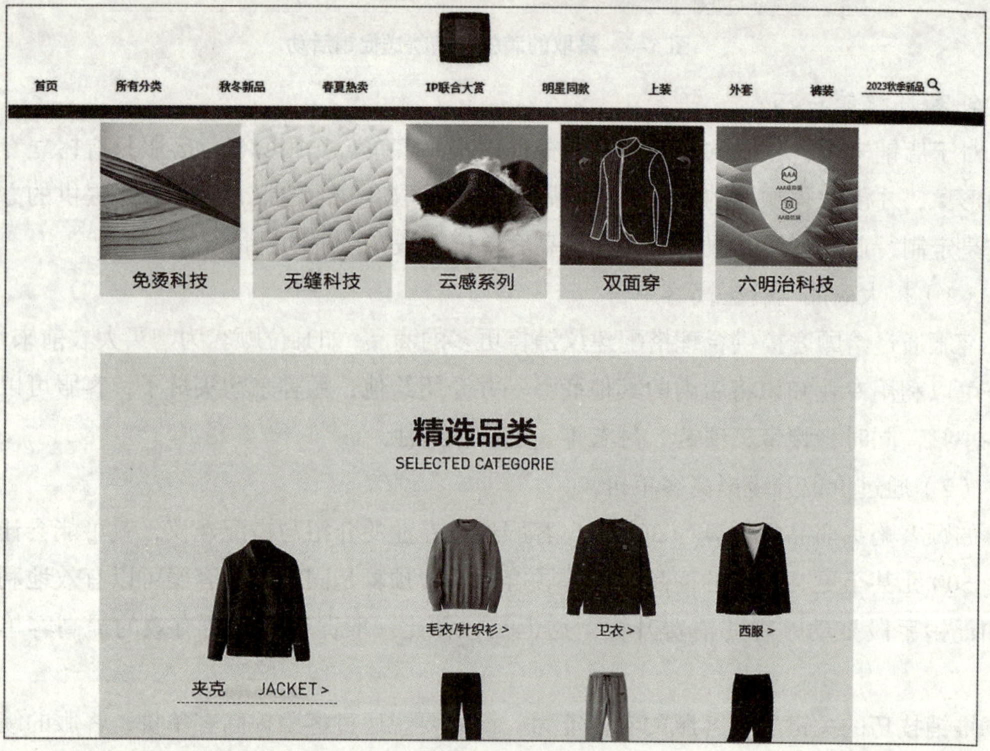


图 5-7 某品牌官方旗舰店首页

（2）商品类目的深度

商品类目的深度是指一个商品类目下的存货单位（stock keeping unit，SKU）数。商品类目的深度能反映一家店铺的专业程度，类目下涵盖的 SKU 数越大，表示店铺越专业，顾客越容易精准找到自己所需的商品，店铺也就越容易赢得顾客对其专业程度的认可。

例如，某品牌官方旗舰经营的男士卫衣类目下有 141 个 SKU；牛仔裤类目下有 127 个 SKU；配饰类目下有太阳镜、皮带、领带、袜子和内裤，仅皮带就有 64 个款式，每个款式下有 3～5 个尺码，皮带的 SKU 数达到 300 个左右，如图 5-8 所示。

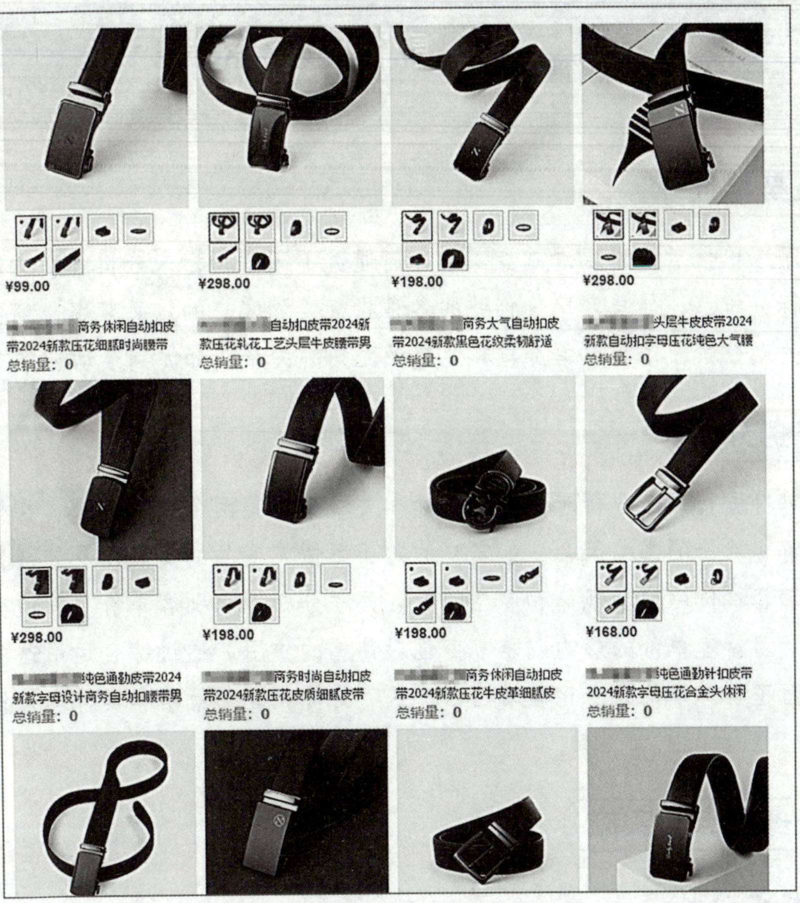


图 5-8　皮带

当网店经营的商品类目达到一定的广度和深度时，顾客的选择范围更广，顾客也能更方便地找到适合自己的商品，商品之间的搭配也会变得更容易。如“POLO 衫 + 牛仔裤 + 皮带”就是一个不错的组合，这对客单价的提高非常有利。

### 6. 客户购买能力

客户购买能力是指客户购买商品的支付能力。客户对商品的需求和爱好与其购买能力有很大关系。需求和爱好要以购买能力为基础，客户的经济条件好，对商品的需求和爱好才能得到满足。客服要根据客户的购买能力判断其消费心理需求，再向他们介绍和推荐合适的商品，这样成交率往往较高。

购买能力强的客户是店铺的 VIP 客户，他们消费能力强、成交客单价高，能为店铺带来更多销售额。他们既有充足的支付能力，又有购买意愿。对客服来说，当他们进入店铺发起咨询时，要快速识别他们，获悉他们的偏好，然后加以引导，促使其成交。

# 任务二　客单价的分析指标

## 任务描述

在分析了客单价后，需要进一步探索如何通过不同的指标来分析客户的购买行为。首先将进行指标分析，评估与客单价相关的各种指标，如客户的购买频率、商品种类等；其次需要进行关联分析，了解客单价与其他变量之间的关系，如促销活动、季节变化等。

## 任务分析

在对客单价进行深入分析时，分析指标和关联分析是两个关键步骤。指标分析可以从多个角度了解客单价的影响因素，如客户的购买习惯、商品的类型以及购买频率等。这些信息能够揭示客单价的波动规律和潜在问题。关联分析能识别客单价与其他变量之间的关系，如促销活动对客单价的影响或季节变化对销售的作用。通过综合运用这些分析方法，读者可以全面了解客单价的变化驱动因素，从而为优化业务策略和提升客户价值提供有力支持。

## 任务重点与实施

### 一、指标分析

客单价能否提高，主要取决于商家的价格策略、价格带的配置、商品展示的位置、客服的能力及商品的质量等因素。根据客单价计算公式，作为顾客店内购买行为结果的客单价，一般包含 6 个关键指标——动线长度、停留率、注目率、购买率、购买件数和商品单价，如图 5-9 所示。商家在提高客单价的过程中，最重要的是根据这 6 个关键指标采取具体的、可操作的营销方法。

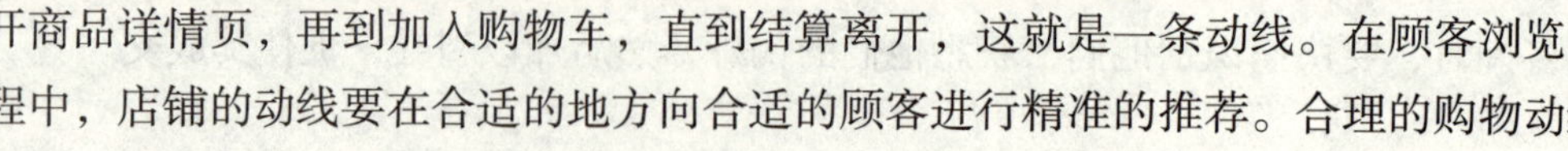


图 5-9　客单价的分析指标

#### 1. 动线长度

动线指的是顾客的行为路径。从顾客进入店铺，开始搜索关键词、类目或者促销广告到打开商品详情页，再到加入购物车，直到结算离开，这就是一条动线。在顾客浏览页面的过程中，店铺的动线要在合适的地方向合适的顾客进行精准的推荐。合理的购物动线可以达到两个目的：提高客单价和提高转化率。

动线长度是指动线上陈列的不同商品的数量。店铺的动线设计要让顾客在店内购物的过程中尽可能访问更多的页面、看到更多的商品，从而促使顾客购买的商品件数增加，提高客单价。

商家通过合理的商品布局和元素组合，引导顾客按照尽可能长的浏览路径延长停留时间，以达到事先设定的运营指标。因此在进行店铺页面装修设计时，商家首先要考虑商品的整体布局。要想实现有效率的商品布局，商家必须注意以下内容：商品类目的广度和深度、各商品类目的购买率（区分计划购买率高的商品类目和非计划购买率高的商品类目）、各商品类目之间的购买关系、顾客的购买习惯和购买顺序、符合顾客生活习惯的商品组合、店内动线模式和客单价之间的联系、各商品类目之间的关联推荐。好的动线设计可以延长顾客在店内停留的时间。

### 2. 停留率

如果顾客在店内只浏览不下单，对于商家来说不会产生任何价值。顾客只有在商品详情页停留并仔细查看商品信息，才可能产生实际的购买动机。为了提高停留率，店铺装修时必须考虑以下内容：登录页的选择、商品详情页的设计、关联推荐、促销活动、商品分类页的设计、店铺首页的导航、商品展示方式等。

停留率＝总停留次数 / 动线长度 ×100%

顾客访问某个商品详情页可以确定为一次停留。

### 3. 注目率

注目率是指商品吸引顾客目光的能力，也称为“视线控制能力”。为了能更多地吸引顾客的注意，商家在商品展示上要注意以下几个方面：商品的分类、商品的表现形式、商品的展示位置、商品的色彩表现、商品的主图设计等。

注目率＝注目次数 / 总停留次数 ×100%

顾客访问某个商品详情页的停留时长超过一定时间就可以确定为一次顾客注目。

### 4. 购买率

如果停留下来的顾客中断了购买决策或者延期购买，停留就变得毫无意义。商家按顾客的购买习惯合理地进行商品的配置、商品色彩的组合、商品的展示、促销广告的设计等，都会起到刺激顾客购买商品的作用。

购买率＝购买次数 / 总注目次数 ×100%

### 5. 购买件数

顾客的购买件数越多，其客单价就越高。增加顾客购买件数的主要方法在于尽可能唤起顾客的购买欲望，具体的做法是通过大量展示、关联推荐、促销广告、品牌商品、新商品、季节商品和特卖品的合理配置等唤起顾客的兴趣，刺激顾客的联想购买和冲动购买。

### 6. 商品单价

商品单价主要取决于商家的价格策略、价格带的配置、商品展示的位置及商品的质量等。

网店在数据化运营方面有天然的优势，可以进行精确化管理和经营方法的设计，从而使客单价在商家可控制的范围内得到稳步提高。

## 二、关联分析

关联分析是从大量的数据中发现商品之间的关联关系，再利用这种关联关系设计商品组合，改进货架摆放的位置，促使顾客购买多件商品，从而提高客单价。

关联分析的目的是从交易数据库中挖掘出强关联规则。关联规则一般采用蕴含表达式，如 $A \Rightarrow B$ 是一条关联规则，其中 $A$、$B$ 不为空集，而 $A$ 交 $B$ 为空集。要确定一条关联规则是否为强关联规则，需要计算关联三度，即支持度、置信度和提升度。

某化妆品网店的交易数据见表 5-1。每一条交易记录被称为一笔事务，包含一个唯一的标识——交易编号（transcation ID，TID），如 TID=1 的事务表示顾客购买了精华乳、精华水和精华霜。所有事务的集合被称为事务库。在一个事务库中，每一种商品被称为一个项。项集（$T$）是指包含 0 个或者多个项的集合。如果一个项集只包含一个项，则称为一项集，如果一个项集包含 $k$ 个项，则称为 $k$ 项集。

表 5-1　某化妆品网店的交易数据

| TID | 精华乳（$I1$） | 精华水（$I2$） | 洁面乳（$I3$） | 隔离乳（$I4$） | 精华霜（$I5$） | 爽肤水（$I6$） |
|---|---|---|---|---|---|---|
| 1 | 1 | 1 | 0 | 0 | 1 | 0 |
| 2 | 1 | 1 | 1 | 1 | 1 | 1 |
| 3 | 0 | 0 | 1 | 0 | 0 | 1 |
| 4 | 1 | 1 | 1 | 0 | 1 | 0 |
| 5 | 1 | 1 | 0 | 1 | 1 | 0 |
| 6 | 1 | 0 | 1 | 0 | 1 | 0 |
| 7 | 1 | 1 | 0 | 0 | 1 | 1 |
| 8 | 0 | 1 | 0 | 0 | 1 | 0 |
| 9 | 1 | 1 | 0 | 0 | 1 | 0 |
| 10 | 1 | 1 | 0 | 1 | 1 | 0 |

### 1. 支持度计数

支持度计数是指项集在事务中出现的次数。例如，表 5-1 中 $I1$ 在 8 笔事务中出现，则支持度计数为 8。关联规则（$I1 \Rightarrow I2$）的支持度计数 =num（$I1 \cap I2$）=7。

### 2. 支持度

支持度用字母 S 表示，它是指包含项集的事务在所有事务中所占的比例。关联规则 $A \Rightarrow B$ 的支持度计算公式为

$$S(A \Rightarrow B) = \frac{(A \Rightarrow B)\text{的支持度计数}}{\text{全部事务数量}} = \frac{\text{num}(A \cap B)}{\text{num}(all)}$$

表 5–1 中，关联规则（$I1 \Rightarrow I2$）的支持度 =7/10=0.7。

### 3. 置信度

置信度用字母 C 表示。关联规则 $A \Rightarrow B$ 的置信度被定义为项集 A 在包含项集 B 的事务中出现的频繁程度。计算公式为

$$C(A \Rightarrow B) = \frac{S(A \Rightarrow B)}{S(A)}$$

表 5–1 中，关联规则（$I1 \Rightarrow I2$）的支持度等于 0.7，$I1$ 的支持度等于 0.8，则置信度为：

$$C(I1 \Rightarrow I2) = \frac{S(I1 \Rightarrow I2)}{S(I1)} = \frac{0.7}{0.8} = 0.875$$

### 4. 提升度

提升度用字母 L 表示。关联规则 $A \Rightarrow B$ 的提升度被定义为项集 $B$ 在包含项集 $A$ 的事务中出现的频繁程度与项集 $B$ 在全部事务中出现的频繁程度的比值。计算公式为

$$L(A \Rightarrow B) = \frac{C(A \Rightarrow B)}{S(B)} = \frac{S(A \Rightarrow B)}{S(A) \times S(B)}$$

表 5–1 中，关联规则（$I1 \Rightarrow I2$）的提升度为：

$$L(I1 \Rightarrow I2) = \frac{S(I1 \Rightarrow I2)}{S(I1) \times S(I2)} = \frac{0.7}{0.8 \times 0.8} = 1.093\ 75$$

关联规则（$I1 \Rightarrow I2$）的提升度等于 1.093 75。

强关联规则是指支持度和置信度大于等于阈值与具体事件相关，提升度大于 1 的关联规则；如果提升度小于等于 1，则为弱关联规则；当支持度或置信度小于阈值，则关联规则不成立。

## 课后实践

### 屏效分析

1. 实训背景

虽然电商具有无限大的容量来陈列商品，但消费者并没有耐心浏览全部页面，往往只浏览淘宝首页、类目首页、活动页上排在前列的商品。这些消费者专注浏览的区域被称为有效陈列面积。由于消费者的浏览习惯，有效陈列面积事实上是很有限的，电商通常用屏效来衡量其销售产出。屏效是指电商店铺的页面显示在消费者计算机或手机屏幕上所产生的销售贡献。计算公式为屏效 = 一个计算机或手机屏幕所呈现商品的销售额 / 全店销售额。

屏效高，说明有效陈列面积上的商品转化率高，销售产出高；屏效低，则需要及时更换有效陈列面积上的商品。

2. 实训内容

某美妆店铺在“双十一”活动会场的第一屏页面上布置了6件商品。在凌晨0～1点期间，全店访客数为187 862，销售额为554 956元。活动会场第一屏的独立访客数（uniguc vsitor，UV）为60 115，客单价为76元。眼线液笔销量为918支，剩余库存为82支；粉饼销量为359盒，剩余库存为641盒；定妆喷雾销量为87瓶，剩余库存为913瓶；睫毛膏销量为124支，剩余库存为876支；液体眼影销量为308支，剩余库存为692支；眉笔销量为426支，剩余库存为574支。已知在“双十一”活动期间，缺货库存无法得到补充。

请参照表5-2分析“双十一”活动会场第一屏的屏效，再根据屏效分析结果提出针对活动会场第一屏页面上商品的调整建议。

表5-2 “双十一”活动会场第一屏屏效分析

| 屏数 | 位置 | SPU | UV | 销量 | 销售额 | 占全店业绩 | 库存量 | 单屏转化率 |
| --- | --- | --- | --- | --- | --- | --- | --- | --- |
| | | | | | | | | |
| | | | | | | | | |
| | | | | | | | | |
| | | | | | | | | |
| | | | | | | | | |
| | | | | | | | | |

3. 实训要求

本实训是一个独立任务，每名学生单独完成，完成后上交《“双十一”活动会场第一屏屏效分析报告》，要求数据准确、思路清晰、逻辑严密、分析到位。

4. 实训评价

根据实训内容与实训过程，完成表5-3的填写。

表5-3 实训评价

| 评价内容 | 满分/分 | 评分/分 | | |
| --- | --- | --- | --- | --- |
| | | 自评 | 互评 | 师评 |
| 参与实践的积极性、主动性 | 20 | | | |
| 独立思考能力 | 20 | | | |
| 创新能力 | 20 | | | |
| 团队合作、沟通交流能力强 | 20 | | | |
| 劳动纪律良好 | 20 | | | |
| 合计 | 100 | | | |
| 自评（20%）+互评（20%）+师评（60%）= | 综合等级 | 指导教师（签名）： | | |

## 项目小结

本项目主要介绍了客单数据的分析方法。首先介绍了客单价的定义、计算方法，以及在商业运营中的意义；其次介绍了影响客单价的因素，包括产品定价策略、营销活动、顾客购买行为等;最后介绍了单价的分析指标,包括指标分析和关联分析。通过本项目的学习，帮助读者学会如何利用数据分析工具来评估当前的客单价水平，并制定相应的改进措施。

## 课后练习

### 一、判断题

1. 客单价是指顾客的平均交易金额。(　　)

2. 网店的销售额是由客单价和顾客数（客流量）决定的。(　　)

3. 商品类目的广度是指一个商品类目下的 SKU 数。(　　)

4. 商品定价是影响客单价的首要因素。(　　)

5. 关联规则 A⇒B 的支持度越高说明商品 A 与商品 B 的相关性越强。(　　)

### 二、选择题

1. 某网店的女士 T 恤类目下有 80 个款式，平均每个款式有 4 种颜色、5 种尺码，其类目深度为（　　）个 SKU。

A. 80　　　　B. 320

C. 400　　　　D. 1 600

2. 以人群的行为特征进行细分，关联推荐可分为商品功能存在互补关系、商品人群认可度较高、（　　）。

A. 商品功能存在冲突关系　　　　B. 商品质量认可度较高

C. 商品功能相似　　　　D. 以上都不对

3. 客单价的影响因素有（　　）。

A. 商品定价商品类目的广度和深度

B. 关联推荐关联推荐

C. 促销活动

D. 以上均是

4. 顾客店内购买行为结果的客单价包含的关键指标有动线长度、停留率、注目率、（　　）以及购买件数和商品单价。

A. 复购率　　　　B. 购买率

C. 喜爱程度　　　　D. 店内环境

5. 对客单价的计算公式描述正确的是（　　）。

A. 客单价 = 销售总额 / 客户总数

B. 客单价 = 商品平均单价 × 每位客户购买商品件总数

C. 客单价 = 日均客单价 × 购买率

D. 客单价 = 动线长度 × 停留率 × 注目率 × 购买件数 × 商品单价

# 项目六

# 电子商务行业数据分析

## 项目导读

电子商务行业数据分析是现代企业在复杂市场环境中取得竞争优势的关键。本项目将深入探讨电子商务行业数据分析的各个方面，从行业数据的采集到市场供给与需求的分析，再到竞争数据的深度挖掘，帮助企业更好地理解和应对市场动态。通过本项目的学习，读者将能够更好地利用数据分析工具，识别市场机会与挑战，优化业务决策，提高市场竞争力。这将为企业在电子商务领域的成功奠定坚实的基础。

## 学习目标

### 知识目标

1. 了解电子商务行业数据分析的相关概念。
2. 掌握市场行情调研的基本概念。
3. 熟悉行业分析的数据指标及行业数据的采集方法。

### 能力目标

1. 掌握百度指数的使用方法，并能够撰写市场行情分析报告。
2. 掌握市场供给与需求的相关概念和需求调研的基本方法。
3. 掌握利用波特五力竞争分析模型对电子商务行业的竞争进行全面分析。

### 素质目标

1. 关注国际贸易形势和行业发展趋势，培养读者敏锐的市场意识。
2. 调查各国文化习俗和风土人情，树立读者文化自信。
3. 分析各国海外客户消费特征，增强读者国货品牌意识。

## 思政目标

在跨境电商的实际操作中，可能会涉及环境保护、劳动权益等社会问题。教师应通过思政课程，引导读者关注这些问题，培养读者的社会责任感，倡导可持续发展理念。

## 案例导入

跨境电商市场日渐蓬勃，许多传统企业纷纷出海。甲公司是一家服饰类企业，主营婚纱礼服，计划在全球速卖通平台开店，进军海外市场，继续经营婚纱礼服。甲公司了解到某金公司具有成熟的跨境电商运营经验并从事代运营服务，特委托某金公司代理其全球速卖通店铺的运营工作。在接下代理项目后，某金公司运营部门立即组织数据分析团队针对甲公司的目标市场进行市场数据分析。

从事跨境电商行业，关键要选对发展的赛道，即圈定目标市场。首先，要观察整个跨境电商市场内销售热度比较高的产品领域，例如，若“3C数码产品”和“服饰箱包”是跨境电商中火爆的产品，则应优先选择这类产品。其次，由于跨境电商面对的是海外市场，不同国家和地区客户的消费习惯、消费能力、消费偏好是不同的，相同的产品在不同国家，不同区域的受欢迎程度也是不一样的，因此要找到产品的最佳投放市场。如果没有对市场进行全面的了解，仅凭感觉选择行业或品类，那么成功的机会就会非常渺茫。

# 任务一　电子商务行业数据分析概述

### 任务描述

作为电子商务行业的数据分析师，需要全面理解电子商务行业数据分析的全貌。首先要了解行业数据分析的作用，包括如何通过数据分析为业务决策提供支持、发现市场趋势和改进运营策略；其次需要掌握行业数据采集的步骤，从确定数据需求到数据清洗和整理；最后需要熟悉行业数据采集的渠道，包括哪些平台和工具可以提供有价值的数据。

### 任务分析

了解电子商务行业数据分析的概述有助于读者建立一个全面的分析框架。行业数据分析的作用有：帮助企业识别市场趋势、优化营销策略以及提升运营效率。掌握数据采集的步骤和渠道能够确保数据的准确性和全面性，从而为分析提供可靠的基础。通过学习数据采集的步骤和渠道，可以高效地获取所需数据，减少数据质量问题，从而提升数据分析的准确性和效果。

市场调研

## 任务重点与实施

### 一、行业数据分析的作用

数据蕴含着非常大的潜在价值。随着大数据时代的到来，各行各业也发生了巨大的变化。如何利用大数据时代的优势更好地实现电子商务行业的发展，这是值得深入思考和重点学习的。电子商务行业相对于传统零售业来说，其最大的特点是一切都可以通过数据来监控和改进。通过数据可以看到用户从哪里来、如何组织产品，也可以实现更好的转化率、投放广告和推广效果等。数据科学与数据分析优势的充分发挥，将对我国电子商务行业的持续快速发展起到巨大的推动作用，其主要体现在以下几个方面。

#### 1. 有助于精确电子商务行业的市场定位

成功的品牌离不开精准的市场定位，基于数据分析的市场调研是企业进行品牌定位的第一步。从数据分析中了解电子商务行业的市场构成、细分市场特征、消费者需求和竞争者状况等众多因素，在科学系统的信息收集、管理、分析的基础上，借助数据挖掘和信息采集技术不仅能给研究人员提供足够的样本量和数据，而且能基于数学模型对未来市场进行预测，以提出更好的解决方案和建议，保证企业品牌市场定位的个性化，提高品牌市场定位的行业接受度。

#### 2. 改变传统电子商务行业的市场营销模式

数据分析技术的应用对传统电子商务行业的市场营销模式造成了很大冲击，新的商业模式也逐渐出现。电商企业的市场营销人员借助现代信息技术获取多种类型的数据，通过整合、分析这些数据信息，可以精准定位目标用户，并在一定程度上提升企业的收益。

#### 3. 支撑电子商务行业的收益管理

收益管理旨在把合适的产品或服务，在合适的时间，以合适的价格，通过合适的销售渠道，出售给合适的顾客，最终实现企业收益最大化的目标。在收益管理中，需求预测、细分市场和敏感度分析是三个重要环节，而数据分析是这三个环节的基础。需求预测是采取科学的预测方法，通过建立数学模型，使企业管理者掌握和了解电子商务行业潜在的市场需求。细分市场为企业预测销售量和实行差别定价提供了条件，其科学性体现在通过电子商务行业市场需求预测来制定和更新价格，以最大化细分市场的收益。敏感度分析是通过需求价格弹性分析技术，对不同细分市场的价格进行优化，以最大限度地挖掘市场潜在的收入。

### 4. 创新电子商务行业的需求开发

在电子商务市场中，消费者对服务及产品的评价内容更趋于专业化和理性化，意见发布的渠道也更加广泛。作为电商企业，如果能对网上的评论数据进行收集，再建立网评数据库，然后利用分词、聚类、情感分析等技术了解消费者的消费行为与价值取向，以此来改进和创新产品、量化产品价值、制定合理的价格及提高服务质量，那么可从中获取更大的收益。

## 二、行业数据采集的步骤

在进行行业数据采集时，首先，查找相关行业协会网站，以获得对该行业比较广泛的初步了解；其次，通过网络查找信息，变换关键词对同一问题进行多角度的信息收集，力求信息全面。此外，如果部分数据比较难以获得，那么可以考虑通过电话咨询或上门走访的方式来获得。行业数据采集的步骤可参考以下顺序：第一步，对整个行业概况进行信息收集，记录关键词；第二步，对收集的信息进行归类，并按不同的指标存放；第三步，分析已收集的信息，按重要性或相关性划分等级，并加以标记；第四步，根据指标的要求及已有数据确定下一步的信息收集工作；第五步，对原始数据进行加工和推理，并有针对性地进行统计分析与数据挖掘；第六步，将已有的数据按提示制成图表，并进行可视化展现。

## 三、行业数据采集的渠道

市场类指标是企业在制定经营决策时需要参考的重要内容，主要用于描述行业情况和企业在行业中的发展情况。同时，在企业运营过程中会产生大量的客户数据、推广数据、销售数据及物流供应链数据，整理并分析各类数据对企业运营策略的制定与调整有重要作用。常用的行业数据采集渠道见表 6-1。

表 6-1　常用的行业数据采集渠道

| 数据来源 | 数据种类 |
| --- | --- |
| 金融机构 | 金融机构公开发布的各类年度数据、季度数据、月度数据等 |
| 政府部门 | 宏观经济数据、行业经济数据、产量数据、进出口贸易数据等 |
| 行业协会 | 年度报告数据、公报数据、行业运行数据、会员企业数据等 |
| 社会组织 | 国际性组织、社会团体公布的各类数据等 |
| 行业年鉴 | 农业、林业、医疗、卫生、教育、环境、装备、房产、建筑等各类行业的年鉴数据 |
| 公司公告 | 资本市场上各类公司发布的定期年报、半年报、公司公告等 |
| 报纸杂志 | 在报纸杂志中获取的仅限于允许公开引用、转载的部分 |
| 专业数据库 | 研究人员与调研人员通过实地调查、行业访谈获取的第一手数据，专业的调研机构创立的数据库 |

## 知识拓展

VLOOKUP 函数是 Excel 中的一个纵向查找函数，功能是按列查找，最终返回该列所需查找序列对应的值，与之对应的 HLOOKUP 函数是按行查找的。VLOOKUP 函数的语法结构为 VLOOKUP（lookup–jvalue，table_array，col_index_num，range_lookup），其参数说明见表 6–2。

表 6–2　VLOOKUP 函数的参数说明

| 参数 | 简单说明 | 输入数据类型 |
|---|---|---|
| lookup_value | 要查找的值 | 数值、引用或文本字符串 |
| table_array | 要查找的区域 | 数据表区域 |
| col_index_num | 返回数据在查找区域的第几列数 | 正整数 |
| range_lookup | 模糊匹配 / 精确匹配 | TRUE（默认）/FALSE |

# 任务二　市场行情认知与调研

## 任务描述

在数据分析工作中，了解市场行情至关重要。首先需要建立对市场行情的认知，了解当前市场的走势、主要驱动因素和潜在机会；其次将学习如何利用百度指数等工具分析市场行情，了解用户的搜索趋势和市场需求。通过以上这些分析，为企业提供准确的市场预测和策略建议。

## 任务分析

市场行情认知和调研是数据分析的重要部分，能够了解市场的整体趋势和动态。通过建立对市场行情的认知，可以把握市场的主要驱动因素和发展方向，从而制订更加精准的业务策略。利用百度指数等工具分析市场行情，可以揭示用户的搜索行为和兴趣趋势，帮助读者预测市场需求和变化。综合运用这些分析方法和工具，能够为企业提供有力的市场预测和策略建议，从而提高业务决策的有效性和前瞻性。

## 任务重点与实施

随着电子商务行业运营机制的逐渐成熟，市场竞争越来越激烈。在这种情况下，随时监控电子商务行业的市场行情至关重要。

## 一、市场行情认知

市场行情指市场上商品流通和商业往来中有关商品供给、商品需求、流通渠道、商品购销和价格的实际状况、商品特征及变动情况、趋势和相关条件的信息。市场行情的信息来源是广泛的、多方面的，不仅涉及整个流通领域，而且涉及整个社会经济的各个方面。在商品经济条件下，社会生产和社会消费的矛盾必然要在市场上通过供求矛盾反映出来，社会再生产的运行过程也必然要通过市场行情反映出来。市场行情实质上是社会再生产内在发展过程在市场上的外部表现。将许多个别的、片面的市场行情信息进行综合分析，可以形成对某类商品供求状况和某种市场供求形势的全面判断和行情报告。

有市场和商业就有市场行情。无论是生产者还是经营者，为了组织好生产和经营，必须自觉地依据和运用价值规律，掌握市场行情，密切注视市场供求的变化。商品生产者和经营者的经济活动成效要通过商品在市场中的表现来检验。为了在竞争中占据有利地位，必须对市场行情进行认真的调查研究，对供求和价格的变化及其原因进行认真分析，并对变化的趋势做出预测，从而为企业经营积累经验。

## 二、利用百度指数分析市场行情

### 1. 百度指数简介

百度指数是以百度海量网民行为数据为基础的数据分享平台，它可以研究关键词搜索趋势、洞察网民需求变化、监测媒体舆情趋势、定位数字消费者特征，还可以从行业角度分析市场特点，如图 6-1 所示。

图 6-1　百度指数的界面

百度指数的主要模块有指数探索、品牌表现、数说专题、我的指数。

（1）指数探索

① “趋势研究”栏目的搜索指数概况反映的是关键词在最近一周或一个月的总体搜索指数表现，指标有整体搜索指数、移动搜索指数，以及同比增长率和环比增长率。指数

趋势显示了互联网用户对关键词搜索的关注程度及持续变化情况，并且以网民在百度上的搜索量为数据基础，以关键词为统计对象，科学分析并计算了各关键词在百度网页搜索中的搜索频次加权。根据数据来源的不同，搜索指数分为PC搜索指数和移动搜索指数。

②“需求图谱”栏目是依据用户在搜索该词前后的搜索行为变化中表现出来的相关检索词需求，通过综合计算关键词与相关词的相关程度，以及相关词自身的搜索需求大小得出的。相关词距圆心的距离表示相关词与中心检索词的相关性强度，相关词自身的大小表示相关词自身的搜索指数大小，红色代表搜索指数上升，绿色代表搜索指数下降。相关词分类是通过用户搜索行为来细分搜索中心词的相关需求的，并从中区分哪些是来源词、去向词、最热门词及上升最快词，其算法是将所有与中心检索词相关的需求按不同的衡量标准进行排序。

③“人群画像”栏目的地域分布关注关键词的用户来自哪些地域，根据百度用户搜索数据，采用数据挖掘的方法对关键词的人群属性进行聚类分析，最后给出用户所属的省份、城市及城市级别的分布和排名，再根据特定地域用户的偏好进行针对性的运营和推广。人群属性关注关键词的用户性别、年龄分布，根据百度用户搜索数据，采用数据挖掘的方法对关键词的人群属性进行聚类分析，最后给出用户所属的年龄及性别的分布和排名。

（2）品牌表现

品牌表现的数据来源于百度指数专业版，其可总体盘点指定行业中所有品牌的搜索热度的变化，将指定行业各品牌相关检索词汇总，并综合计算各品牌汇总词的总体搜索指数及其变化率，以此排名（所有品牌的搜索指数均为基于品牌检索词汇总后的综合搜索指数，不可与单一检索词搜索指数进行比较）。

（3）数说专题

数说专题指基于搜索指数相关数据，按专题筛选出与某个行业或话题相关的关键词并进行聚类分析，最后给出详细的行业或话题数据，如行业搜索趋势、行业细分市场、行业人群属性、话题搜索热点等。

（4）我的指数

我的指数主要包括以下三方面。

①我收藏的指数：将经常查看的关键词放入“我收藏的指数”，以供商家随时查看趋势，最多可以收藏50个关键词。

②我创建的新词：将百度指数未收录的关键词加入百度指数，加入关键词后的第二天，系统将更新数据。关键词一经添加，即被视为消费完毕，无法删除或更改。关键词服务到期后，需再次添加。

③我的购买记录：在“我的购买记录”中可以查看创建新词的服务购买情况。商家应在创建新词权限有效期内新增关键词，过期无效。

### 2. 利用百度指数分析商品类目市场行情的实例

（1）实例的背景和具体要求

选择家电类目下的空调子类目作为分析对象，利用百度指数分析该商品类目的市场行情。所需数据取自百度指数的“趋势研究”栏目，涉及“趋势研究”“需求图谱”“人群画像”三方面的数据分析。撰写《基于百度指数的空调市场行情分析报告》，具体要求如下。

①“趋势研究”提供“空调”关键词搜索指数近期的平均值及其同比、环比变化趋势；按搜索来源分别查看整体及移动趋势。指数趋势：查询近半年“空调”关键词搜索指数和媒体指数；搜索指数可按搜索来源分开查看整体及移动端趋势，媒体指数不做来源区分。

②“需求图谱”提供“空调”关键词搜索需求分布信息，查询相关词分类热点和变动率排名最高的内容，帮助商家了解网民对信息的聚焦点和产品服务的痛点、相关关注点等。

③“人群画像”包含地域分布和人群属性。地域分布：获取查询“空调”关键词的访问人群在各省市的分布情况。人群属性：获取查询“空调”关键词的人群性别、年龄分布情况。

（2）实施步骤

步骤 1：登录百度指数。

步骤 2：获取“趋势研究”栏目的相关数据，分析“空调”关键词搜索指数概况和指数趋势。

步骤 3：获取“需求图谱”栏目的相关数据，分析“空调”关键词搜索的需求图谱和相关词分类。

步骤 4：获取“人群画像”栏目的相关数据，分析“空调”关键词搜索的地域分布和人群属性。

步骤 5：撰写《基于百度指数的空调市场行情分析报告》。

步骤 6：做好汇报的准备。

（3）成果报告

针对国内空调市场，分析空调行业的发展阶段和发展趋势，了解消费者需求、社会上对空调行业的议论和看法、搜索关注空调的人群特征等。

①空调搜索指数概况和指数趋势

2023 年 7 月 1 日—2023 年 12 月 31 日，空调搜索指数概况如图 6-2 所示，“空调”关键词整体日均值为 7 900，整体同比为 -91%，整体环比为 -75%；移动日均值为 7 436，移动同比为 -91%，移动环比为 -76%。环比数值下降意味着空调需求在不断降低。

搜索指数概览

| 关键词 | 整体日均值 | 移动日均值 | 整体同比 | 整体环比 | 移动同比 | 移动环比 |
|---|---|---|---|---|---|---|
| 空调 | 7,900 | 7,436 | -91% ↓ | -75% ↓ | -91% ↓ | -76% ↓ |

ⓘ 数据更新时间：每天12~16时，受数据波动影响，可能会有延迟。

图 6–2　空调搜索指数概况

2023 年 7 月—2023 年 12 月，空调搜索指数趋势如图 6–3 所示，空调搜索指数的高峰出现在 8 月份，10 月份空调搜索指数最低。考虑到夏季对空调的需求会大幅度提升，因此可以看出该指数与天气变化密切相关。

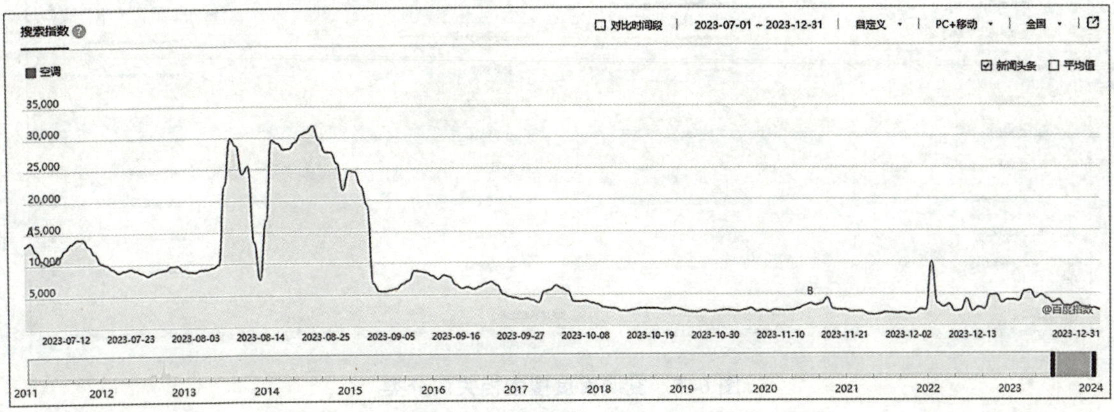


图 6–3　空调搜索指数趋势

② 空调百度搜索的需求图谱和相关词分类

2024 年 1 月 1 日—2024 年 1 月 7 日，空调百度搜索需求图谱如图 6–4 所示。消费者关注的空调品牌有小米、三星、美的；消费者关注的空调类型有壁挂式空调、中央空调、立式空调；消费者关注的空调属性有尺寸、价格、省电与否。

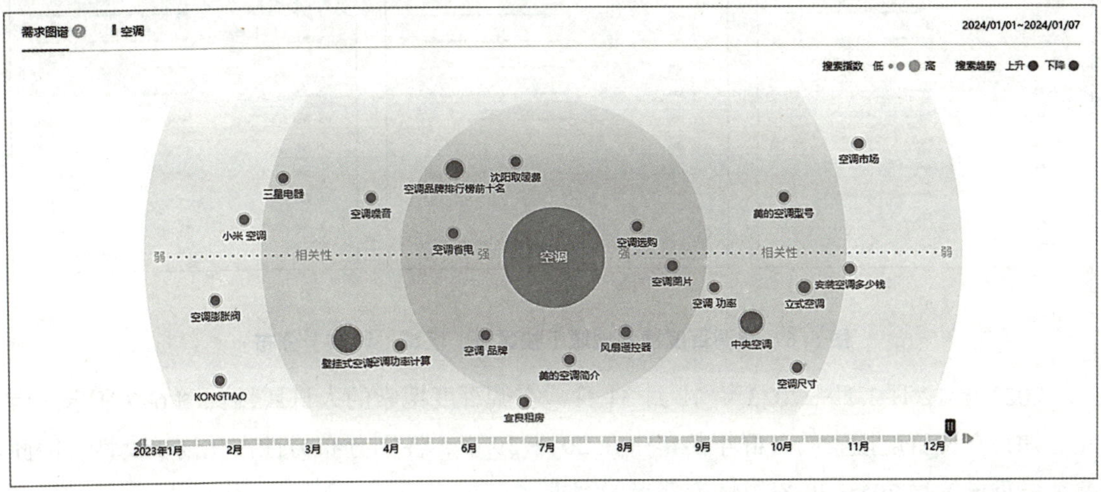


图 6–4　空调百度搜索需求图谱

2024 年 1 月 1 日—2024 年 1 月 7 日，空调百度搜索相关词分类如图 6-5 所示。根据分析空调百度搜索相关词分类，搜索热度排前 5 位的是壁挂式空调、中央空调、空调品牌排行榜前十名、立式空调、空调图片。相关词搜索变化率排前 5 位的是空调市场、宜良租房、空调功率计算、空调品牌、沈阳取暖费。由此可见，消费者对空调排名非常重视，包括类型排名和品牌排名。

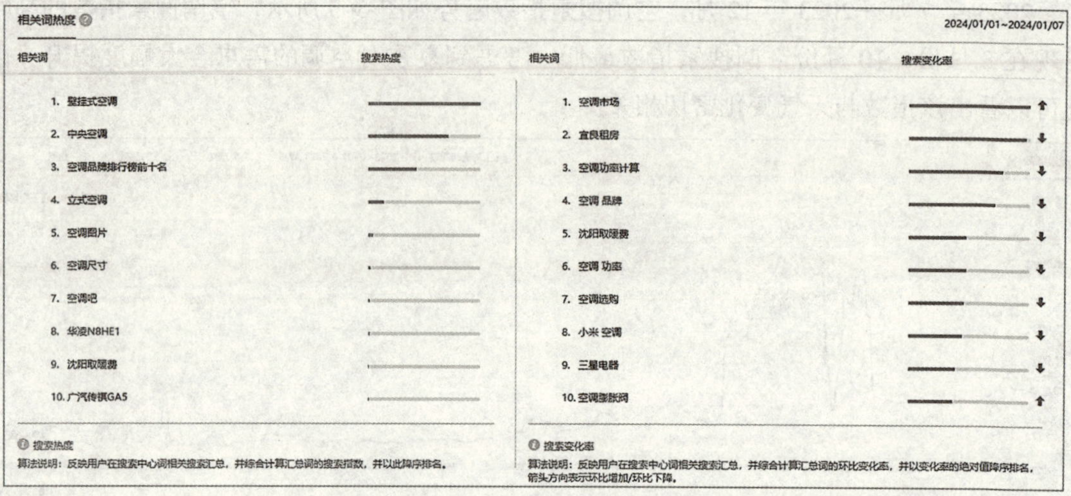


图 6-5　空调百度搜索相关词分类

③空调百度搜索的地域分布和人群属性

2023 年 12 月 1 日—2023 年 12 月 31 日，空调百度搜索地域（按省份、区域、城市）分布如图 6-6 所示。从该结果可知，省份排名前 3 位的是广西、江苏、北京；区域排名前 3 位的是华南、华东、华北；城市排名前 3 位的是南宁、北京、柳州。

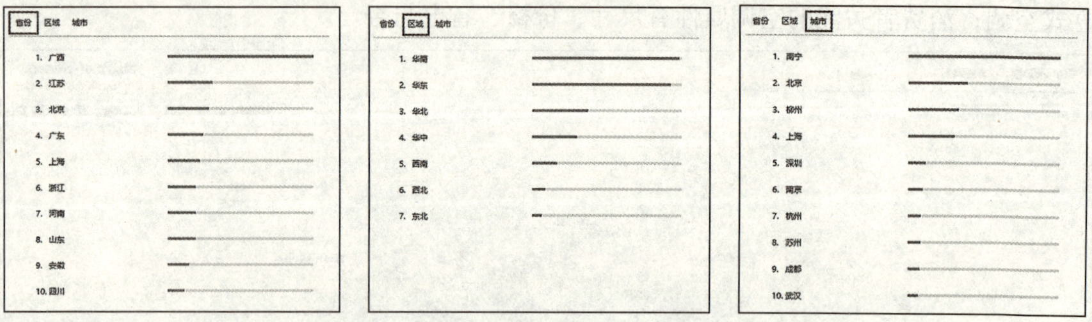


（a）　　（b）　　（c）

图 6-6　空调百度搜索地域（按省份、区域、城市）分布

2023 年 12 月 1 日—2023 年 12 月 31 日，空调百度搜索的人群属性如图 6-7 所示。由此可知，空调百度搜索的人群年龄集中在 20 ～ 39 岁，性别分布男性占比高于女性，因此商家要重点关注 20 ～ 39 岁男性消费者的需求。

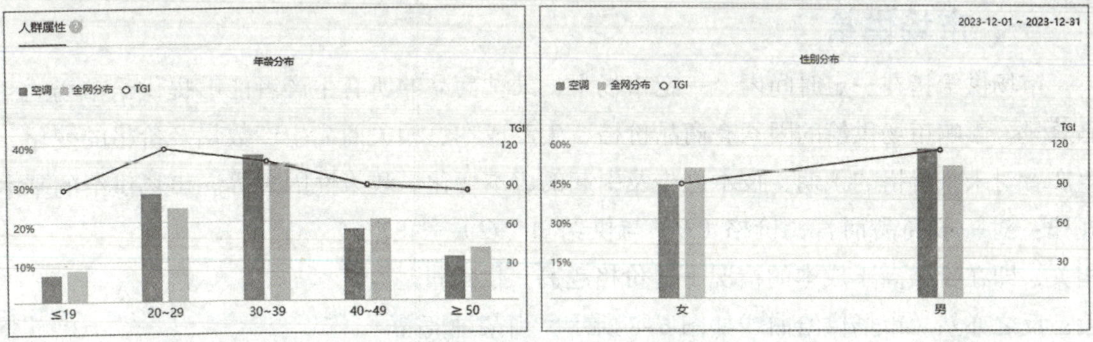


（a）　　　　　　　　　　（b）

图 6-7　空调百度搜索的人群属性

# 任务三　市场供给与需求分析

## 任务描述

为了制定有效的市场策略，你需要深入分析市场的供给与需求。首先需要了解市场供给，包括主要供应商、产品种类和供应链情况；其次需要了解市场需求，识别目标客户群体和他们的需求变化；再次进行市场需求调研，了解客户的具体需求和偏好；最后需要分析市场供给与需求的关系，并通过实例分析进一步验证你的结论。通过以上这些分析，为市场策略提供数据支持和改进建议。

## 任务分析

市场供给与需求分析是理解市场动态和制定策略的关键。了解市场供给包括掌握供应商的情况、产品种类和供应链的完整性；而市场需求分析则涉及识别客户群体和他们的需求变化。市场需求调研通过具体的数据收集和分析，帮助读者更好地了解客户的需求和偏好。将供给与需求进行综合分析，可以揭示市场的潜在机会和挑战，为制定有效的市场策略提供数据支持。通过实际的分析实例，可以验证理论分析的结果，从而为业务决策提供切实可行的建议。

## 任务重点与实施

市场供给与需求分析指对市场供求状况进行调查、了解、分析和论证，以便正确制定产品的销售策略。市场供给与需求分析是关系到企业产品销售能否取得成功的重要工作。

## 一、市场供给

市场供给指在一定时间内、一定市场上，某种商品的所有生产者能够提供给市场的商品总量。影响市场供给的因素有商品价格、生产成本、相关商品生产数量及价格的变化、生产者对未来价格的预期、技术进步及引起的成本变化、政策性因素等。市场供给的基本规律：对一般商品而言，价格（$P$）与供给量（$Q$）呈正相关，即在价格高于成本的情况下，价格越高，供给量越大；反之亦然。市场供给曲线如图 6-8 所示。当某种商品的价格上涨时，生产者就愿意多生产该商品，供给量随之上升；反之，当某种商品的价格下跌时，在成本不变的情况下，生产者会尽量减少这种商品的生产，供给量随之减少。供给曲线（$S$）的斜率大小和位置的变动受很多因素的影响。例如，科技进步会增加商品的供给量，因此供给曲线向右下方平行移动（$S_1$），商品价格随之下降；而一些突发性因素则会造成商品的供给量减少，供给曲线向左上方平行移动（$S_2$），商品价格随之上涨。

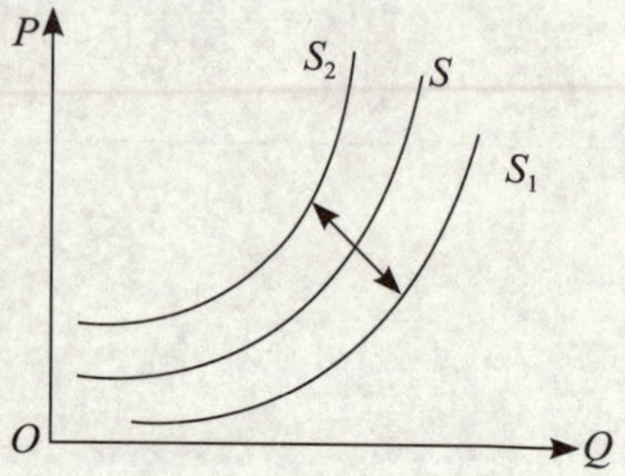

图 6-8　市场供给曲线

## 二、市场需求

市场需求指在一定的时期内、一定的市场上，消费者对某种商品有货币支付能力的需求总量。影响市场需求的因素有商品价格、消费者收入、消费者偏好、消费者对商品价格的预期及相关商品的价格。消费者希望价格越低越好，价格越低，消费者利益越大。市场需求的基本规律：对一般商品而言，价格（$P$）与需求量（$Q$）呈负相关，在其他条件不变的情况下，当商品价格上涨时，商品的需求量减少；反之，商品的需求量增加。市场需求曲线如图 6-9 所示。需求曲线的位置会随着相关因素的变化而发生变动。例如，在经济周期的不同阶段，消费者的收入不同，在经济处于高涨时，消费者的收入相应增加，在商品价格不变的情况下，消费者对该商品的消费量会增加，需求曲线向右上方移动（$D_1$），商品价格上升。如果此种商品的替代品的价格下降，那么消费者对其替代品的需求会增加，对该商品的需求将减少，需求曲线向左下方移动（$D_2$），商品价格下降。

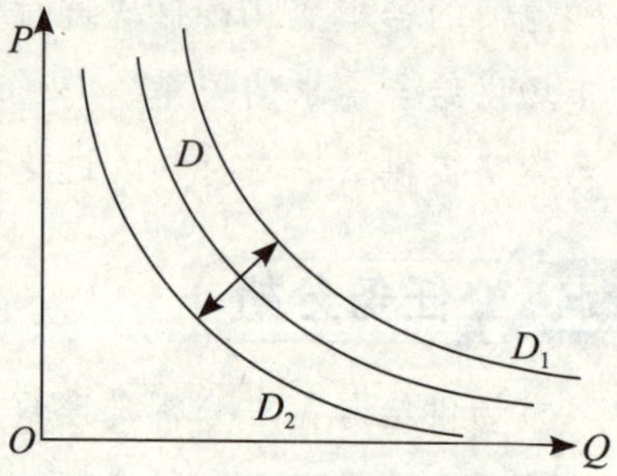

图 6-9　市场需求曲线

## 三、市场需求调研的内容与方法

### 1. 市场需求调研的内容

市场需求调研的内容主要包括市场需求量、需求结构和需求时间。

（1）市场需求量

市场需求量指某一产品在某一地区和某一时期内、在一定的营销环境和营销方案的作用下，愿意购买该产品的顾客群体的总数。影响市场需求量的因素共有以下八个。

① 产品。因为产品的范围是广泛的，即使是同一类产品，其实际需求也存在多种差异，所以在企业进行需求测量时，要明确规定产品的范围。

② 总量。总量通常表示需求的规模，可用实物数量、金额数量或相对数量来衡量。例如，全国手机的市场需求可被描述为 7 000 万台或 1 500 亿元；广州地区的手机市场需求占全国总需求的 10%。

③ 消费者群体。在对市场需求进行测量时，不仅要着眼于总市场的需求，还要分别对各细分市场的需求加以确定。

④ 地理区域。在一个地域较广的国家，不同地域间存在需求差异。

⑤ 时间周期。由于企业的营销计划一般有长期、中期和短期之分，因此与之对应的有不同时期的市场需求测量。

⑥ 营销环境。在进行市场需求测量时，应注意各类影响因素的相关分析。

⑦ 购买。只有购买需求才能转变成真正的市场需求。

⑧ 营销组合策略。卖家采取的市场营销组合策略要适应扩大产品市场销售的要求。

此外，市场需求量还受到商品自身价格、相关商品价格（替代品与互补品）、消费者的收入水平、消费者的偏好（个性、爱好、社会风俗、传统习惯、流行趋势等）、消费者对商品未来价格的预期、人口规模等因素的影响。

（2）需求结构

需求结构指消费者的有效购买力在各类型消费资料中的分配比例。通俗地说，就是消费者对吃、穿、住、用、行各类商品的需求比例。需求结构具有实物和价值两种表现形式。实物指人们在消费中，消费了一些什么样的消费资料，以及它们各自的数量。价值指以货币表示的人们在消费过程中的各种不同类型的消费资料之间的比例关系，在现实生活中具体表现为各项生活支出。

（3）需求时间

需求时间指消费者需求的季节、月份，以及在需求时间内的品种和数量结构。例如，在旅游旺季时，旅馆紧张和短缺，在旅游淡季时，旅馆空闲，利用这一时间特性，许多旅馆通过灵活的定价、促销及其他激励机制来改变需求的时间模式。

### 2. 市场需求调研的方法

（1）观察法

观察法是由调研人员利用眼睛、耳朵等以直接观察的方式对调研的对象进行考查并收集资料。例如，市场调研人员到被访问者的销售场所观察商品的品牌及包装情况。

（2）实验法

实验法由调研人员根据调研的要求，用实验的方式将调研的对象控制在特定的环境条件下，并对其进行观察以获得相应的信息。调研的对象可以是商品的价格、品质、包装等。

在可控制的条件下观察市场现象，揭示在自然条件下不易发生的市场规律，这种方法主要用于市场销售实验和消费者使用实验。

（3）访问法

访问法可以分为结构式访问、无结构式访问和集体访问。

① 结构式访问是事先设计好的，具有一定结构的访问问卷的访问。调研人员要按照事先设计好的调查表或访问提纲进行访问，还要以相同的提问方式和记录方式进行访问。提问的语气和态度也要尽可能地保持一致。

② 无结构式访问没有统一问卷，其是由调研人员与被访问者自由交谈的访问。它可以根据调研的内容进行广泛的交流。例如，对商品的价格进行交谈，了解被访问者对价格的看法。

③ 集体访问是通过集体座谈的方式来听取被访问者的想法，并收集信息资料。集体访问可以分为专家集体访问和消费者集体访问。

（4）问卷法

问卷法是通过设计调研问卷，以被调研者填写调研问卷的方式获得调研对象信息的。在调研过程中，将调研的资料设计成问卷，让被调研者将自己的意见或答案填入问卷中。在进行一般的实地调研时，问卷法使用较为广泛。

## 四、市场供给与需求分析实例

随着电子商务的发展和人们消费习惯的改变，有形商品的网上商务活动呈现爆炸性增长，而物流是保证实物商品在线交易能否顺利进行的关键因素。下面以我国电子商务物流市场为例，分析电子商务物流市场的供给与需求情况。

### 1. 电子商务物流市场供给分析

电子商务是基于网络信息技术的全新商务模式，是我国国民经济新的经济增长点，也是推动我国经济发展的新动力。虽然信息是虚拟无形的，但是电子商务离不开实物产品的采购、储存与配送。因此，物流作为电子商务的支撑体系，高效、合理的电子商务物流系统是电子商务健康发展的必要保证。随着国民经济的全面转型与升级，以及互联网、物联网的发展及基础设施的进一步完善，电子商务物流需求将保持快速增长，物流服务质量和创新能力也有望进一步提升，接下来将进入全面服务社会生产和人民生活的新阶段。

（1）电子商务物流服务质量和创新能力显著提升。产业结构和消费结构升级推动电子商务物流进一步提升服务质量。随着网络购物和移动电子商务的普及，电子商务物流必须加快服务创新，增强灵活性、时效性和规范性，提高供应链资源的整合能力，以满足不断细分的市场需求。同时，传统企业的网络化趋势明显，“触网”已经成为传统行业创新的焦点。移动互联网的发展使网络购物向纵深方向发展，国内网络购物市场将保持相对较快的增长。

（2）电子商务物流“向西向下”成为新热点。随着互联网和电子商务的普及，网络零售市场渠道将进一步下沉，呈现出向内陆地区、中小城市及县域加快渗透的趋势。这些地区的电子商务物流的发展需求更加迫切，增长空间更为广阔。电子商务物流对促进区域间商品流通、推动其形成统一大市场的作用日益突出。

（3）跨境电子商务物流快速发展。新一轮对外开放和“一带一路”倡议的实施，为跨境电子商务的发展提供了重大历史机遇，这必然要求电子商务物流跨区域、跨经济体延伸，并提高整合境内外资源和市场的能力。

### 2. 电子商务物流市场需求分析

理论研究表明，在一定时期内，当电子商务物流供给能力不能满足电商用户的需求时，将对物流需求产生抑制作用；当电子商务物流供给能力超过电商用户的需求时，将不可避免地造成供给的浪费。因此，对电子商务物流需求做出准确的判断有着十分重要的意义。

随着我国新型工业化、信息化、城镇化、农业现代化和居民消费水平的提高，电子商务在经济、社会和人民生活各领域的渗透率不断提高，与之对应的电子商务物流需求也保持快速增长。同时，电子商务交易的主体和产品类别越来越丰富，移动购物、社交网络等成为新的增长点。根据中国互联网络信息中心（China internet network information cente，CNNIC）发布的第 52 次《中国互联网络发展状况统计报告》，截至 2023 年 6 月，我国网络购物用户规模达 8.84 亿人，较 2022 年 12 月增长 3 880 万人，占网民整体的 82.0%。

自 2013 年起，我国已连续 11 年成为全球最大的网络零售市场。2023 年上半年，全国网上零售额达 7.16 万亿元，同比增长 13.1%。其中，实物商品网上零售额 6.06 万亿元，增长 10.8%，占社会消费品零售总额的比重为 26.6%。网络零售市场以消费扩内需、以创新促发展、以赋能保市场等方式为打通经济内循环提供了重要支撑。

网络零售市场通过模式创新、渠道下沉、跨境电子商务等方式不断释放动能，形成了多个消费增长亮点。如图 6-10 所示，2021 年 6 月—2023 年 6 月，网络购物用户规模及使用率均呈现稳步上升的发展趋势。电商网络越发普及，消费者的习惯已改变，网络消费早已成为社会大众新的消费潮流。

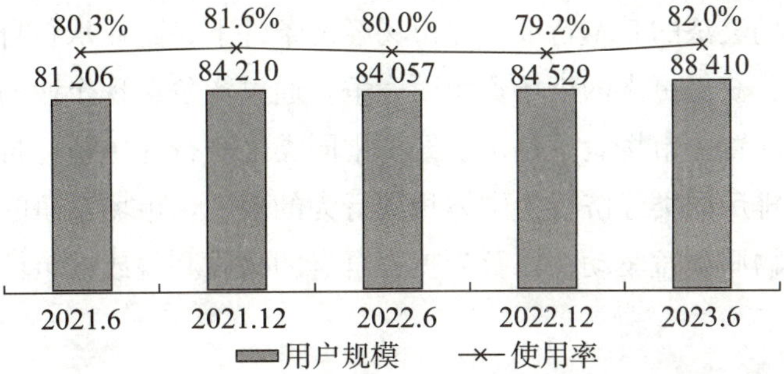


图 6-10　2021 年 6 月—2023 年 6 月，网络购物用户规模及使用率（单位：万人）

注：数据来源于《第 52 次中国互联网络发展状况统计报告》。

# 任务四　电子商务行业竞争数据分析

## 任务描述

在竞争激烈的电子商务行业，了解竞争环境对制定业务策略至关重要。首先需要建立对行业市场竞争的认知，包括主要竞争对手、市场份额和竞争策略；其次将学习分析行业竞争的方法，如SWOT分析、竞争对手比较等；最后通过实际的竞争分析实例，了解如何将这些方法应用于实际的市场竞争分析中。

## 任务分析

行业竞争数据分析帮助企业了解市场竞争态势和对手的策略，从而制定出具有竞争力的市场方案。通过建立对市场竞争的认知，能够识别主要竞争对手及其市场表现。运用不同的分析方法，如SWOT分析，可以帮助读者全面评估自身及竞争对手的优势、劣势、机会和威胁。通过实际的竞争分析实例，可以将理论方法应用于实际情况，从而为企业提供有力的竞争策略。全面的竞争数据分析不仅能够帮助企业识别市场机会，还能制定出更加精准的市场定位和竞争策略。

## 任务重点与实施

市场是充满竞争的，企业必须准确判断自己在行业中的市场地位，并正确制定竞争策略。行业竞争数据分析的目的在于进行同类企业与本企业市场相关性与差异性的分析，明晰企业的机遇与挑战，从而更好地创造市场价值与竞争优势，进而赢得用户、赢得市场。

### 一、行业市场竞争

市场竞争是市场经济的基本特征。在市场经济条件下，企业从各自的利益出发，为取得较好的产销条件、获得更多的市场资源而竞争。通过竞争实现企业的优胜劣汰，进而实现生产要素的优化配置。市场竞争是市场经济中同类经济行为主体为自身利益考虑，以增强自身经济实力、排斥同类经济行为主体相同行为的表现。市场竞争的内在动因在于各经济行为主体自身的物质利益驱动，以及为丧失自身的物质利益或被市场中同类经济行为主体排挤的担心。

### 二、行业竞争的方法

迈克尔·波特（Michael Porter）在行业竞争五力分析的基础上设计了行业竞争结构分析模型，从而使企业管理者可以从定性和定量两个方面分

收集竞争对手信息

析行业竞争结构和竞争状况。这五力分别为同行业竞争者的竞争能力、新进者的威胁力、替代品的威胁力、供方的议价能力及买方的议价能力，如图 6-11 所示。

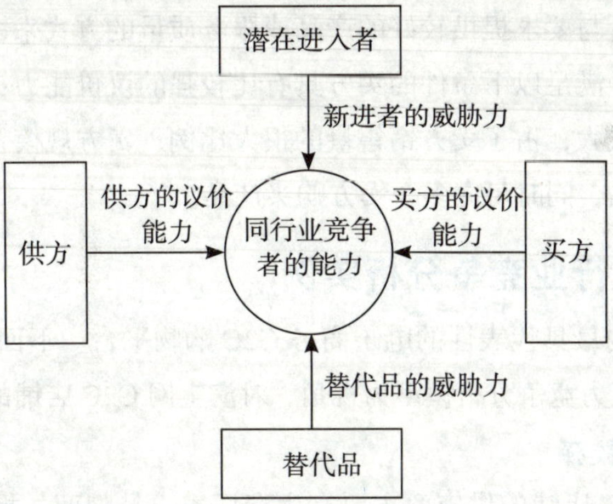


图 6-11　行业竞争结构分析模型

### 1. 同行业竞争者的竞争能力

在多数行业中，企业之间的利益都是紧密联系在一起的，所以在企业在发展过程中必然会产生冲突与对抗的现象，这些冲突与对抗构成了现有企业之间的竞争。竞争常表现在价格、广告、产品介绍、售后服务等方面。竞争战略是企业整体战略的一部分，其目标在于使自己的企业获得相对竞争对手更加领先的优势。

### 2. 新进者的威胁力

新进者在给行业带来新生产力、新资源的同时，还希望能在已被现有企业瓜分完毕的市场中赢得一席之地。这就有可能与现有企业发生原材料与市场份额的竞争，最终导致行业中现有企业盈利水平降低，甚至有可能危及这些企业的生存。

### 3. 替代品的威胁力

处于同行业或不同行业的企业，可能会生产新一代的产品（替代品），从而产生相互竞争的行为。替代品的竞争会以多种形式影响行业中现有企业的竞争：现有企业产品售价及获利潜力的提高，将因为存在着能被用户方便接受的替代品而受到限制；由于替代品生产者的侵入，使得现有企业必须提高产品质量，或通过降低成本来降低售价，或使产品具有特色。源自替代品生产者的竞争强度受产品买主转换成本高低的影响。

### 4. 供方的议价能力

供方主要通过提高投入要素来影响行业中现有企业的盈利能力与产品竞争力。一般来说，满足以下条件的供方会具有比较强的议价能力：供方有比较稳固的市场地位，不受市场激烈竞争困扰的企业控制；产品的买主很多，每一单个买主都不可能成为供方的重要客户；供方的产品具有特色，买主难以转换或转换成本太高，或者很难找到可与供方企业产品相竞争的替代品。

5. 买方的议价能力

买方主要通过压价与要求提供较好的产品或服务质量的方式来影响行业中现有企业的盈利能力。一般来说，满足以下条件的买方具有比较强的议价能力：买方的总数较少，而每个购买者的购买量较大，占了卖方销售量的很大比例；卖方规模较小，购买者购买的基本上是一种标准化产品，同时可向多个卖方购买产品。

## 三、电子商务行业竞争分析实例

淘宝网是目前国内最具代表性的电子商务 C2C 购物平台。下面基于淘宝网 C2C 店铺的运营情况，以波特五力竞争分析模型为视角，对淘宝网 C2C 店铺的竞争策略进行研究。

1. 供方议价能力较强

目前，淘宝网 C2C 店铺的供应商主要有生产厂家、品牌商、批发市场、阿里巴巴供应商等。虽然市面上绝大多数的产品供应充足、价格透明，但是大多数淘宝网 C2C 店铺的营业额一般，且进货量不能长期稳定地保持在一个较高的水平上，其议价能力必然低于有销量保证的企业店铺或天猫店铺，再加上部分厂家和供应商对市场终端售价的控制，淘宝网 C2C 店铺最终的成本和销售价格难以在市场上形成竞争优势。因此，对绝大多数淘宝网 C2C 店铺来说，其供方的议价能力较强。

2. 买方议价能力较强

淘宝网的消费者主要以个人消费为主，并且其中一部分人群的价格敏感度较高，在商品一样或相似的情况下，他们会优先选择价格低的商家购买。此外，有些消费者会根据过往的购物经验或借助各种比价网站或比价软件来获取商品的低价，以此与商家议价。在淘宝网 C2C 店铺中，同类商品的卖家数量多，价格透明，再加上消费者的转换成本低，因此淘宝网 C2C 店铺的买方的议价能力较强。

3. 新进者的威胁力较强

目前，虽然淘宝网内部竞争激烈，一部分卖家不断从这个市场退出，但是另一部分新生力量非常关注这个市场，并等待合适的时机随时准备进入。潜在进入者中除个人卖家之外，也不乏实力强劲的企业商户。这些商户一部分是资质和规模达不到天猫商城的入驻条件，因此退而求其次选择成为淘宝网的企业店铺；另一部分是已经在天猫商城开设店铺，但为了进一步提升市场占有率，也谋求在淘宝网开店。因此，淘宝网 C2C 店铺的新进者的威胁力较强。

### 4. 替代品威胁力较强

近年来，以淘宝网为代表的传统电商在经历蓬勃发展后，呈现出一定疲态，主要表现为流量红利衰减，获客成本不断攀升。与之对应的是移动社交电商，其得益于各种移动端的社交 App 深入到消费者的生活，并凭借发现式购买的新型购物模式，发挥去中心化的传播方式，成为淘宝网 C2C 店铺最具威胁性的替代品。2019 年，我国移动社交电商的市场规模达 2 万亿元，同比增长 71.71%，移动社交电商行业的市场规模保持高速增长态势。因此，淘宝网 C2C 店铺的替代品的威胁力较强。

### 5. 同行业竞争者的竞争能力较强

淘宝网 C2C 店铺面对的行业内部竞争主要来自平台上销售同类产品的店铺。在竞争对手的数量方面，目前创建一家淘宝店铺的成本低、维护成本可控、退出容易，因此各主流品类产品的卖家数量都十分庞大。在竞争对手的实力方面，淘宝网 C2C 店铺虽然从字面上看是个人开立的店铺，但是许多店铺背后实际上有专业的运营团队，甚至公司或源头工厂作支撑，因此它们的资金实力、管理运营能力、货源优势等都十分强大，不逊于一些 B2C 店铺。最典型的是淘宝企业店铺，自 2015 年 6 月上线以来，其市场份额提升迅速，给传统的 C2C 店铺带来了巨大冲击。综上所述，淘宝网 C2C 店铺的同行业竞争者的竞争能力较强。

基于上述五个方面的分析，淘宝网 C2C 店铺行业竞争分析的波特五力竞争分析模型如图 6-12 所示。

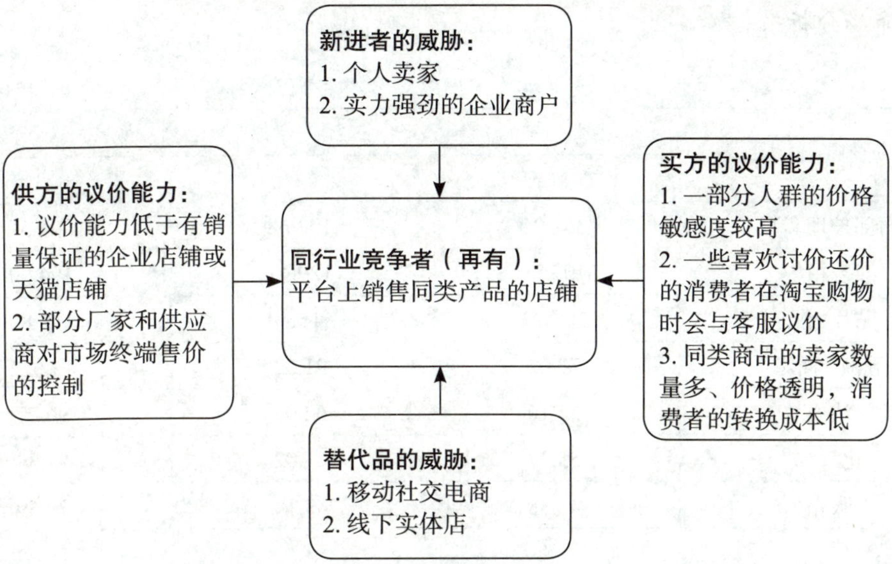


图 6-12　淘宝网 C2C 店铺行业竞争分析的波特五力竞争分析模型

## 课后实践

### 增存量市场分析

1. 实训背景

增量市场是指处于扩张阶段的销售市场，其特征是连续两年销售金额环比增幅均大于15%。存量市场是指已经饱和的市场，其特征是销售金额环比增幅未实现连续两年大于15%。

随着市场饱和度越来越高，整个市场就会逐渐演变成存量市场，企业之间竞争加剧。这时一些企业为了摆脱存量市场里的激烈竞争，开始选择深挖现有消费者的个性化需求，开拓新的市场和新的品类。新开辟的市场如果能够实现迅速增长，就可以被定义为增量市场。这个市场里的竞争者少、用户增长快，企业市场份额不断扩张。当越来越多的竞争者看到这个增量市场后，会不断加入其中，增量市场又慢慢变成存量市场。

市场增长的本质就是不断找到消费者未被满足或未被发现的需求，在增量市场与存量市场的交替中螺旋上升。

2. 实训内容

某电商企业的主营业务是美容护肤产品的生产与销售，其为了更好地制订下一年度生产与销售计划，获取了最近3年某平台美容护肤相关细分类目的销售数据，见表6-3。请绘制销售金额与环比增幅的组合图，再判断各细分类目属于增量市场还是存量市场，并为制订下一年度生产与销售计划提出建议。实训任务完成后撰写《美容护肤细分类目增存量市场分析报告》。

表6-3　某平台美容护肤细分类目销售金额　　单位：亿元

| 细分类目 | 销售金额 | | |
|---|---|---|---|
| | 2021年 | 2022年 | 2023年 |
| 面部护理套装 | 161.01 | 192.68 | 292.57 |
| 液态精华 | 105.88 | 129.41 | 194.90 |
| 贴片面膜 | 117.78 | 116.48 | 143.80 |
| 乳液/面霜 | 77.02 | 91.53 | 142.22 |
| 洁面 | 51.16 | 62.07 | 96.77 |
| 化妆水 | 55.27 | 61.02 | 91.34 |
| 眼霜 | 46.38 | 43.14 | 79.59 |

3. 实训要求

本实训是一个独立任务，每名学生单独完成，完成后上交《美容护肤细分类目增存量市场分析报告》，并做好汇报的准备。

4. 实训评价

根据实训内容与实训过程，完成表 6-4 的填写。

表 6-4　实训评价

| 评价内容 | | 满分 / 分 | 评分 / 分 | | |
|---|---|---|---|---|---|
| | | | 自评 | 互评 | 师评 |
| 参与实践的积极性、主动性 | | 20 | | | |
| 独立思考能力 | | 20 | | | |
| 创新能力 | | 20 | | | |
| 团队合作、沟通交流能力强 | | 20 | | | |
| 劳动纪律良好 | | 20 | | | |
| 合计 | | 100 | | | |
| 自评（20%）+互评（20%）+师评（60%）= | 综合等级 | 指导教师（签名）： | | | |

## 项目小结

本项目主要介绍了电子商务行业数据的分析方法。首先介绍了行业数据分析的作用，数据采集的步骤和渠道，为后续的市场分析和决策提供基础支撑；其次介绍了市场行情认知与调研、市场供给与需求分析，通过具体的数据分析方法，能够把握市场动态，理解消费者需求，并据此调整产品和服务；最后介绍了电子商务行业的竞争数据分析，解析市场竞争态势，介绍竞争分析的方法，并通过实例加深对竞争数据分析的理解和应用。通过本项目的学习，读者能够获得电子商务行业数据分析的关键知识，理解如何通过数据驱动的方式来洞察市场趋势和消费者需求。

## 课后练习

### 一、判断题

1. 数据分析有助于电商行业的收益管理。(　　)

2. 百度指数中需求图谱板块反映的是关键词最近一周或一个月的总体搜索指数表现。(　　)

3. 百度指数中人群画像功能能够分析人群属性而无法对人群的地域分布进行分析。(　　)

4. 供给的基本规律：对于一般商品而言，价格（P）与供给量（Q）呈正相关。(　　)

5. 商品供给是指在一定时间内、一定市场上，某种类商品的所有生产者提供给或者能够提供给市场的商品总量。(　　)

## 二、单选题

1. 进行市场需求调研时可采用的方法有（　　）。

A. 观察法　　B. 访问法

C. 问卷法　　D. 以上都是

2. 访问法的形式是（　　）。

A. 结构式访问　　B. 无结构式访问

C. 集体访问　　D. 以上都是

3. 市场经济的基本特征是（　　）。

A. 市场竞争　　B. 科技创新

C. 信息技术　　D. 物流网络

4. 行业数据采集的渠道不包括哪一类？（　　）

A. 金融机构　　B. 行业协会

C. 政府部门　　D. 科研院所

5. 下列不属于波特五力分析法中的内容的是（　　）。

A 潜在进入者的威胁　　B. 替代品的威胁

C. 购买者的讨价还价能力　　D. 中间商的讨价还价能力

# 项目七

# 跨境电子商务运营数据分析

## 项目导读

跨境电子商务作为一种新兴商业模式，在全球贸易中扮演着越来越重要的角色。有效的流量、销售和供应链数据分析是提升跨境电子商务竞争力的关键。本项目将引领读者深入探索跨境电子商务运营的核心数据，包括流量、销售和供应链三大关键领域，旨在通过精细化的数据分析，助力企业优化运营策略、提升市场表现。

## 学习目标

### 知识目标

1. 了解流量数据分析的重点。
2. 熟悉流量数据分析、销售数据分析、供应链数据分析的相关知识与指标。
3. 了解全球速卖通店铺核心指标。
4. 理解全球速卖通站内推广关键词分析的关键指标。
5. 熟悉全球速卖通联盟营销的单品营销计划。
6. 理解全球速卖通店铺销售额、转化率和客单价的含义及影响因素。
7. 熟悉全球速卖通店铺的采购需求计划分析、采购成本数据分析和采购策略分析。
8. 理解物流运费设置的影响因素和仓储数据分析的意义。

### 能力目标

1. 能够分析全球速卖通店铺的流量数据。
2. 能够分析站内推广关键词和联盟营销的引流效果。
3. 能够分析店铺的销售额、转化率、客单价销售数据。
4. 能够分析店铺的供应链数据，包括采购数据、物流数据、仓储数据等。

**素质目标**

1. 树立读者合作互赢的理念。
2. 培养读者基于数据思考问题的意识。
3. 培养读者严谨的工作态度和脚踏实地的工作作风。

## 思政目标

跨境电商需要与不同国家的企业和消费者进行交流与合作。思政教育中，应强调国际交流与合作的重要性，培养读者的跨文化沟通能力和国际合作意识，促进全球经济一体化。

## 案例导入

某网络科技有限公司是一家从事出口跨境电子商务平台运营的科技企业，主营产品有新娘婚纱、晚会礼服、伴娘礼服、花童服吸等婚纱礼服类产品。最近一段时间，某网络科技有限公司在全球速卖通平台上的一家店铺销售额明显下降。经初步分析，店铺的访客数基本稳定，但页面平均停留时间变短，成交转化率持续下滑。

如何才能进一步提升店铺流量？你认为页面平均停留时间变短的原因有哪些？如何才能提高页面平均停留时间？如何才能提升店铺的成交转化率？

# 任务一　运营数据分析概述

## 任务描述

你刚刚加入一家电商公司的运营团队，负责进行全面的数据分析。你的任务是理解运营数据分析的核心概念及其主要指标。首先需要阐明什么是运营数据分析，以及进行这类分析的基本条件是什么；其次将对运营数据分析进行分类，识别不同类型的分析方法和应用场景。

## 任务分析

运营数据分析的概念与主要指标是理解电商运营状态的关键。运营数据分析涉及对各种运营数据进行系统性的检查，以优化业务流程和提升运营效率。明确必要条件，如数据质量、分析工具和技术支持，是确保分析有效性的基础。分类分析方法帮助你选择合适的分析工具和策略，如市场分析、用户行为分析等。这些基础知识帮助你构建全面的分析框架，确保后续分析的准确性和有效性，从而支持业务决策和优化策略的制定。

## 任务重点与实施

在大数据时代，数据分析对行业未来发展已无可替代，数据已成为产品和行业发展的主要支撑。电商行业的运营者每天都会对海量的数据进行分析，从庞大的、杂乱无章的数据中获取有价值的规律，从而帮助企业决策与优化方案。开展运营数据分析需要明确分析的目的和思路：数据分析的受众是谁？要统计哪些数据？如何实现产品的优化？然后理清思路，明确需要哪些数据支撑、数据如何呈现、数据背后反映的规律和模式，以达到分析的目的。

### 一、运营数据分析的必要条件

运营数据分析指对企业运营过程中和最终成果产生的数据进行分析，然后从中获得运营规律和效果的过程。一般来说，在进行运营数据分析时，需要确定以下三个必要条件。

（1）海量且精确的运营数据。数据在电子商务中的作用越来越重要。一个企业能否获得更多、更精确的数据，已经成为制约企业更好发展的重要因素之一。只有全面采集和综合分析运营数据，才可以得出精准的结果，从而帮助企业做出更科学的决策。

（2）专业的数据分析团队和运营团队。企业应配备一支具备运营数据挖掘技术和运营数据分析技术的专业团队，且团队中的人员应具备以下的知识和能力：熟练使用统计技术和分析工具，熟悉主流数据库的基本技术并能够熟练使用；熟练使用主流数据挖掘、数据分析技术和工具；能够与团队成员进行有效沟通，善于业务交流，具备较强的学习和理解能力。除此之外，一支专业的运营团队也是必不可少的。数据分析团队需要有运营团队的紧密配合，以便将数据分析团队的成果在企业运营过程中加以检验，从而为运营数据分析提供科学的反馈意见。

（3）精细化运营的需求。精细化运营的需求在如今的大数据时代显得格外重要。不同于传统企业，电商企业近乎颠覆式的进化和技术的更新换代，使其需要更精准、更细化的运营模式。精细化运营由此产生，其能够帮助企业实现收益的快速增长。

### 二、运营数据分析的分类

常见并具有代表性的运营数据分析指标可归为以下三大类。

#### 1. 推广数据分析

推广数据分析指对企业在推广过程中产生的数据进行分析，包括对各推广渠道的展现、点击转化及其他相关推广数据进行分析。通过推广数据分析，企业能够了解推广过程中流量的来源情况、关键词的推广效果、活动的推广效果及内容运营的效果等。

#### 2. 销售数据分析

销售数据分析主要用于衡量和评估管理人员制定的计划销售目标与实际销售之间的关

系，它可以采用销售差异分析和微观销售分析两种方法。销售差异分析主要用于分析不同因素（品牌、价格、售后服务、销售策略等）对销售绩效的不同作用，主要包括营运资金周转期分析、销售收入结构分析、销售收入对比分析、成本费用分析、利润分析、净资产收益率分析等。

### 3. 客服绩效分析

客服绩效分析指在客户服务系统中，客户服务组织、客户管理人员和员工全部参与进来，通过沟通、激励等方式，将企业战略、管理人员职责、管理方式和手段，以及员工的绩效目标等基本内容确定下来，在持续不断沟通的前提下，管理人员为员工提供必要的支持、指导和帮助，然后与员工共同完成客户服务的绩效指标，从而实现客户服务组织的愿景规划和战略目标。

# 任务二　跨境电子商务流量数据的分析

## 任务描述

你作为一名跨境电子商务数据分析师，刚刚接手了一家新兴跨境电子商务平台的数据分析任务。你的任务是深入分析流量数据。首先需要明确流量数据分析的重点，如识别关键流量来源和用户行为模式；其次将分析总体流量数据，了解整体的访问情况和趋势；最后需要区分并分析付费流量数据和免费流量数据，评估它们对业务的贡献和效果。

## 任务分析

流量数据分析是理解用户访问行为和优化营销策略的基础。明确分析重点能够帮助读者聚焦于对业务最关键的流量指标，如用户来源和访问路径。分析总体流量数据可以揭示平台的访问趋势和潜在问题。分开分析付费流量和免费流量数据，能够评估各自的效果和投资回报率（return on investment，ROI），从而优化广告投放和自然流量的获取策略。通过全面的流量数据分析，能够识别流量来源的变化趋势，为制定更加精准的营销计划和提升用户体验提供有力支持。

## 任务重点与实施

### 一、流量分析

#### 1. 流量来源

流量可分为付费流量和免费流量两个类型。

（1）付费流量的优点是流量大、效果好，相较于免费流量，其更容易获取大批的流量；缺点是投入成本较高。如果企业的付费流量的投入成本过高，那么会导致企业利润的降低甚至亏本；如果企业完全没有付费流量，那么说明该企业的流量结构是不合理的，企业需要加入付费推广渠道进行引流。企业在进行付费流量结构分析时，除需要分析浏览量、访客数、点击量、成交订单数之外，还需要分析投资回报率。

（2）免费流量包括站内免费流量和站外免费流量。站内免费流量指企业通过电商平台获取的流量，如平台购物车、产品推荐等；站外免费流量主要是第三方网站带来的流量，如论坛、微博等。企业在引入站外免费流量前，需要先调整好企业平台形象，优化产品页面描述等，以达到刺激客户购物的目的。否则，即使引入再多的站外免费流量，产品转化率也不会有很大提升。在进行免费流量结构分析时，企业需要着重分析的指标有浏览量、访客数、点击量、成交订单数等。

#### 2. 流量结构分析

（1）免费流量结构分析

免费流量结构分析需要对免费流量的来源或渠道的引流情况进行分析。表 7–1 为某企业 2020 年 7 月的免费流量数据，下面以这组数据为基础进行免费流量结构分析。

表 7–1　某企业 2020 年 7 月的免费流量数据

| 序号 | 流量来源 | 浏览量 | 点击量 | 成交订单数 |
|---|---|---|---|---|
| 1 | 自主搜索 | 1 920 | 354 | 137 |
| 2 | 购物车 | 2 613 | 505 | 192 |
| 3 | 其他店铺 | 1 442 | 147 | 49 |
| 4 | 首页 | 1 624 | 257 | 87 |
| 5 | 收藏推荐 | 776 | 156 | 27 |
| 6 | 其他免费来源 | 1 943 | 205 | 137 |

选择流量来源、浏览量、点击量和成交订单数对应的数值区域，插入图形，如图 7–1 所示。

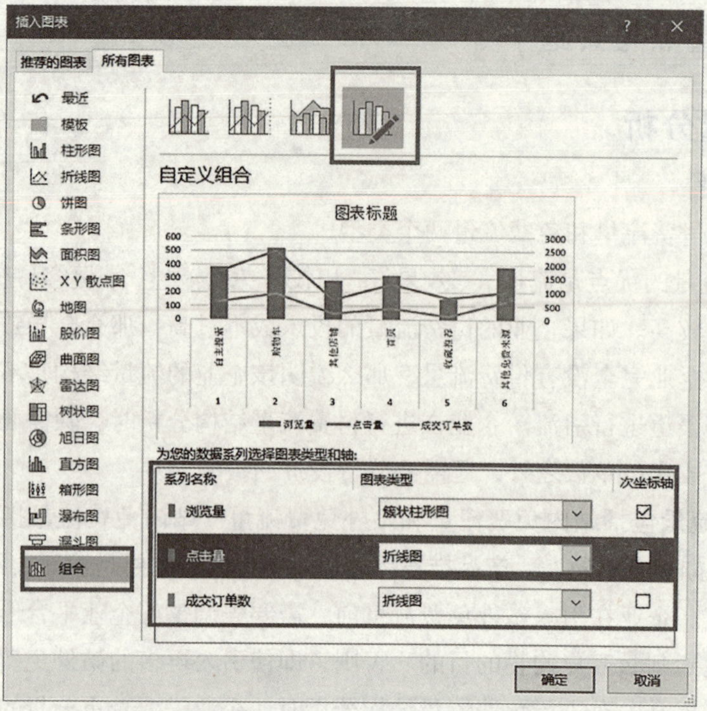


图 7-1　建立免费流量结构分析图

根据数据可视化需要选择合适的图形。首先，插入组合图形。其次，将浏览量设置为簇状柱形图，将点击量和成交订单数设置为折线图。将浏览量设置为簇状柱形图是为了更好地对各流量来源的浏览量进行比较，将点击量和成交订单数设置为折线图是为了更清楚地看到这两个指标的变化走势。最后，将浏览量设置为次坐标轴，如图 7-2 所示。

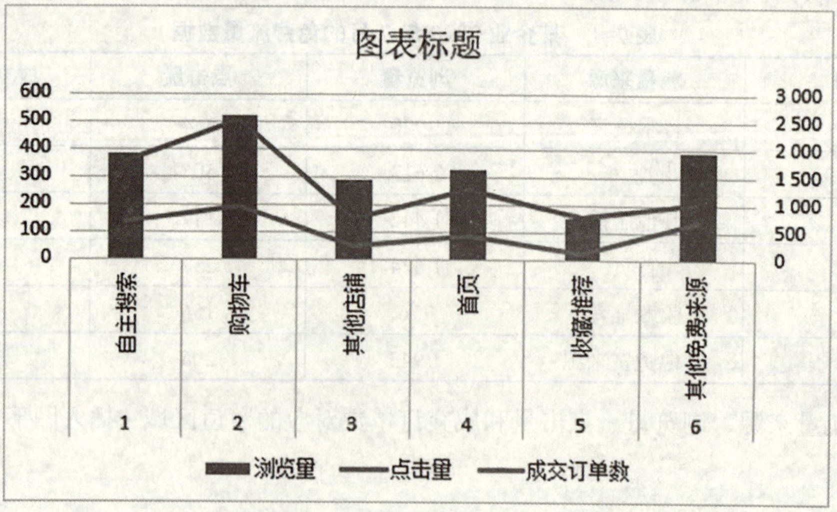


图 7-2　免费流量结构分析的组合图

选中数据表中的流量来源与成交订单数，插入饼图，并将饼图的数值显示方式设置为“百分比”，得到免费流量结构分析比例图，如图 7-3 所示。

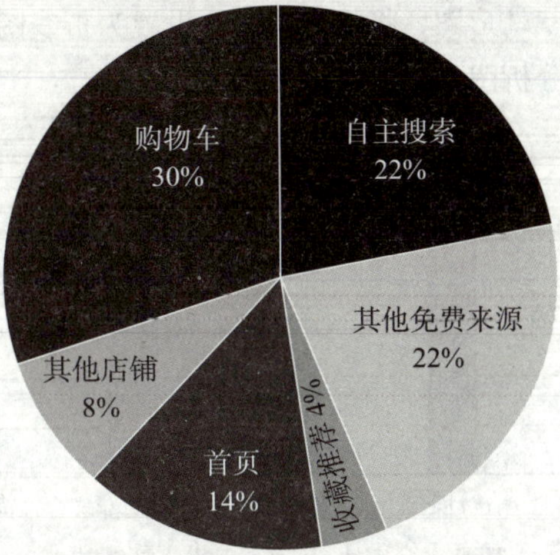


图 7–3　免费流量结构分析比例图

由图 7–2 可知，在免费流量来源中，购物车的各项指标都占优势，其为企业带来浏览量 2 613 次，成交订单数占比达 30.5%；收藏推荐的各项指标表现最差，其为企业仅带来浏览量 776 次，成交订单数占比只有 4.3%。企业可以利用该分析结果优化其免费推广渠道布局。

（2）付费流量结构分析

付费流量结构分析的核心是各付费推广渠道的流量占比。表 7–2 为某企业 2020 年 7 月的付费流量数据。投入产出比的计算公式：投入产出比＝成交额 / 投入成本。

表 7–2　某企业 2020 年 7 月的付费流量数据

| 序号 | 流量来源 | 成交占比 | 投入成本 / 元 | 成交额 / 元 | 投入产出比 |
|---|---|---|---|---|---|
| 1 | 超级推荐 | 9% | 851 597 | 564 824 | 0.66 |
| 2 | 钻石展位 | 27% | 1 521 475 | 1 711 883 | 1.13 |
| 3 | 聚划算 | 12% | 949 972 | 766 638 | 0.81 |
| 4 | 直通车 | 22% | 1 212 891 | 1 402 035 | 1.16 |
| 5 | 淘宝客 | 30% | 1 655 536 | 1 987 300 | 1.20 |

选择流量来源、成交占比、投入产出比对应的数值区域，然后插入图形，如图 7–4 所示。

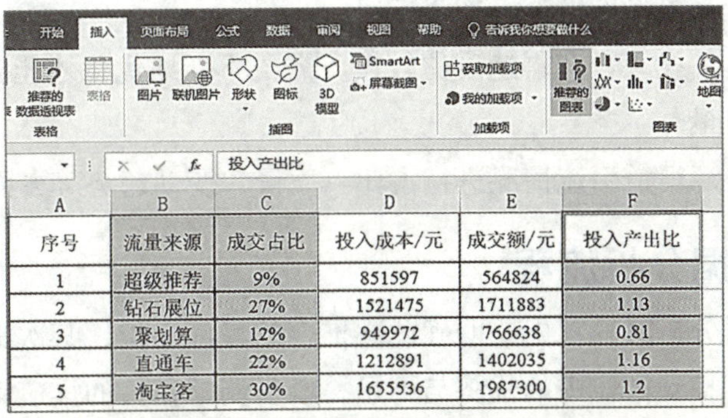


| 序号 | 流量来源 | 成交占比 | 投入成本/元 | 成交额/元 | 投入产出比 |
|---|---|---|---|---|---|
| 1 | 超级推荐 | 9% | 851597 | 564824 | 0.66 |
| 2 | 钻石展位 | 27% | 1521475 | 1711883 | 1.13 |
| 3 | 聚划算 | 12% | 949972 | 766638 | 0.81 |
| 4 | 直通车 | 22% | 1212891 | 1402035 | 1.16 |
| 5 | 淘宝客 | 30% | 1655536 | 1987300 | 1.2 |

图 7–4　建立付费流量结构分析图

将成交占比设置为簇状柱形图，将投入产出比设置为折线图，将成交占比设置为次坐标轴，得到付费流量结构分析图，如图 7-5 所示。

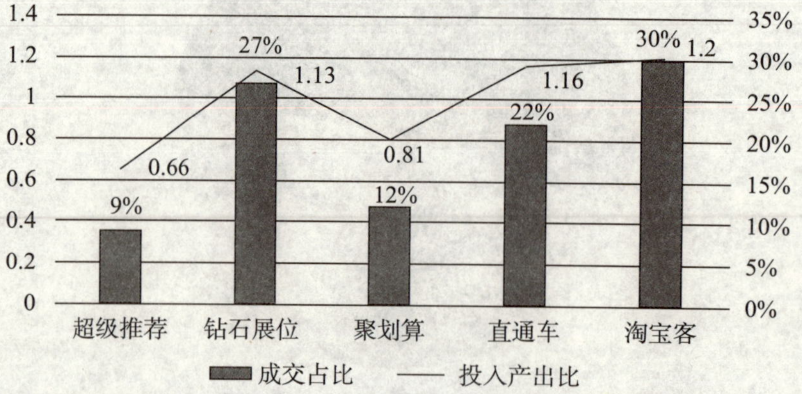


图 7-5　付费流量结构分析图

由图 7-5 可知，在付费流量来源中，淘宝客最占优势，其成交占比和投入产出比分别是 30% 和 1.20。除淘宝客之外，钻石展位的成交占比和投入产出比分别是 27% 和 1.13，直通车的成交占比和投入产出比分别是 22% 和 1.16。这三种付费推广渠道对该商家此次付费推广活动的贡献最大。

## 二、明确流量数据分析重点

### （一）付费流量渠道及分析重点

付费流量渠道主要有全球速卖通直通车、联盟营销、星合投放等推广渠道。

特点：付费流量渠道具有流量大、效果好的优点，相较于免费流量渠道，更容易获取大批的流量；缺点是需要较高成本的投入。

分析重点：同时关注引流、转化率、投入产出比等情况。

### （二）免费流量渠道及分析重点

免费流量渠道可以分为站内免费流量渠道和站外免费流量渠道，站内免费流量渠道指通过跨境电子商务平台获取的流量，如平台购物车、产品推荐；站外免费流量渠道主要是通过各大知名网站带来流量的渠道，如 TikTok。

特点：不需要另外投入，获得速度比较慢，需要不断地优化才能获得流量，一般这种流量是比较长久的流量。

分析重点：对来源渠道引流情况进行占比、质量、变动趋势等方面的分析。

## 三、推广数据分析流程

在进行推广数据分析时，首先要明确此次推广的目标定位，其次围绕该目标收集、整理并分析相关数据，找到推广中的优势与不足，最后调整相关的推广策略和内容，改善推广效果。

### 1. 推广目标定位

企业进行推广的核心目的是销售，但推广方式千差万别，不同的推广方式往往有不同的推广侧重点。有些推广方式直接为了变现，如电话营销、E-mail 营销、地面推广、团购活动等；有些推广方式以提升品牌影响力为主，如免费试用；也有些推广方式以提供展现机会为主，如直通车推广带动商品搜索排名。针对不同的推广方式，需要明确企业在进行推广时的直接目标，然后围绕这个直接目标收集数据、分析推广效果。如果存在多个推广目标，那么容易使推广数据的分析出现偏差。

以淘宝 / 天猫平台的搜索引擎营销（search engine marketing，SEM）推广——直通车为例。直通车是为淘宝 / 天猫卖家量身定制的按点击付费的营销工具，其可以在卖家商品自然搜索排名靠后的情况下获取 SEM 点击付费流量，帮助销售商品和提升商品排名。因此，在实际使用中，推广存在两种目的，一种以销售为主，辅助维持商品排名；另一种以提升商品排名为主，不考虑直通车直接销售的效果。

### 2. 收集推广目标数据

在明确推广目标后，围绕相应的目标收集推广数据，或者测试推广的方案，获取测试的推广数据，再进行整理分析。

以直通车为例，如果进行直通车推广纯粹是为了提升商品的排名，那么应重点关注推广计划和推广关键词的展现量、点击量和点击率数据；如果进行直通车推广的目的是销售商品、获取利润，那么应重点关注推广计划和推广关键词的投入产出比、转化率，以及这些指标与直通车精准投放之间的关系。

直通车的精准投放首先需要通过关键词来实现，只有搜索选定关键词的客户才能看到和点击推广的商品，从而产生费用。但是，搜索的人群存在年龄、地域、消费能力、消费习惯等一系列差别，并且使用同一关键词搜索展现的商品也存在差异。因此，直通车提供了人群定向功能，可帮助卖家更精准地推广。现以人群定向的两个维度标签——年龄和性别为例组建测试组，同时获取直通车的相关数据，见表 7-3。

表 7-3　直通车人群定向性别和年龄维度组合相关数据

| 序号 | 性别 | 年龄 / 岁 | 展现量 | 点击量 | 点击率 | 总成交笔数 | 点击转化率 |
|---|---|---|---|---|---|---|---|
| 1 | 男 | 18 ~ 25 | 12 359 | 369 | 2.99% | 36 | 9.76% |
| 2 | 男 | 26 ~ 30 | 62 302 | 1 021 | 1.64% | 46 | 4.51% |
| 3 | 男 | 31 ~ 40 | 25 003 | 789 | 3.16% | 43 | 5.45% |
| 4 | 女 | 18 ~ 25 | 98 269 | 680 | 0.69% | 85 | 12.50% |
| 5 | 女 | 26 ~ 30 | 79 869 | 1 235 | 1.55% | 35 | 2.83% |
| 6 | 女 | 31 ~ 40 | 20 568 | 786 | 3.82% | 78 | 9.92% |

注：点击率＝（点击量 / 展现量）×100%；点击转化率＝（总成交笔数 / 点击量）×100%。

### 3. 整理和分析目标数据

如果设定人群定向分组的目的是提高商品销量，那么在推广数据中要重点关注投入产出比、点击转化率和点击率数据。投入产出比和点击转化率数据体现了设定人群的购买意愿，而点击率是点击基数的保证。由于投入产出比的数值受到点击转化率和客单价的综合影响，因此可优先选择点击转化率作为推广效果数据，选择点击率作为点击基数数值。因此，以点击率为横坐标，点击转化率为纵坐标，选择 Excel 散点图，如图 7–6 所示。

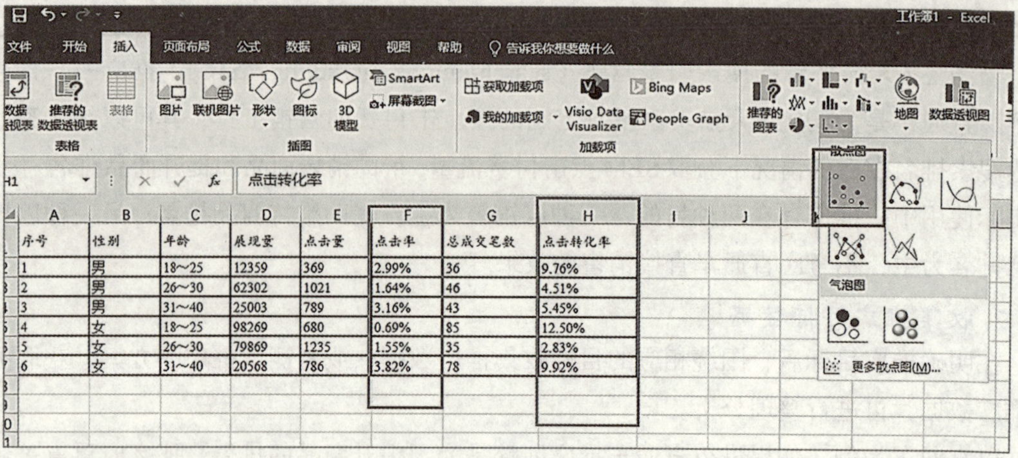


| 序号 | 性别 | 年龄 | 展现量 | 点击量 | 点击率 | 总成交笔数 | 点击转化率 |
|---|---|---|---|---|---|---|---|
| 1 | 男 | 18~25 | 12359 | 369 | 2.99% | 36 | 9.76% |
| 2 | 男 | 26~30 | 62302 | 1021 | 1.64% | 46 | 4.51% |
| 3 | 男 | 31~40 | 25003 | 789 | 3.16% | 43 | 5.45% |
| 4 | 女 | 18~25 | 98269 | 680 | 0.69% | 85 | 12.50% |
| 5 | 女 | 26~30 | 79869 | 1235 | 1.55% | 35 | 2.83% |
| 6 | 女 | 31~40 | 20568 | 786 | 3.82% | 78 | 9.92% |

图 7–6　选择数据区域

直通车人群定向点击率和点击转化率的点状分布图如图 7–7 所示。

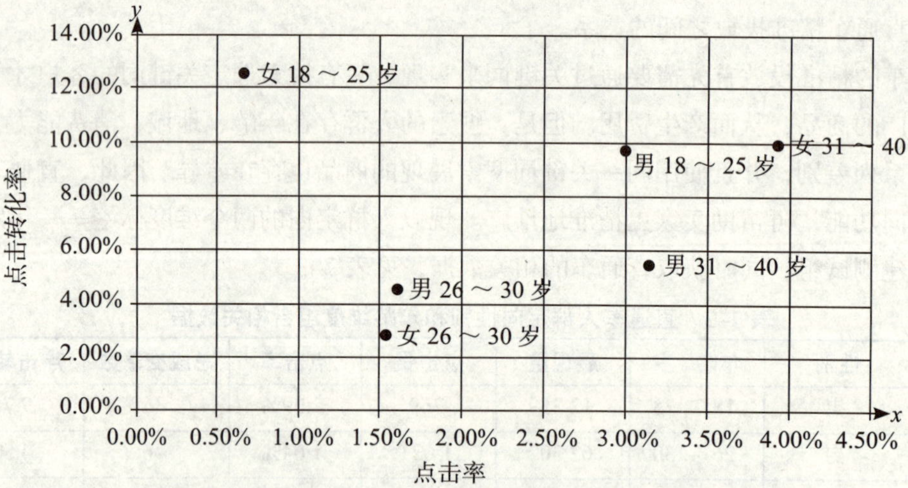


图 7–7　直通车人群定向点击率和点击转化率的点状分布图

重新划分图 7–7，令点击率等于 2.00% 且以与 $y$ 轴平行的直线作为新的 $y$ 轴；令点击转化率等于 6.00% 且以与 $x$ 轴平行的直线作为新的 $x$ 轴，如图 7–8 所示。

图 7–8 通过新的 $x$ 轴和 $y$ 轴划分出四个象限：右上区域（第一象限）代表高点击、高转化人群，这类人群应该重点推广；左上区域（第二象限）是低点击、高转化人群，这类人群的点击基数偏低，商家可以通过提高关键词排名来提升点击基数，然后观察转化数据；

左下区域（第三象限）是低点击、低转化人群，这类人群的点击基数偏低，转化数据存在不确定性；右下区域（第四象限）是高点击、低转化人群，这表明点击花费推广费用没有达到推广效果。

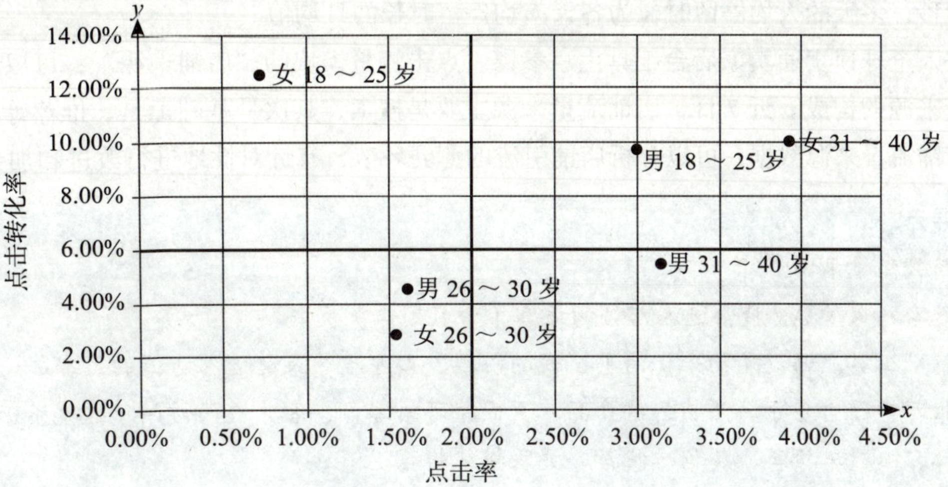


图 7–8　重新划分后的直通车人群定向点击率和点击转化率的点状分布图

### 4. 推广策略调整

针对上述数据分析结果，可得出结论：优先推广第一象限内的优质客户，适当增加第二、第三象限的点击基数，减少对第四象限内人群的推广。基于表 7–3 和图 7–8 推测可知：18 ~ 25 岁的男性用户和 31 ~ 40 岁的女性用户位于第一象限，这类用户具有较高的推广潜力，商家应优先对这部分人群进行推广；31 ~ 40 岁的男性用户位于第四象限，这类用户具有较低的推广潜力，商家可以适当地减少对这部分人群的推广；剩余的用户，商家应适当地增加其点击基数，观察其转化数据，最后确定相应的推广策略。

## 四、分析总体流量数据

进入全球速卖通后台工具生意参谋，点击“流量看板”，可以看到关于流量的店铺核心指标、商品核心指标、转化核心指标。通过这些数据，不仅可以分析流量的变化情况，还能与“同行同层优秀”“同行同层平均”进行比较，从而发现自身的问题，提出改进措施。

流量店铺核心指标有以下几方面。

（1）店铺访客数：当天访问店铺页面（含商品详情页）的去重人数，同一客户在统计时间范围内访问多次只计为一个。店铺访客数，既包含商品详情页也包含店铺其他页面，如店铺首页、店铺商品分类页、店铺活动页、品牌故事页。

（2）浏览量：当天店铺所有页面被访问的次数，同一客户在统计时间内访问多次计为多次。浏览量包括 App 端访客数和非 App 端访客数。

（3）跳失率：客户进入页面没有任何点击动作即退出，跳失率＝跳失访客数 / 页面访客数。

（4）人均浏览量：人均浏览量＝浏览量 / 访客数，多天的人均浏览量为各天人均浏览量的日均值。

（5）平均停留时长：平均停留时长＝来访店铺的所有访客总的停留时长 / 访客数，单位为秒，多天的人均停留时长为各天人均停留时长的日均值。

进入全球速卖通卖家后台工具生意参谋，点击流量模块的“店铺来源”，可以看到店铺流量来源的构成。近 7 日，店铺流量来源主要是搜索，其次是基础工具、推荐等。通过查看店铺流量来源数据，可以分析店铺引流的薄弱环节，有针对性地进行改进和加强。

**提示**

店铺流量来源

搜索：通过 AE 搜索进入店铺的访客（含直通车）。

基础工具：通过购物车、消息、我的订单、心愿单等渠道进入店铺的访客。

推荐：平台基于算法将一些产品、页面推荐给客户，客户进而访问了这些页面如首页推荐、心愿单推荐、购物车推荐、关联搭配推荐。

## 五、分析付费流量数据

在全球速卖通平台上，客户通过关键词搜索所需的产品而产生的流量，往往在店铺整体流量中占据很大的比重，因为搜索即入口。卖家通过投放直通车关键词广告，可以提升产品的曝光机会。

### （一）分析站内推广关键词流量

挖掘同行网站关键词

关键词分析的关键指标有展现量、点击量、点击率、消耗、点击花费、点击转化率、投入产出比等。

关键词效果分析评价指标的具体内容如下。

展现量（page views，PV）：广告被展现的次数，其大小与关键词数量、关键词市场情况、关键词推广创意匹配模式等直接相关

点击量（click）：广告展现后引起客户的兴趣并被点击的次数广告是否会被点击，与其图片创意、关键词精准度、产品推广位、产品定价等直接相关。

点击率（click-through-rate，CTR）：衡量广告是否有效的重要指标，其计算公式为

点击率＝点击量 / 展现量

消耗（REV）：直通车点击产生的费用。

点击花费（pay-per-click，PPC）：每一次点击的花费成本。点击花费与关键词出价、质量得分、关键词市场情况等有关，其计算公式为

点击花费＝消耗 / 点击量

点击转化率（CLICK-ROI）：每一笔成交的点击次数，流量精准度和产品承接转化能力。流量精准度即计划投放的平台、地域、关键词、人群定位等和产品、创意表达的卖点

的匹配程度承接转化能力则是指产品款式、价格、销量、评价、页面图片质量。

投入产出比（ROI）：涉及转化率、客单价、平均点击花费等指标，其公式为

投入产出比＝总成交金额 / 广告花费

关键词效果分析流程如图 7-9 所示，即有多大的展现量带来多少点击，有多高的点击率带来多少订单，有多高的点击转化率带来多少花费，有多少点击的成本带来多少收入，即投入产出比有多高。

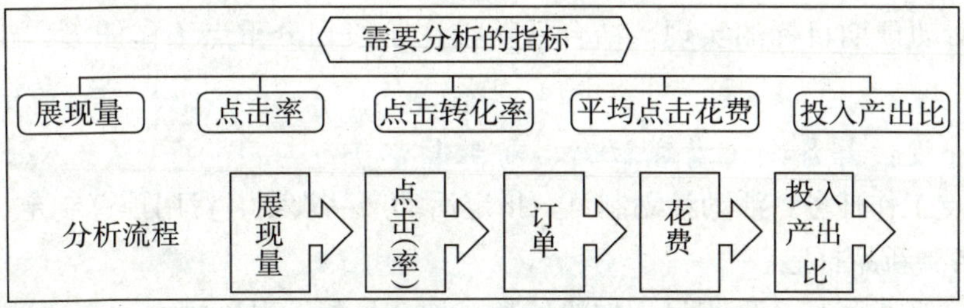


图 7-9　关键词效果分析流程

全球速卖通卖家收集到的关键词通常有很多，需要通过数据分析来确定最优的关键词。判断一个关键词是否优质，可以通过关键同的搜索人气、点击率、转化率、产品数量等方面进行关键词评估。搜索人气、点击率和转化率高，同时产品数量很少的关键词通常被认为是比较优质的关键词。

### （二）分析联盟营销流量

打开全球速卖通店铺后台，点击“推广”—“联盟营销”，可以看到联盟营销的引流效果。时间维度选择“最近 7 天”，可以看到联盟营销的浏览量、访客数等数据。可以通过调整单品营销计划、设置不同的佣金比例，优化联盟营销的引流效果。

## 六、分析免费流量数据

### （一）分析活动推广的流量数据

设置科学合理的店铺活动、积极参与平台活动，可以持续稳定地产生店铺流量，为店铺长久经营奠定良好的基础。活动推广引流的效果一般可以从以下四个维度进行分析。

#### 1. 活动推广流量分析

分析活动推广的整体效果，常用的指标有：访客数、成交订单数、成交占比、成交额、投资回报率等。

#### 2. 活动推广转化分析

分析活动推广的质量，常用的指标有：访客数、收藏转化率、加购转化率、支付转化率等。

#### 3. 活动推广拉新分析

从客户群体规模的扩张角度来进行分析，常用的指标有：访客数、新访客数、新访客占比等。

#### 4. 活动推广留存分析

从客户的沉淀效果角度进行分析，常用的指标有：访客数、留存访客数、留存访客占比等。

### （二）提升活动推广效果

活动推广需要有完整的计划，包括活动推广各阶段的任务和计划。启动推广活动后，应根据活动阶段的任务对核心指标进行监控，发现差异，分析原因，并及时调整活动方案，以保证推广活动预期目标的实现。结合活动推广阶段划分重点工作任务，识别核心监控指标。

#### 1. 第一阶段：筹备期（潜客拉新、粉丝蓄水）

（1）重点工作任务：活动计划制订、指定活动产品规划、费用预算制定、活动报名、活动产品报名、新品打造。

（2）核心监控指标：展现量、加粉丝数、加会员数、引流成本。

#### 2. 第二阶段：蓄水期（蓄水种草）

（1）重点工作任务：内容种草、标签加深、活动产品培育、会场素材和活动产品备货。

（2）核心监控指标：搜索展现量、点击率、点击花费、投入产出比、成交转化率、收藏数、加购数、内容互动量。

#### 3. 第三阶段：预热期（用户激活、收藏加购）

（1）重点工作任务：预售单品推广、（多渠道）引导加购、领券、老客户召回、促销利益点告知。

（2）核心监控指标：销售额、订单数、客单价、加购数、领券数、人均观看、观看停留等直播数据，以及预售数据、加购金额等。

#### 4. 第四阶段：活动引爆（全场景收割）

（1）重点工作任务：数据跟踪催付、转化老客户召回、团队激励等。

（2）核心监控指标：实时流量、UV 转化率、销售额、加购数、收藏数、关注用户数。

## 任务三　跨境电子商务销售数据的分析

### 任务描述

在进行跨境电子商务业务分析时，你需要对销售数据进行深入挖掘。首先要分析销售额数据，了解不同时间段和市场的销售表现；其次将分析转化率，评估访客转化为实际购买的效果；最后需要分析客单价，了解每位客户的平均购买金额。

## 任务分析

销售数据分析是评估电商平台业绩和制定优化策略的重要手段。分析销售额数据可以了解不同市场和时间段的销售表现，发现潜在的增长机会。分析转化率能够评估用户从浏览到购买的转化效果，识别转化瓶颈并优化用户路径。客单价分析则揭示了每位客户的平均消费水平，了解定价策略的效果。通过综合这些销售数据分析，可以优化销售策略，提升转化率和客单价，从而提高整体盈利能力和业务绩效。

## 任务重点与实施

### 一、销售数据的基础知识

电商平台既为商品的销售提供了广阔的渠道，又为消费者提供了更为便利的交易方式和更加广泛的选择，这使得越来越多的商品和服务的交易呈现在互联网上。消费者在电商平台上进行消费时首先需要注册，如此商家便获取了客户的第一手资料，其次消费者在网站浏览网页、购买商品，最后对购买的商品进行评价，商家由此获取了与商品销售有关的反馈数据。因此，商品在网上的销售过程中产生的一系列数据都与电子商务销售相关。

#### （一）销售数据的特点

（1）可得性。网上购物因不受时空限制而受到广大用户的喜爱。基于互联网技术的有效支持，电子商务蓬勃发展，网络购物市场的交易规模日益扩大，电子商务平台已积累了海量的销售数据。

（2）多样性。计算机信息技术的发展使电商平台收集和整理与销售有关的信息成为可能。越来越多的用户基本资料与行为信息、商品信息、事务数据和日志数据均被记录在数据库中。与传统门店商品的销售数据相比，电商平台产生的销售数据更为多样。

（3）复杂性。对于电商企业，通过销售数据进行分析并找到产品之间的关联是具有一定复杂性和难度的。

#### （二）销售数据的作用

（1）对精准营销的支撑。精准营销不能缺少用户特征数据的支撑和详细准确的分析。对店铺销售数据进行挖掘与处理，可筛选出更具价值的数据，以达成更好的市场推广效果。

（2）引导产品及营销活动更加符合用户需求。如果能在产品生产之前了解潜在用户的主要特征及他们对新产品的期待，那么企业的生产活动便可以按照用户的喜好来进行，店铺也可以采购到更加符合消费者需求的商品，使得生产企业和销售企业都可以获得更大的收益。

（3）监测竞争对手与品牌传播。通过对销售数据的分析，企业能够熟悉网络营销环境，把控品牌传播的有效性，监测行业及产品动向，了解竞争对手的信息，促进产品销售。

（4）基于市场预测与决策分析发现新市场与新趋势。基于数据建模与数据分析，可挖掘出潜在的信息规律，从而预测市场未来走势。基于销售数据的分析与预测可为商家提供洞察新市场与把握经济规律的重要依据。

## 二、销售数据的分析过程

在进行销售数据分析时，首先要明确此次数据分析的目标，其次围绕该同标收集、整理与分析相应的数据，最后找到销售数据变动的原因，并改善销售情况。

### （一）分析目标定位

销售数据分析的任务来源多样，有销售数据明显变动或产品更新换代给销售部门带来的被动调整，也有商家根据自身发展规划的主动调整。在数据分析之前，需要明确数据分析的任务定位，并以此制定分析目标，同时收集与任务相关的数据，主要包括月活跃用户人数、登录界面人数、将商品加入购物车人数、生成订单人数、支付人数和完成交易人数等指标。

### （二）确定目标数据

在确定目标定位之后，还需要确定目标数据。因此，需要计算以下两个数据。

（1）整体转化率。整体转化率指目标环节用户人数与月活跃用户人数的比值。在月活跃用户人数及其他环节的转化率较为稳定的情况下，提高整体转化率可以提升目标环节用户人数，最终提局完成交易人数。

（2）环节转化率。环节转化率指目标环节用户人数与上一环节用户人数的比值。该数据可以反映目标环节用户的损失率。某电商平台整体转化率和环节转化率数据见表 7–4。

表 7–4　某电商平台整体转化率和环节转化率数据

| 目标环节 | 目标环节用户人数 | 整体转换率 | 环节转化率 |
|---|---|---|---|
| 月活跃用户 | 800 000 | 100.00% | 100.00% |
| 登录界面 | 582 880 | 72.86% | 72.86% |
| 将商品加入购物车 | 365 757 | 45.72% | 62.75% |
| 生成订单 | 240 046 | 30.01% | 65.63% |
| 支付 | 102 884 | 12.86% | 42.86% |
| 完成交易 | 98 316 | 12.29% | 95.56% |

### （三）整理并分析目标数据

为了直观地展示目标数据，将表 7–4 中的计算结果导入 Excel 表格中，生成漏斗图，如图 7–10 所示。

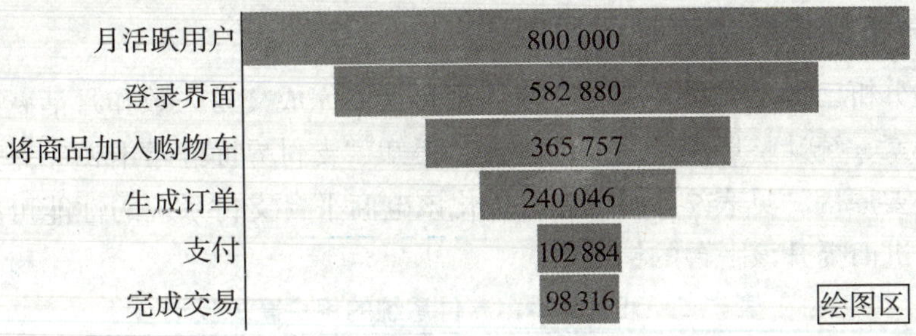


图 7-10 某电商平台的整体转化率漏斗图

由环节转化率数据可知，完成交易环节的环节转化率为95.56%，登录界面环节的环节转化率为72.86%。这两个环节的转化率都超过了70%，所以，这两个环节并不是造成该平台最终完成交易人数和月活跃用户人数差距较大的主要因素。将商品加入购物车环节和生成订单环节的环节转化率分别为62.75%和65.63%，但支付环节的转化率仅为42.86%。由此可知，将商品加入购物车环节和生成订单环节是次要因素，而支付环节才是造成该平台最终完成交易人数和月活跃用户人数差距较大的主要因素。

## （四）分析销售额数据

销售额监测是店铺每天都要进行的工作。对于全球速卖通平台卖家来说，可以通过数据分析工具进行日常店铺销售情况的监测，监测销售种类、数量、金额与趋势等情况。

全球速卖通平台已经整合日常店铺数据监测分析功能模块。登录全球速卖通卖家后台，点击“生意参谋”，选择“查看更多”，可看到“实时概况”“核心指标”“流量看板”“搜索词排行”“商品排行榜”等板块。生意参谋提供了多种数据呈现方式，可以在表格和图表标签自由切换，卖家可以选择适合的数据呈现方式。进入全球速卖通店铺后台，点击“生意参谋”—“实时播报”，在“实时概况”中可以直观看到店铺的实时数据，主要的日常监测指标包括“支付金额”“访客数”“支付买家数”“支付主订单数”“浏览量”等实时数据情况，可以对比分析前后两日的支付金额。在“支付金额”“访客数”“支付买家数”三项指标下面的数据分别代表指标的数值、主营二级行业排名、App占比、昨日全天的数据；“支付主订单数”“浏览量”两项指标下面的数据分别代表指标的数值、App占比、昨日全天的数据。卖家可以及时了解实时数据，并与前一日的数据进行对比。

生意参谋的核心指标模型中有“自然日”“自然周”“自然月”三个时间维度标签，选择需要查看的时间段，下载明细数据表格，就可以看到全部核心指标的表格数据。

选择下载核心指标的数据表格进行分析，对店铺和同行数据进行对比，掌握市场整体情况，便于判断店铺在同类市场中处于何种水平；同时，也可以利用图表进行更快捷、直观的观察。在核心指标下，点击“支付金额”，即可查看。选择切换为“店铺访客数”“支付转化率”“客单价”等其他指标进行店铺的纵向分析，或与同行平均水平、同行优秀水平横向对比，帮助卖家对自己的店铺销售和运营情况进行准确定位，并分析原因，进行下一步的优化调整。

### （五）分析销售数据变动的原因

通过上述分析已得出支付环节是造成该平台最终完成交易人数和月活跃用户人数差距较大的主要因素，统计整理用户的反馈信息，得知“支付界面经常卡顿”是造成支付环节用户流失的主要原因，见表 7-5。因此，优化该电商平台支付系统的性能可减少支付环节用户的流失，进而提升该平台的销售量。

表 7-5 某电商平台支付系统的用户意见反馈

| 问题编号 | 用户反馈信息 | 用户比例 |
| --- | --- | --- |
| 1 | 支付界面经常卡顿 | 68% |
| 2 | 支付界面的设计缺少人性化提示 | 10% |
| 3 | 支付系统操作复杂 | 8% |
| 4 | 支付系统安全性问题 | 6% |
| 5 | 后台系统容易崩溃 | 5% |
| 6 | 其他 | 3% |

### （六）分析客单价

在跨境电子商务运营数据分析中，一个关键指标是客单价。客单价是反映销售效率的关键指标，它指的是一段时间内，平均每位客户产生的销售额。客单价是判断销售表现的因素之一。

销售额＝流量 × 转化率 × 客单价

客单价＝销售总额 / 下单客户总数

数据分析人员在做销售分析的时候，往往会从客单价的角度展开分析，寻找原因。全球速卖通平台会直接提供客单价数据，也可以采用上述公式进行简单的计算。

获得客单价数据后，接下来需要分析客单价的主要影响因素，见表 7-6，从而制定改进措施。主要影响客单价的是产品价格。首先产品价格的高低基本上决定了客单价的多少，在实际销售中，客单价只会在产品价格的一定范围内上下浮动。其次是促销优惠。在大型促销优惠的过程中，客单价的高低取决于优惠的力度。再次是关联营销。店铺一般会在商品详情页推荐相关的购买套餐，起到互相引流的作用。最后是购买数量。相应地，提高客单价的方法包括：提供附加服务、开展促销活动，在商品详情页设计中注意融入关联销售元素，提高客服推荐的水平与技巧。

表 7-6 客单价主要影响因素

| 影响因素 | 具体影响 |
| --- | --- |
| 产品价格 | 产品价格的高低基本上决定了客单价的多少，在实际销售中客单价只会在产品价格的一定范围内上下浮动 |
| 促销优惠 | 作大型促销优惠的过程中，客单价的高低取决于优惠的力度。另外，优惠力度的多少、包邮的最低消费标准的设置，对客单价也有重要影响。例如：在某次活动中，某店铺设置的包邮最低消费标准为 50 美元，那就是消费满 50 美元才能免运费。这样的包邮规则，可以让客户选择一单购买多件产品，这时的客单价与日常相比就会有所提升 |

续表

| 影响因素 | 具体影响 |
| --- | --- |
| 关联营销 | 店铺一般会在商品详情页推荐相关的购买套餐，同时加入其他产品的链接。这是一种关联营销，起到了互相引流的作用。现在很多平台通过大数据的算法，在首页、搜索页、商品详情页、购物车页、订单页等各种页面中都会有关联产品的推荐 |
| 购买数量 | 购买数量会因产品类目的属性不同而不同。价格不同的产品，客户花费的时间成本与操作成本是不同的。所以，想要提高客单价，可以提高单个客户购物的种类，以及单个订单内产品的数量。目前许多电商平台上推出的“凑单”销售方式，原理就是如此 |

## 三、分析转化率

全球速卖通店铺转化率是衡量一家店铺运营好坏的重要指标，通过分析转化率，可以有针对性地提升，从而不断优化店铺的销售情况。

### （一）分析店铺转化率

登录全球速卖通卖家后台，进入流量看板，点击“核心指标”—“转化核心指标”，以“自然周”为单位选择需要查看的时间段，可以看到支付转化率、下单转化率等数据。一方面，可以分析这一周转化率对比上一周的变动情况，以及转化率的变化趋势；另一方面，可以将店铺转化率与同行平均水平、同行优秀水平进行横向对比。

**知识拓展**

#### 转化率关键指标

支付转化率：即来访客户转化为支付买家的比例。对比数据时，注意指标的区别。

支付转化率 = 支付买家数 / 访客数

店铺的支付转化率 = 店铺支付买家数 / 店铺访客数

商品的支付转化率 = 商品支付买家数 / 商品访客数

下单转化率：即来访客户转化为下单买家的比例。下单买家数指当天下单的去重买家数，按天去重，周和月的数据按日累加。

下单转化率 = 下单买家数 / 访客数

### （二）提升店铺转化率

全球速卖通店铺转化率可以分为静默转化率和询盘转化率两种类型。静默转化率是指客户访问网店后，没有咨询客服而直接下单购买的人数与访问数之比；而询盘转化率是指询盘成交人数与询盘人数之比。相对而言，跨境电子商务的静默转化率要比国内电商高很多，提升静默转化率是提升全球速卖通店铺转化率的主要方式。

1. 提升静默转化率的方法

（1）访客精准度——精准引流老客户。很多卖家站内流量还不成熟，站外渠道就推广起来了，但是往往会出现推广不精准，导致访客精准度不够，这样不仅不能提高转化率，反而可能因为短时间涌入大量访客导致转化率下降。建议一方面要精准引流，另一方面要针对老客户做定向营销；同时，利用直通车推广时，以精准词为主，大词低价使用为辅，尽可能捕捉精准流量，提高访客精准度。

（2）店铺装修——充分利用自身风格。根据店铺主营类目产品，选择搭配的装修风格，产品分类要简洁明了，并及时根据季节、节日等进行适当修改；同时要利用好店招，在买家浏览店铺的时候，店招始终会显示在页面的上方，因此是很好的展现位。

（3）商品详情页——突出结构、卖点、关联。商品详情页是买家决定是否下单的最后一站，所以商品详情页做得好不好，直接影响产品转化率，一个好的产品描述需要从买家的角度出发，包含买家可能需要的各个方面的信息。

（4）图片设计——注重专业、风格、细节。图片设计感也会影响买家的下单转化情况，功能性产品对图片的要求会稍低一些，但是对于快消品类的产品来说，一个店铺产品图片的专业度、细节、场景等方面的完美配合才能够抓住买家的眼球。

（5）产品性价比——品质、价格。价格对于成交转化率来说虽然不是决定性影响因素，但是也占到了很大的比重，是一个很重要的指标。合理定价首先要根据产品的市场定位，分析受众人群能力和消费习惯，再结合竞争对手的价格和产品的成本分阶梯进行定价。

（6）产品布局陈列——路径、导航、分类。店铺的产品布局导航栏、产品分类一定要做起来，让买家能够快速准确了解店铺里面有哪些产品，每个产品类目推荐的产品是哪些，将这些流量留在店铺，能够降低跳失率，并最终产生转化。

（7）销量口碑——评分、好评、销量。提高产品和店铺评分，产品评价的好坏是影响买家下单、提高转化率的重要因素，同时也会影响产品的自然搜索排名以及能不能参加平台活动。

（8）店铺活动——折扣、优惠、粉丝营销。一些转化率偏低的产品，可以将关联模块放在商品详情页上方，从而减少买家流失，提高转化率；热销产品与转化率低的产品进行搭配促销；利用店铺自主营销工具，通过限时折扣、满立减、全店铺折扣、店铺优惠券等优惠刺激买家下单。

### 2. 提升询盘转化率的方法

（1）响应速度。①用好卖家 App，有留言时快速回复；②在全球速卖通消息后台设置快捷回复短语。

（2）服务态度。对待买家态度要好，针对一些常见问题准备好话术。

（3）知识和经验。要多熟悉自己的产品，了解产品的特性及卖点，以及买家关注点，这样才能有针对性地帮助买家解决问题，赢得买家信任。

（4）催付效果。①下单未付款的订单，可以给买家发站内信，及时和买家进行沟通，了解买家未付款的原因；②如果是价格、运费问题，可以适当地调整，给予折扣；如果是关于产品的问题，进一步展示产品，提供图片、描述细节等；③如果买家在 24 小时内仍未付款也没有给予回复，可以考虑主动调整价格，系统会自动发送调价后的邮件通知买家重新关注下单的产品；④如果觉得有必要，可以进行电话沟通，要注意催付的频率。

## 四、销售数据的动态分析方法

### （一）动态分析

动态分析是应用统计方法研究社会经济现象在一段时间内且在数量方面的发展变化过程的，其包括三个比较重要的统计指标，即增长量（水平指标）、发展速度和增长速度（速度指标）。

#### 1. 增长量

增长量指动态数列中两个不同时期的发展水平之差，其反映了社会经济现象报告期比基期增加或减少的数量。增长量的计算公式：增长量＝报告期水平－基期水平。当报告期水平大于基期水平时，增长量为正值，表示社会经济现象的水平增加；当报告期水平小于基期水平时，增长量为负值，表示社会经济现象的水平减少。若一组动态数列为（$a_0$，$a_1$，…，$a_n$），根据采用的基期不同，增长量分为逐期增长量和累计增长量。

（1）逐期增长量。逐期增长量指报告期水平与前一期水平之差（$a_1-a_0$，$a_2-a_1$，…，$a_n-a_{n-1}$），其表示报告期水平比前一期水平增长的绝对数量。

（2）累计增长量。累计增长量指报告期水平与某一固定基期水平之差（$a_1-a_0$，$a_2-a_0$，…，$a_n-a_0$），其表示报告期水平比某一固定基期水平增长的绝对数量，也说明在某一段较长时期内总的增长量。

（3）逐期增长量和累计增长量之间的关系。整个时期的逐期增长量之和等于最后一个时期的累计增长量，即（$a_1-a_0$）+（$a_2-a_1$）+…+（$a_n-a_{n-1}$）＝ $a_n-a_0$；相邻两个时期的累计增长量之差等于相应时期的逐期增长量，即（$a_n-a_0$）－（$a_{n-1}-a_0$）＝ $a_n-a_{n-1}$。

#### 2. 发展速度

发展速度指在一定时期内的发展方向和发展程度的动态相对指标，其是以相对数形式表示的两个不同时期发展水平的比例。发展速度的计算公式：发展速度＝报告期水平 / 基期水平。发展速度一般用百分数表示，有时也用倍数表示。若发展速度大于百分之百（或大于 1），则表示上升速度，反之则表示下降速度。根据采用的基期不同，发展速度分为定基发展速度和环比发展速度。

（1）定基发展速度。定基发展速度指报告期水平与某一固定基期水平（通常是最初水平）的比值，表示社会经济现象在较长时期内总的发展变化程度，又称为总速度，如（$a_1/a_0$，$a_2/a_0$，…，$a_n/a_0$）。

（2）环比发展速度。环比发展速度指报告期水平与前一期水平的比值，表示社会经济现象发展变化的程度，如（$a_1/a_0$，$a_2/a_1$，…，$a_n/a_{n-1}$）。

（3）定基发展速度与环比发展速度之间的关系。定基发展速度等于相应时期内的各环比发展速度的连乘积；相邻两个定基发展速度之比等于相应时期的环比发展速度。

### 3. 增长速度

增长速度是表示社会经济现象增长程度的动态相对指标，其反映了报告期水平比基期水平增加或降低的程度。增长速度的计算公式：增长速度＝报告期增长率 / 基期水平＝（报告期水平 − 基期水平）/ 基期水平＝报告期水平 / 基期水平 −1 ＝发展速度 −1。增长速度有正负之分，当发展速度大于 1 时，增长速度为正值，表明社会经济现象的增长程度；当发展速度小于 1 时，增长速度为负值，表明社会经济现象的降低程度。根据采用的基期不同，增长速度分为定基增长速度和环比增长速度。

（1）定基增长速度。定基增长速度是累计增长量与某一固定基期水平对比的结果，表示社会经济现象在较长时期内总的增长程度。定基增长速度的计算公式：定基增长速度＝累计增长量 / 基期水平＝（报告期水平 − 基期水平）/ 基期水平＝定基发展速度 −1。

（2）环比增长速度。环比增长速度是逐期增长量与前一期水平对比的结果，表示社会经济现象逐期增长的方向和程度。环比增长速度的计算公式：环比增长速度＝逐期增长量 / 前一期水平＝（报告期水平 − 前一期水平）/ 前一期水平＝环比发展速度 −1。

需要注意的是，定基增长速度与环比增长速度不能直接换算，如果要进行换算，那么首先将环比增长速度加 1 变成环比发展速度，再将各期环比发展速度连乘，得到定基发展速度，最后将定基发展速度减 1 得到定基增长速度。

## （二）动态分析的算例

通过动态分析法来分析销售数据。若某电商平台 2023 年 12 个月的销售额依次为 1 238.28 万、1 345.98 万、1 456.93 万、1 567.64 万、1 630.38 万、1 789.76 万、1 935.47 万、2 100.31 万、2 245.57 万、2 367.38 万、2 512.39 万、2 709.43 万元。根据这组数据对该电商平台 2023 年的销售数据进行动态分析。

### 1. 计算销售数据的增长量

新建一个工作簿，将上述数据导入该工作簿。在销售额的下一单元格输入累计增长量，将 1 月的销售额视为 $a_0$，用公式 $a_n - a_0$ 计算每个月的累计增长量。用鼠标指针选中 D4 单元格，输入公式“= D3-$C$3”，单击“√”算出 2 月的累计增长量；用鼠标指针选中 D4 单元格，将鼠标指针放在 D4 单元格的右下角，当鼠标指针变成黑色“十”字时，向右拖填充柄，得到 3 月至 12 月的累计增长量，如图 7-11 所示。

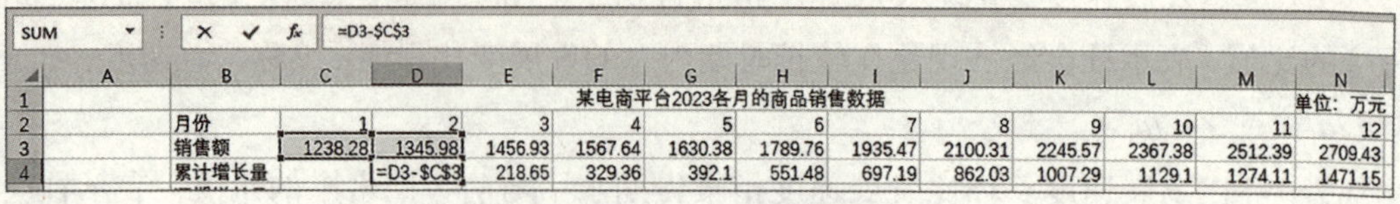
SUM ▾ ✕ ✓ fx =D3-$C$3

| | A | B | C | D | E | F | G | H | I | J | K | L | M | N |
|---|---|---|---|---|---|---|---|---|---|---|---|---|---|---|
| 1 | | 某电商平台2023各月的商品销售数据 | | | | | | | | | | | | 单位：万元 |
| 2 | | 月份 | 1 | 2 | 3 | 4 | 5 | 6 | 7 | 8 | 9 | 10 | 11 | 12 |
| 3 | | 销售额 | 1238.28 | 1345.98 | 1456.93 | 1567.64 | 1630.38 | 1789.76 | 1935.47 | 2100.31 | 2245.57 | 2367.38 | 2512.39 | 2709.43 |
| 4 | | 累计增长量 | | =D3-$C$3 | 218.65 | 329.36 | 392.1 | 551.48 | 697.19 | 862.03 | 1007.29 | 1129.1 | 1274.11 | 1471.15 |

图 7-11　计算全年销售额的累计增长量

在累计增长量下一单元格输入逐期增长量，用公式 $a_n$-$a_{n-1}$ 可以计算出每个月的逐期增长量。用鼠标指针选中 D5 单元格，输入公式“= D3–C3”，单击“√”，算出 2 月的增长量；用鼠标指针选中 D5 单元格，将鼠标指针放在 D5 单元格的右下角，当鼠标指针变成黑色十字时，向右拖动填充柄，得到 3 月至 12 月的逐期增长量，如图 7–12 所示。

SUM　=D3-C3

| | A | B | C | D | E | F | G | H | I | J | K | L | M | N |
|---|---|---|---|---|---|---|---|---|---|---|---|---|---|---|
| 1 | | 某电商平台2023各月的商品销售数据 | | | | | | | | | | | | 单位：万元 |
| 2 | | 月份 | 1 | 2 | 3 | 4 | 5 | 6 | 7 | 8 | 9 | 10 | 11 | 12 |
| 3 | | 销售额 | 1238.28 | 1345.98 | 1456.93 | 1567.64 | 1630.38 | 1789.76 | 1935.47 | 2100.31 | 2245.57 | 2367.38 | 2512.39 | 2709.43 |
| 4 | | 累计增长量 | | 107.7 | 218.65 | 329.36 | 392.1 | 551.48 | 697.19 | 862.03 | 1007.29 | 1129.1 | 1274.11 | 1471.15 |
| 5 | | 逐期增长量 | | =D3-C3 | 110.95 | 110.71 | 62.74 | 159.38 | 145.71 | 164.84 | 145.26 | 121.81 | 145.01 | 197.04 |

图 7–12　计算全年销售额的逐期增长量

## 2. 计算销售数据的发展速度

继续在逐期增长量下一单元格输入定基发展速度。定基发展速度等于 $a_n/a_0$。用鼠标指针选中 D6 单元格，输入公式“= D3/$C$3”，单击“√”，算出 2 月的定基发展速度；用鼠标指针选中 D6 单元格，将鼠标指针放在 D6 单元格的右下角，当鼠标指针变成黑色十字时，向右拖填充柄，得到 3 月至 12 月的定基发展速度，如图 7–13 所示。

SUM　=D3/$C$3

| | A | B | C | D | E | F | G | H | I | J | K | L | M | N |
|---|---|---|---|---|---|---|---|---|---|---|---|---|---|---|
| 1 | | 某电商平台2023各月的商品销售数据 | | | | | | | | | | | | 单位：万元 |
| 2 | | 月份 | 1 | 2 | 3 | 4 | 5 | 6 | 7 | 8 | 9 | 10 | 11 | 12 |
| 3 | | 销售额 | 1238.28 | 1345.98 | 1456.93 | 1567.64 | 1630.38 | 1789.76 | 1935.47 | 2100.31 | 2245.57 | 2367.38 | 2512.39 | 2709.43 |
| 4 | | 累计增长量 | | 107.7 | 218.65 | 329.36 | 392.1 | 551.48 | 697.19 | 862.03 | 1007.29 | 1129.1 | 1274.11 | 1471.15 |
| 5 | | 逐期增长量 | | 107.7 | 110.95 | 110.71 | 62.74 | 159.38 | 145.71 | 164.84 | 145.26 | 121.81 | 145.01 | 197.04 |
| 6 | | 定基发展速度 | | =D3/$C$3 | 1.18 | 1.27 | 1.32 | 1.45 | 1.56 | 1.70 | 1.81 | 1.91 | 2.03 | 2.19 |

图 7–13　计算全年销售额的定基发展速度

在定基发展速度下一单元格输入环比发展速度，环比发展速度等于 $a_n/a_{n-1}$。用鼠标指针选中 D7 单元格，输入公式“= D3/C3”，单击“√”，算出 2 月的环比发展速度；用鼠标指针选中 D7 单元格，将鼠标指针放在 D7 单元格的右下角，当鼠标指针变成黑色十字时，向右拖填充柄，得到 3 月至 12 月的环比发展速度，如图 7–14 所示。

SUM　=D3/C3

| | A | B | C | D | E | F | G | H | I | J | K | L | M | N |
|---|---|---|---|---|---|---|---|---|---|---|---|---|---|---|
| 1 | | 某电商平台2023各月的商品销售数据 | | | | | | | | | | | | 单位：万元 |
| 2 | | 月份 | 1 | 2 | 3 | 4 | 5 | 6 | 7 | 8 | 9 | 10 | 11 | 12 |
| 3 | | 销售额 | 1238.28 | 1345.98 | 1456.93 | 1567.64 | 1630.38 | 1789.76 | 1935.47 | 2100.31 | 2245.57 | 2367.38 | 2512.39 | 2709.43 |
| 4 | | 累计增长量 | | 107.7 | 218.65 | 329.36 | 392.1 | 551.48 | 697.19 | 862.03 | 1007.29 | 1129.1 | 1274.11 | 1471.15 |
| 5 | | 逐期增长量 | | 107.7 | 110.95 | 110.71 | 62.74 | 159.38 | 145.71 | 164.84 | 145.26 | 121.81 | 145.01 | 197.04 |
| 6 | | 定基发展速度 | | 1.09 | 1.18 | 1.27 | 1.32 | 1.45 | 1.56 | 1.70 | 1.81 | 1.91 | 2.03 | 2.19 |
| 7 | | 环比发展速度 | | =D3/C3 | 1.08 | 1.08 | 1.04 | 1.10 | 1.08 | 1.09 | 1.07 | 1.05 | 1.06 | 1.08 |

图 7–14　计算全年销售额的环比发展速度

根据上述操作结果，进一步计算定基增长速度和环比增长速度。

某电商平台 2023 年各月商品销售数据的动态分析见表 7–7。

表 7-7　某电商平台 2023 年各月商品销售数据的动态分析

| 月份 | 1 | 2 | 3 | 4 | 5 | 6 | 7 | 8 | 9 | 10 | 11 | 12 |
|---|---|---|---|---|---|---|---|---|---|---|---|---|
| 累计增长量 / 万元 | / | 107.7 | 218.65 | 329.36 | 392.1 | 551.48 | 697.19 | 862.03 | 1 007.29 | 1 129.1 | 1 274.11 | 1 471.15 |
| 逐期增长量 / 万元 | / | 107.7 | 110.95 | 110.71 | 62.74 | 159.38 | 145.71 | 164.84 | 145.26 | 121.81 | 145.01 | 197.04 |
| 定基发展速度 / 倍 | / | 1.09 | 1.18 | 1.27 | 1.32 | 1.45 | 1.56 | 1.70 | 1.81 | 1.91 | 2.03 | 2.19 |
| 环比发展速度 / 倍 | / | 1.09 | 1.08 | 1.08 | 1.04 | 1.10 | 1.08 | 1.09 | 1.07 | 1.05 | 1.06 | 1.08 |
| 定基增长速度 /% | / | 9 | 18 | 27 | 32 | 45 | 56 | 70 | 81 | 91 | 103 | 119 |
| 环比增长速度 /% | / | 9 | 8 | 8 | 4 | 10 | 8 | 9 | 7 | 5 | 6 | 8 |

## 五、销售数据的预测分析方法

### （一）基于回归分析的销售数据预测

回归分析是一种用来确定两种或两种以上变量的相互依赖关系的定量分析方法。回归分析按涉及变量的多少，分为一元回归分析和多元回归分析；按因变量的多少，分为简单回归分析和多重回归分析；按自变量和因变量的关系类型，分为线性回归分析和非线性回归分析。回归分析不仅可以分析因素之间的相关性，而且可以通过现象发展预测未来。

利用某电商平台 2023 年各月的商品销售数据对销售额进行预测。新建一个工作表，将商品销售数据复制粘贴到工作表中。用鼠标指针选中“B2：C14”单元格区域，插入“折线图”，增加坐标轴名称；选择“趋势线”，在“设置趋势线格式”窗口单击“线性”单选按钮，勾选“显示公式”和“显示 R 平方值”复选框，如图 7-15 所示。由图 7-15 可以看出，回归直线方程为 $y = 132.86x+1\,044.7$，$R$ 为 0.991 8，表明因果关系显著；预测 2024 年 1 月该电商的销售额，可将 $x = 13$ 代入回归方程，得 $y = 2\,771.88$ 万元。

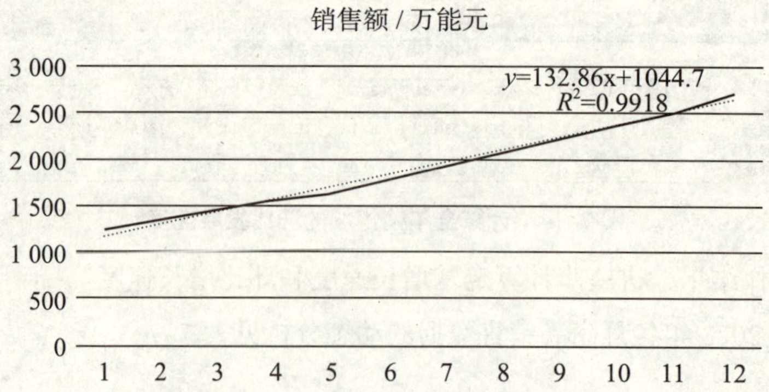


图 7-15　利用回归分析预测销售数据

## （二）基于时间序列的销售数据趋势分析

### 1. 时间序列的构成要素

现象变动趋势分析是把动态数列受各类因素的影响状况分别测定出来，弄清研究对象变化的原因及规律，为预测未来和决策提供依据。店铺销售受许多因素影响，营业额看起来在不断变化，好像没什么规律可循，但是在这些影响营业额的因素中，有的是长期起作用的，有的只是短期起作用的。因此，在分析时间序列的变化规律时，要将诸多的影响因素划分为几大类时间序列的构成要素，然后对这些构成要素分别进行分析。

（1）长期趋势。长期趋势是在一段较长的时间内，由于普遍的、持续的、决定性的基本因素，发展水平沿着一个方向逐渐向上或向下变动的趋势。例如，从较长时期来看，由于受种植方法的不断改进、农田水利的日益发达等根本因素的影响，粮食生产总趋势是持续增加、向上发展的。认识和掌握事物的长期趋势，可以把握事物发展变化的基本特点。移动平均法是用一组最近的实际数据值来预测未来一期或几期内产品的需求量、产能等的一种常用方法，其能有效地消除预测中的随机波动，以反映长期趋势。

（2）季节变动。季节变动是一种自然现象，为了适应这种自然现象，人类经济生活也受到季节变动的影响，如销售中有销售旺季和销售淡季之分；又如，在每年冬季来临前，取暖器、家用水暖或地暖的销量会快速增长。进一步扩展季节变动的思维方式，考虑社会、政治、经济和自然因素的影响，形成周期性的、有规则的重复变动，均可称为季节变动。季节指数方法通过计算季节比率可使时间序列预测模型更加合理。

（3）循环变动。循环变动是某种现象在一个较长的时期内出现一定规律的周期波动。需要注意的是，循环变动与长期趋势有所不同，循环变动不是某一方向上的持续变动，而是具有相反方向的交替波动，既有增长又有下降。

（4）不规则变动。不规则变动是一种没有规则的、随机的变动，指现象除受以上各种变动的影响之外，还受到临时的、偶然的或不明原因的影响，从而引起非周期性、非趋势性的随机变动。不规则变动是无法预知的。

### 2. 预测销售额的趋势分析算例

仍选用某电商平台 2023 年各月的商品销售数据对销售额进行预测。选定移动次数 # = 3，用鼠标指针选中 D5 单元格，输入公式“=（C3+C4+C5）/3”，单击“√”，算出 3 月的一次移动平均数，如图 7-16 所示；用鼠标指针选中 D5 单元格，将鼠标指针放在 D5 单元格的右下角，当鼠标指针变成黑色十字时，向右拖动填充柄，得到 4 月至 12 月的一次移动平均数。

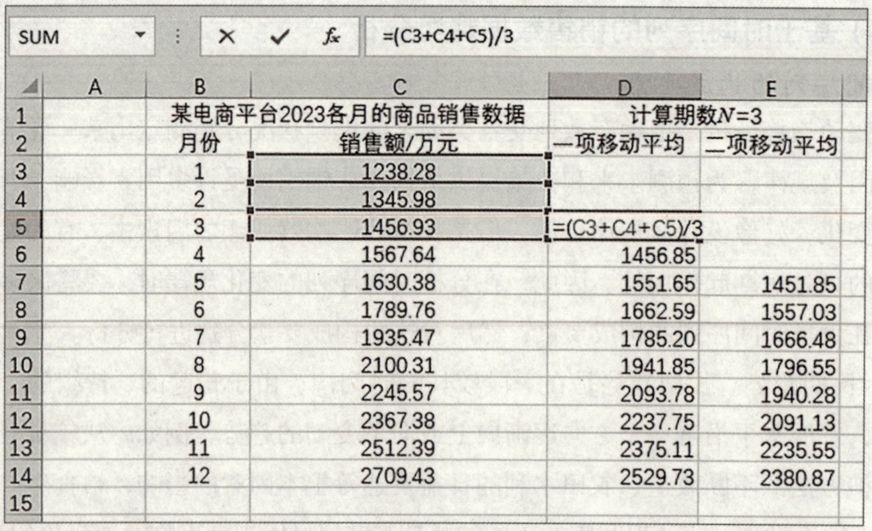

SUM | =(C3+C4+C5)/3

| | A | B | C | D | E |
|---|---|---|---|---|---|
| 1 | | 某电商平台2023各月的商品销售数据 | | 计算期数N=3 | |
| 2 | | 月份 | 销售额/万元 | 一项移动平均 | 二项移动平均 |
| 3 | | 1 | 1238.28 | | |
| 4 | | 2 | 1345.98 | | |
| 5 | | 3 | 1456.93 | =(C3+C4+C5)/3 | |
| 6 | | 4 | 1567.64 | 1456.85 | |
| 7 | | 5 | 1630.38 | 1551.65 | 1451.85 |
| 8 | | 6 | 1789.76 | 1662.59 | 1557.03 |
| 9 | | 7 | 1935.47 | 1785.20 | 1666.48 |
| 10 | | 8 | 2100.31 | 1941.85 | 1796.55 |
| 11 | | 9 | 2245.57 | 2093.78 | 1940.28 |
| 12 | | 10 | 2367.38 | 2237.75 | 2091.13 |
| 13 | | 11 | 2512.39 | 2375.11 | 2235.55 |
| 14 | | 12 | 2709.43 | 2529.73 | 2380.87 |
| 15 | | | | | |

图 7-16　计算一次移动平均值

用鼠标指针选中 E7 单元格，输入公式“＝（D5+D6+D7）/3”，单击“√”，算出 5 月的二次移动平均数，如图 7-17 所示；用鼠标指针选中 E7 单元格，将鼠标指针放在 E7 单元格的右下角，当鼠标指针变成黑色十字时，向右拖动填充柄，得到 6 月至 12 月的二次移动平均数。

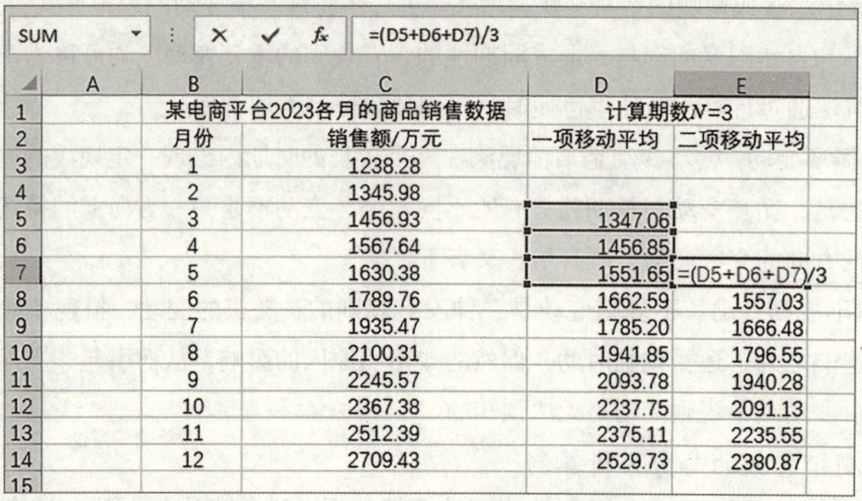

SUM | =(D5+D6+D7)/3

| | A | B | C | D | E |
|---|---|---|---|---|---|
| 1 | | 某电商平台2023各月的商品销售数据 | | 计算期数N=3 | |
| 2 | | 月份 | 销售额/万元 | 一项移动平均 | 二项移动平均 |
| 3 | | 1 | 1238.28 | | |
| 4 | | 2 | 1345.98 | | |
| 5 | | 3 | 1456.93 | 1347.06 | |
| 6 | | 4 | 1567.64 | 1456.85 | |
| 7 | | 5 | 1630.38 | 1551.65 | =(D5+D6+D7)/3 |
| 8 | | 6 | 1789.76 | 1662.59 | 1557.03 |
| 9 | | 7 | 1935.47 | 1785.20 | 1666.48 |
| 10 | | 8 | 2100.31 | 1941.85 | 1796.55 |
| 11 | | 9 | 2245.57 | 2093.78 | 1940.28 |
| 12 | | 10 | 2367.38 | 2237.75 | 2091.13 |
| 13 | | 11 | 2512.39 | 2375.11 | 2235.55 |
| 14 | | 12 | 2709.43 | 2529.73 | 2380.87 |
| 15 | | | | | |

图 7-17　计算二次移动平均值

统计一次移动平均数和二次移动平均数，见表 7-8。根据本书前面所学知识可得出时间序列的线性趋势预测模型为 $y = 148.87x+2\ 678.6$。如果要预测 2024 年 1 月该电商的销售额，可以将 $x = 1$ 代入预测模型，得 $y = 2\ 827.47$ 万元。

表 7-8　某电商平台 2023 年商品销售数据移动平均分析（期数 $N = 3$）

| 月份 | 销售额 / 万元 | 一次移动平均值 | 二次移动平均值 |
|---|---|---|---|
| 1 | 1 238.28 | — | — |

续表

| 月份 | 销售额 / 万元 | 一次移动平均值 | 二次移动平均值 |
|---|---|---|---|
| 2 | 1 345.98 | — | — |
| 3 | 1 456.93 | 1 347.06 | — |
| 4 | 1 567.64 | 1 456.85 | — |
| 5 | 1 630.38 | 1 551.65 | 1 451.85 |
| 6 | 1 789.76 | 1 662.59 | 1 557.03 |
| 7 | 1 935.47 | 1 785.20 | 1 666.48 |
| 8 | 2 100.31 | 1 941.85 | 1 796.55 |
| 9 | 2 245.57 | 2 093.78 | 1 940.28 |
| 10 | 2 367.38 | 2 237.75 | 2 091.13 |
| 11 | 2 512.39 | 2 375.11 | 2 235.55 |
| 12 | 2 709.43 | 2 529.73 | 2 380.87 |

## 六、推广活动产生效果的数据分析

### （一）推广活动的作用

随着网店平台推广费用和流量成本的增加，不少卖家把目光聚集在举办各种店铺、平台活动上。报名参加各种活动不仅可以帮助店铺快速吸引消费者，而且可以直接在较短的时间内为店铺带来大量的流量。平台活动为店铺带来的持续性购买是相当可观的，再通过成交数据的累计，其可以不断为店铺带来更多的流量。在活动期间，推广效果越好，未来的店铺流量提升越快。同时，这在一定程度上也提升了店铺的买家回头率，让卖家获取了更大的收益。因此，网店卖家不定期地开展促销活动已经成了一种常态。

### （二）对推广活动产生的效果进行数据分析

活动推广效果分析的目的是通过对已经完成的活动数据进行分析来发现活动中存在的问题和可供参考的经验，以及总结活动流程、推广渠道、客户兴趣等内容，以便后续活动推广策略的优化。常见的活动推广分析维度有以下几个。

#### 1. 活动推广流量分析

活动推广流量分析是判断推广效果的核心要素，其可以分析推广活动为企业带来的流量情况。活动推广流量分析的主要分析指标有访客数、成交订单数、成交占比、成交额、投入成本、投入产出比等。

#### 2. 活动推广转化分析

活动推广转化分析指对获取的流量转化为收藏、加购、订单等状态的数据进行分析。活动推广转化分析的主要分析指标有访客数、收藏数、加购数、成交订单数、收藏转化率、加购转化率、支付转化率等。

### 3. 活动推广拉新分析

活动推广拉新分析指对活动带来的新客户数据进行分析，其分析的前提是先完成企业活动推广流量分析和活动推广转化分析，在此基础上，将活动中的新客户单独拉出并对其相关数据进行分析。活动推广拉新分析的主要分析指标有访客数、新访客数、新访客占比等。

### 4. 活动推广留存分析

活动推广留存分析指在活动结束一段时间后，对因活动而成为店铺新客户的相关数据进行分析。这部分新客户的共同表现：在活动结束后仍在店铺发生重复购买等活跃行为。活动推广留存分析的主要指标有访客数、留存访客数、留存访客占比等。

## （三）活动推广效果分析

### 1. 活动推广流量分析

表 7–9 为 H 店三周年店庆活动后一周的店铺流量相关数据。以这组数据为例，对该店铺的活动推广流量进行分析。

**表 7–9　H 店三周年店庆活动后一周的店铺流量相关数据**

| 序号 | 流量来源 | 访客数 | 成交订单数 | 成交占比 | 投入成本 / 元 | 成交额 / 元 | 投入产出比 |
|---|---|---|---|---|---|---|---|
| 1 | 超级推荐 | 12 015 | 1 103 | 9.18% | 12 432 | 11 932 | 0.96 |
| 2 | 钻石展位 | 19 632 | 2 536 | 12.92% | 5 321 | 5 736 | 1.08 |
| 3 | 聚划算 | 13 021 | 1 001 | 7.69% | 3 688 | 2 552 | 0.69 |
| 4 | 直通车 | 14 202 | 1 583 | 11.15% | 4 399 | 4 963 | 1.13 |
| 5 | 淘宝客 | 20 162 | 4 966 | 24.63% | 18 423 | 20 013 | 1.09 |

选择流量来源、访客数、成交订单数、成交占比、投入产出比对应的数值区域，插入组合图形。将访客数、成交订单数设置为簇状柱形图，将成交占比、投入产出比设置为折线图，将访客数和成交订单数设置为次坐标轴，如图 7–18 所示。

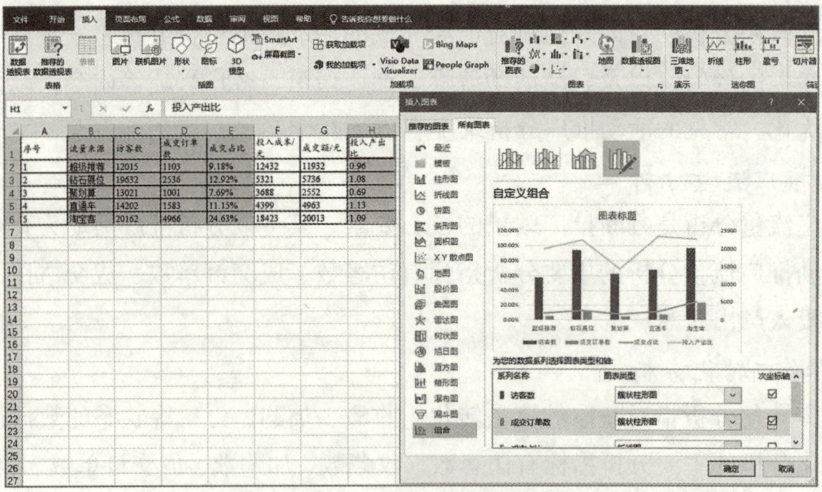

图 7–18　H 店的店铺流量相关数据

最后，得到 H 店活动推广流量分析图，如图 7–19 所示。

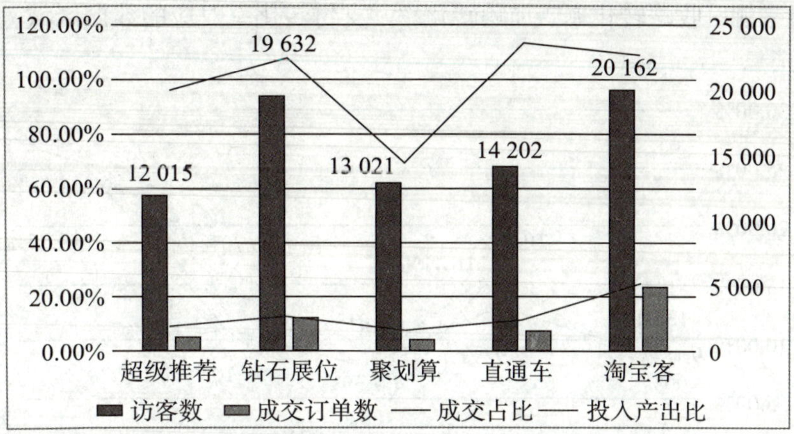


图 7-19　H 店活动推广流量分析图

由图 7-19 可知，H 店在推广活动中获取流量表现优秀的渠道有钻石展位、直通车和淘宝客。这三种渠道无论是获取访客数、获取订单数和投入产出比都排名在前。H 店在后续的推广活动中可优先选择这三种渠道。

## 2. 活动推广转化分析

表 7-10 为 H 店三周年店庆活动后一周的转化相关数据。以这组数据为例，对该店铺的活动推广转化进行分析。

表 7-10　H 店三周年店庆活动后一周的转化相关数据

| 序号 | 流量来源 | 访客数 | 收藏数 | 加购数 | 成交订单数 | 收藏转化率 | 加购转化率 | 支付转化率 |
|---|---|---|---|---|---|---|---|---|
| 1 | 超级推荐 | 12 015 | 829 | 1 603 | 1 103 | 6.90% | 13.34% | 9.18% |
| 2 | 钻石展位 | 19 632 | 3 221 | 3 236 | 2 536 | 16.41% | 16.48% | 12.92% |
| 3 | 聚划算 | 13 021 | 269 | 1 043 | 1 001 | 2.07% | 8.01% | 7.69% |
| 4 | 直通车 | 14 202 | 1 532 | 2 088 | 1 583 | 10.79% | 14.70% | 11.15% |
| 5 | 淘宝客 | 20 162 | 3 983 | 5 120 | 4 966 | 19.75% | 25.39% | 24.63% |

选择流量来源、访客数、收藏数、加购数、成交订单数对应的数值区域，插入三维柱形图，如图 7-20 所示。

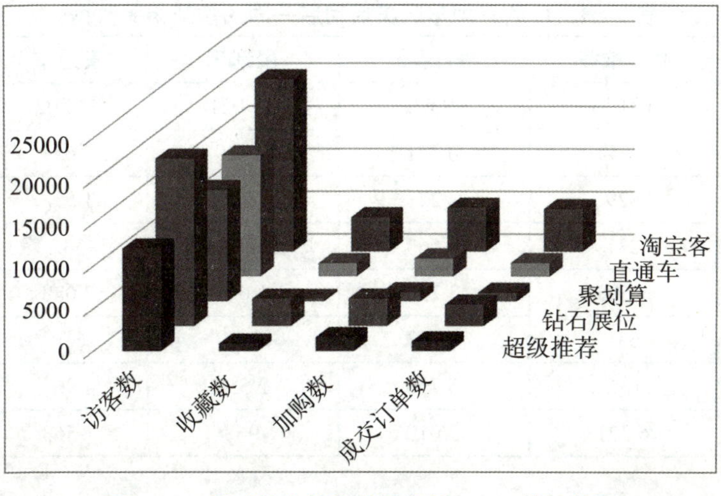


图 7-20　活动推广转化效果分析——三维柱状图

选择流量来源、收藏转化率、加购转化率、支付转化率对应的数据区域，插入折线图，如图 7–21 所示。

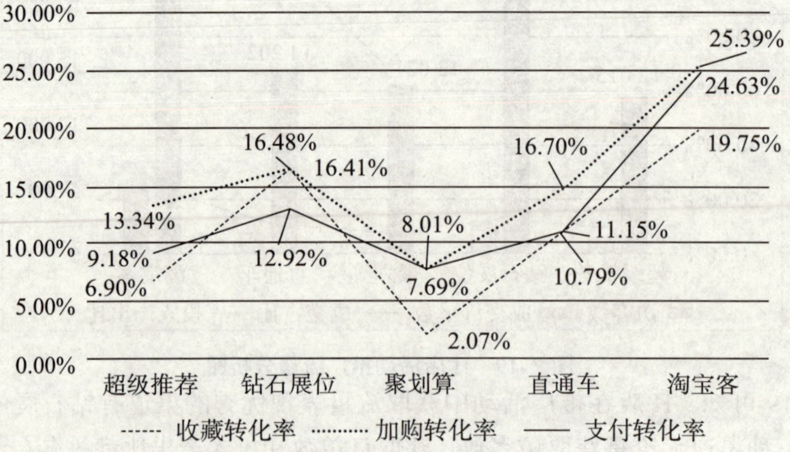


图 7–21　活动推广转化效果分析——折线图

由图 7–20 和图 7–21 可知，在推广活动中，转化效果最好的是淘宝客，其各项转化均排名第一。排名第二、第三的依次是钻石展位和直通车。在今后的活动中，H 店可以优先考虑淘宝客、钻石展位和直通车这三种推广渠道。

### 3. 活动推广拉新与活动推广留存分析

活动推广拉新分析与活动推广留存分析的计算过程类似，需要将新客户或留存客户对应的比例计算出来。在对活动推广拉新进行分析时，需要将新访客占比、新收藏占比、新加购占比、新成交额占比统计并整理出来。在对活动留存进行分析时，需要将留存访客占比、留存收藏占比、留存加购占比、留存成交额占比统计并整理至 Excel 表格中，然后进行分析。

表 7–11 和表 7–12 为 H 店三周年店庆活动后一周的拉新相关数据及其计算结果。以表 7–11 中的数据为例，对该店铺活动推广拉新进行分析。

表 7–11　H 店三周年店庆活动后一周的拉新相关数据

| 流量来源 | 超级推荐 | 钻石展位 | 聚划算 | 直通车 | 淘宝客 |
|---|---|---|---|---|---|
| 访客数 | 12 015 | 19 632 | 13 021 | 14 202 | 20 162 |
| 新访客数 | 3 544 | 6 321 | 2 869 | 5 654 | 12 021 |
| 收藏数 | 829 | 3 221 | 269 | 1 532 | 3 983 |
| 新收藏数 | 231 | 1 563 | 110 | 532 | 1 210 |
| 加购数 | 1 603 | 3 236 | 1 043 | 2 088 | 5 120 |
| 新加购数 | 631 | 1 223 | 369 | 654 | 2 369 |
| 成交额 / 元 | 11 932 | 5 736 | 2 552 | 4 963 | 20 013 |
| 新成交额 / 元 | 6 321 | 2 010 | 968 | 1 563 | 10 211 |

表 7-12　H 店三周年店庆活动后一周的拉新相关数据的计算结果　　单位：%

| 序号 | 流量来源 | 新访客占比 | 新收藏占比 | 新加购占比 | 新成交额占比 |
|---|---|---|---|---|---|
| 1 | 超级推荐 | 29.50 | 27.86 | 39.36 | 52.98 |
| 2 | 钻石展位 | 32.20 | 48.53 | 37.79 | 35.04 |
| 3 | 聚划算 | 22.03 | 40.89 | 35.38 | 37.93 |
| 4 | 直通车 | 39.81 | 34.73 | 31.32 | 31.49 |
| 5 | 淘宝客 | 59.62 | 30.38 | 46.27 | 51.02 |

选择流量来源、新访客占比、新收藏占比、新加购占比、新成交额占比对应的数值区域，插入折线图，如图 7-22 所示。综合来看，在推广活动后，拉新效果整体较好，其中新成交额表现最好，其最低占比为 31.49%，最高占比为 52.98%；拉新综合效果最好的渠道是淘宝客。该店铺可以结合分析结果对后续推广渠道进行优化。

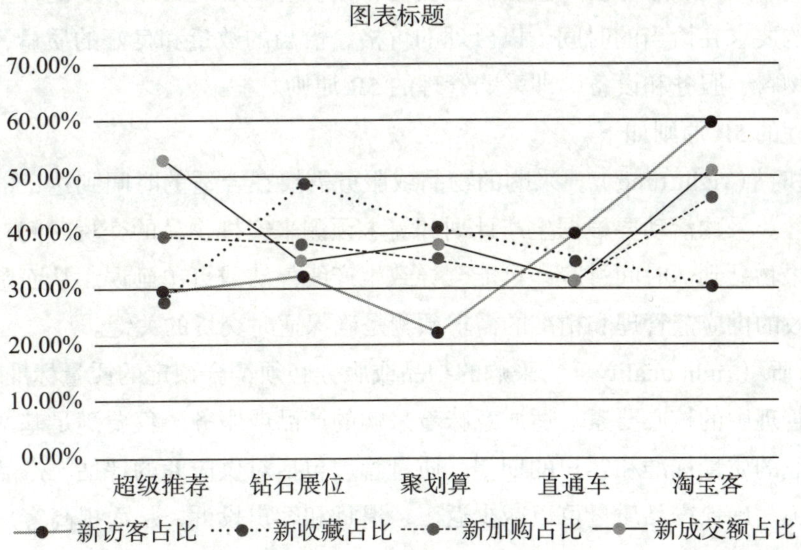


图 7-22　活动推广拉新分析图

## 任务四　跨境电子商务供应链数据的分析

### 任务描述

作为跨境电子商务的数据分析师，需要对供应链数据进行详细分析。首先需要分析采购数据，了解采购流程的效率和成本；其次分析物流数据，评估物流配送的及时性和准确性；最后需要分析仓储数据，了解库存管理和仓储成本。

## 任务分析

供应链数据分析是优化跨境电子商务运营的重要组成部分。分析采购数据可以揭示采购流程中的效率和成本问题，帮助优化供应链管理。物流数据分析则评估物流配送的性能，包括配送时间和准确率，从而识别和解决物流瓶颈。仓储数据分析有助于了解库存水平和仓储成本，优化库存管理和降低运营成本。通过系统化的供应链数据分析，能够提升整体运营效率，减少成本并改善客户体验，从而增强业务的竞争力和可持续性。

## 任务重点与实施

### 一、分析采购数据

采购指购买产品和服务的一整套商业流程，是供应链管理必不可少的环节。从业务本身来说，采购要求在恰当的时间，以合理的价格、恰当的数量和良好的质量，从适合的供应商处采购物料、服务和设备，即采购管理的 5R 原则。

采购管理的 5R 原则如下。

（1）适时（right time）。采购的物品或服务需要在合适的时间到达，以保证生产和运营的连续性。采购活动要根据生产计划和需求预测来安排物品的交货时间，确保供应链的顺畅。如果物品到达时间过晚，可能会导致生产线停滞或订单延误，从而影响企业的正常运营。有效的供应链管理和精准的需求预测是确保适时交货的关键。

（2）适质（right quality）。采购的物品或服务必须符合预定的质量标准和规格要求。质量是采购管理中的核心要素。适质意味着采购的产品或服务不仅要满足基本功能要求，还要符合企业的质量标准和客户的期望。质量管理包括对供应商的评估、产品质量检测和质量控制措施。确保产品质量可以减少返工、退货和客户投诉，从而提高客户满意度和企业声誉。

（3）适量（right quantity）。采购的物品或服务的数量要适合实际需求，避免过量或不足。适量采购涉及到精确的需求预测和库存管理。过量采购会导致库存积压，占用资金，并增加仓储成本；而采购不足则可能导致物料短缺，影响生产和销售。通过准确的需求分析、库存控制和供应链协调，可以实现适量采购，保持合理的库存水平，提高资金使用效率。

（4）适价（right price）。采购的物品或服务需要以合理的价格进行采购，既要确保成本效益，又要符合市场价格水平。适价原则强调采购成本的控制和价格谈判的合理性。采购价格应考虑市场行情、供应商报价、采购量折扣以及总成本（包括运输、仓储等费用）。通过市场调研、供应商竞争和谈判技巧，企业可以获得具有竞争力的价格，同时确保采购的物品和服务具有良好的性价比。

（5）适地（right place）。采购的物品或服务应在合适的地点进行交付，以保证供应链的效率和物流的便捷。适地涉及到物流和供应链管理。采购物品应根据实际需要选择最优的交货地点，以降低运输成本和交货时间。这包括选择合适的供应商地点、仓储位置和配送方式。通过优化物流路径、选择合适的运输方式和供应商位置，企业可以提高物流效率，减少运输成本，确保物品及时到达生产或销售地点。

采购数据分析，可以帮助卖家进行以下决策。

（1）供应商选择是否存在变动。

（2）采购价格是否合理，是否有异常变动。

（3）退货比例是否合适。

（4）采购时间是否合适。

采购数据分析的主要流程和工作内容包括：采购需求计划分析、采购成本数据分析和采购策略分析。

### （一）采购需求计划分析

在供应链领域，可以将需求定义为“销售需求”，需求计划也可以称之为“销售预测”。采购需求计划分析是基于实际销售的数据，对未来的销售预测进行评估，通常分为如下步骤。

（1）采集以往销售量，以 SKU 为单位计算得出销量统计表。

（2）区分日常销售量与推广促销等活动销售量，分别进行销量需求预测，在分开预测的基础上进行汇总。

（3）根据得出的预测分析结果，选用折线图等用来表达时间序列的图表进行成果展示，便于直接观察数据。

（4）在数据分析的基础上，结合对市场的变化预期，实时更新采购计划，如图 7-23 所示。

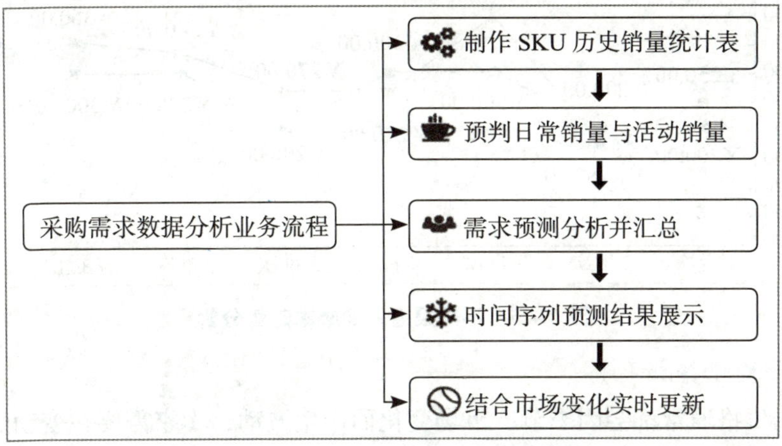


图 7-23 采购需求计划分析业务流程

## （二）采购成本数据分析

在进行产品采购时，产品的价格会受到各种因素的影响，如交通、气候，可以选择在产品价格走低时进行大量采购。节省成本，赚取更大差价，从而获得更多利润。

### 1. 采购成本走势分析

分析采购成本走势，通常根据已有数据构成的成本价格走势折线图来分析，如图 7–24 所示。

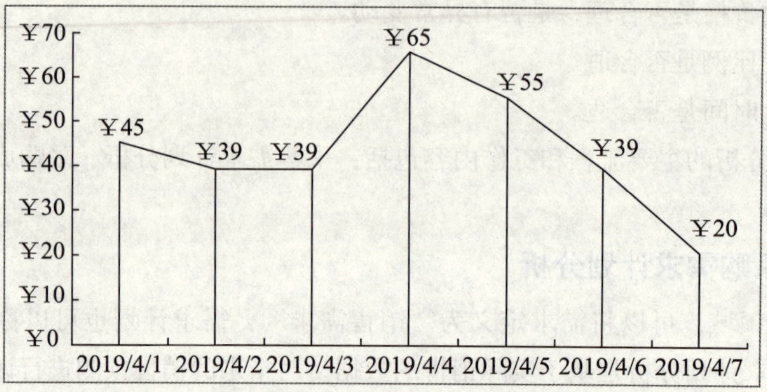


图 7–24　最近一周采购成本走势

### 2. 不同渠道采购成本分析

一般而言，一家店铺可能会有多家供应商可以提供产品，这时可以根据已采购产品的价格数据来判定哪家供应商的进货成本更加低廉或划算，从而进行取舍。对于这样的采购成本比较，不需要对数据进行一对一的比价或计算，直接和对比折线图就可以轻松展示对比结果，如图 7–25 所示。

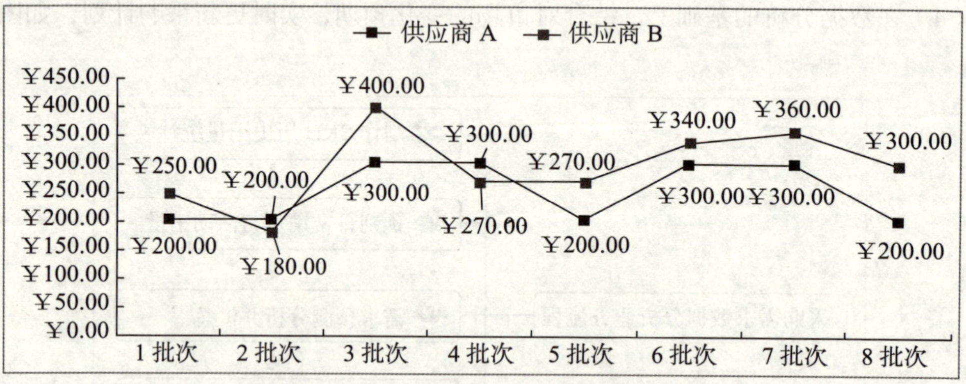


图 7–25　不同渠道采购成本走势分析

### 3. 采购平均价分析

产品采购价格通常都会因季节、市场变化而产生波动，卖家需要在变动的采购单价中获取最佳采购时机，才能够较大程度降低投入成本，在店铺促销或让利活动时保证产品既有获客的空间，还有可观的利润。一般可以采用将波动价格与平均价格进行划分和对比分析的方法，来分析和指导采购时机，如图 7–26 所示。

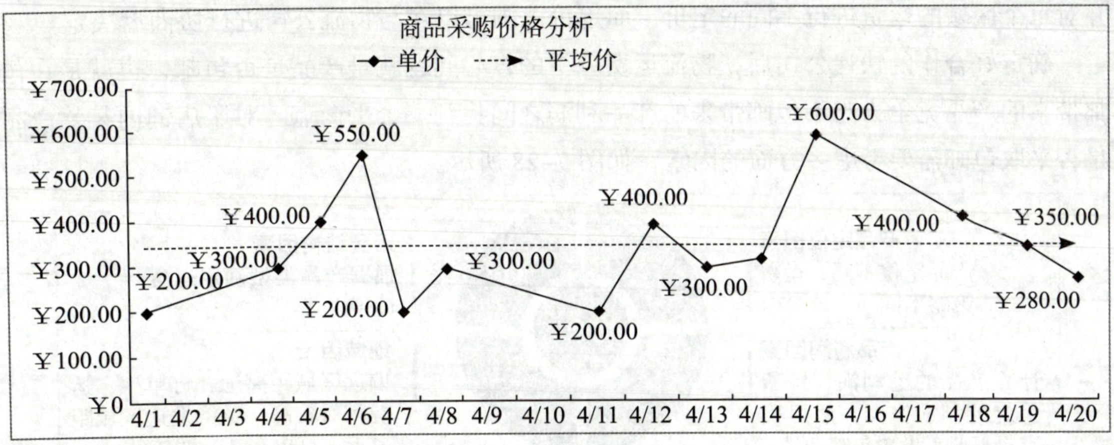


图 7–26　采购平均价走势分析

## （三）采购策略分析

（1）自制还是外包。跨境电子商务企业最重要的采购决策之一是选择在企业内部完成供货任务，还是外包给第三方执行该供应链功能。

（2）货源。跨境电子商务企业必须选择是采用单一供货源还是多方供货源。

（3）供货。供货是指供应链获得物品和服务的过程。

（4）与采购相关的指标。与采购相关的指标直接影响产品销售成本和应付账款的指标。

# 二、分析物流数据

## （一）物流服务水平

物流水平直接影响店铺卖家服务评级（detailed seller ratings，DSR）中的物流服务分数，物流服务的优劣也是客户选择下单与否的重要参考依据，如图 7–27 所示。

| 店铺动态评分 | 与同行业相比 |
|---|---|
| 描述相符：4.8 | ↑ 高于　26.09% |
| 服务态度：4.8 | ↑ 高于　24.04% |
| 物流服务：4.8 | ↑ 高于　23.2% |

图 7–27　某店铺 DSR 评分

在跨境电子商务环境下，物流活动伴随物流数据的管理。通过物流数据分析，可以帮助跨境电子商务企业完成实时物流订单追踪、订单时效监控以及异常物流诊断等，避免因为物流造成客户投诉和客户流失。

## （二）物流运费

在选择快递之前，首先要注意地区的概念，不同快递公司、不同区域间的运费是不同的，如果统一定价不分地区，会给店铺带来经济上的损失，所以店铺物流配送应划分区域，并对每个区域的运费进行不同的定价，而定价范围可以在与物流公司进行协商后决定。

确定好合作的快递公司后，物流运费分析的核心问题就是产品是否包邮，也就是在包邮带来的产品竞争力与不包邮带来的产品利润之间找到一个平衡点。对于店铺内某款产品是否采取包邮需要考虑多方面的因素，如图 7–28 所示。

图 7–28　包邮与否的主要影响因素

### （三）订单时效分析

订单时效是指客户从完成订单支付开始，到客户完成产品签收的时间跨度，即支付到签收的时长。随着跨境电子商务的发展，客户对于物流时效的感知和要求越来越高，在追求客户极致体验的今天，订单时效是提升客户体验、增强客户满意度的基本要素之一。

订单时效分析的主要目的是通过数据分析找出影响订单时效的因素及不同物流公司之间的差距，从而有针对性地进行流程优化，以达到更优的效率。订单时效分析的指标如图 7–29 所示。

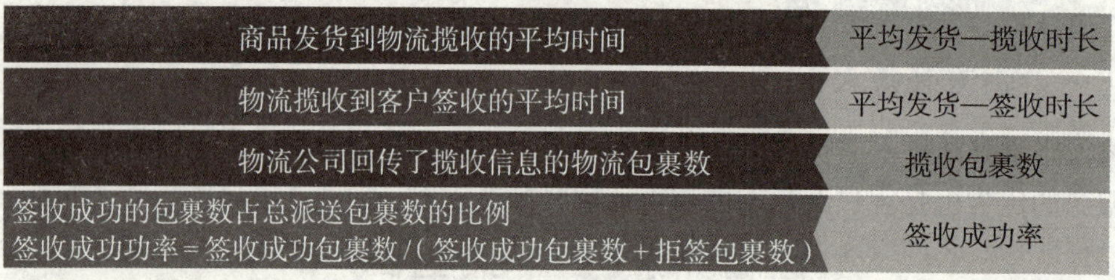


图 7–29　订单时效分析的指标

## 三、分析仓储数据

仓储是指利用仓库存放、储存未即时使用的物品的行为。在跨境电子商务环境中，仓储是指为有形产品提供存放场所并对存放物进行保管、存取与控制的过程，一般指的是库存。供应链中库存的存在是为解决供给与需求之间的不匹配，库存影响供应链持有的资产、所发生的成本以及提供的响应性。

仓储数据分析的意义不仅仅在于核对产品数量的对错，还在于通过数据分析了解产品库存的情况，从而判断库存产品结构是否完整、产品数量是否适中，以及库存是否处于健康水平、是否存在经济损失的风险。库存结构分析主要是通过分析库存产品的占比情况，以了解产品结构是否符合市场需求，从而及时调整销售策略。

在跨境电子商务运营过程中，产品库存数量要保持适中，既要保证产品供应充足，满足日常销售所需，又不能有太多积压，产生较多仓储成本，因此需要对库存数量进行分析，为下次入库数量提供数据支持。通常由运营人员对产品出入库进行日常记录，形成包括“入库时间”“期初数量”“出库数量”等基本信息。见表 7–13 的出入库记录表，是仓储数据分析的基础。

表 7–13　某产品的出入库记录表

| 产品型号 | 入库时间 | 期初数量 | 入库数量 | 出库数量 | 结存数量 | 库存标准量 |
|---|---|---|---|---|---|---|
| GTS1101 | 2019/10/10 | 42 | 50 | 75 | 17 | 20 |
| GTS1102 | 2019/10/10 | 40 | 50 | 63 | 27 | 30 |
| GTS1103 | 2019/10/10 | 41 | 50 | 78 | 13 | 30 |
| GTS1104 | 2019/10/10 | 45 | 50 | 47 | 48 | 20 |
| GTS1105 | 2019/10/10 | 55 | 50 | 38 | 67 | 20 |

通常可以采用库存健康度分析库存是否合理。库存健康度分析是针对库存的实际情况，以一定的指标进行测验，判断库存是否处于健康水平、是否存在经济损失的风险。

# 任务五　客服绩效分析

## 任务描述

在电商运营中，客服的表现直接影响客户满意度和品牌形象。首先了解客服绩效分析的基础知识，包括绩效指标和评估标准；其次需要掌握客服绩效分析的方法，了解如何通过数据分析来评估客服团队的表现。

## 任务分析

客服绩效分析是提升服务质量和优化客服运营的关键。基础知识包括了解常用的绩效指标，如响应时间、解决率和客户满意度等，这些指标帮助评估客服的表现。掌握绩效分析的方法可以系统化地评估客服团队的工作效果，识别改进点并实施有效的提升策略。通过分析客服数据，能够了解团队的强项和薄弱环节，从而制定针对性的培训和管理措施。这些分析帮助提升客服团队的工作效率和客户满意度，最终改善客户体验和业务绩效。

## 任务重点与实施

### 一、客服绩效分析的基本知识

#### （一）客服绩效分析的目的

绩效管理是在充分沟通的基础上形成的，它是由企业内部各级员工和管理者为实现企业目标和利润而进行的绩效计划制定、沟通、考核评价、结果应用和绩效提升等若干工作内容共同组成的有机整体，也是在人力资源管理中起到监管和激励作用的关键环节。在现代企业中，绩效管理是对员工进行绩效考核、薪酬管理、职业发展、晋升考评等多项人事管理工作的基础，其对企业的高效运转和健康发展具有积极意义。客服绩效考核有以下几个作用：节约店铺成本、明确店铺定位与目标、提升客服工作效率、体现企业激励文化及提升企业的实质性收益。

#### （二）客服绩效分析的原则

客服绩效分析要坚持以下七项原则。

（1）公开的原则。绩效管理的考核评价规则必须公开透明，而且在执行绩效考核时需要遵循公开原则。

（2）客观性原则。绩效管理制度必须建立在尊重事实的基础上，其依据的管理评价体系必须客观真实。

（3）反馈原则。绩效管理体系下的考核人与被考核人之间需要建立定向反馈机制，对于被考核人在绩效考核体系下存在的问题，考核人有义务及时告知，同时被考核人还需要对改进意见进行反馈。

（4）公私分明原则。绩效考核主要是对被考核人的工作表现和工作能力进行评估。因此，在进行绩效管理时，要根据工作表现进行评估，做到公私分明。

（5）时效性原则。绩效考核是对被考核人在特定时期内的工作表现进行评估，因此评估必须带有时效性，需要明确评估时期。

（6）权责一致原则。权责一致是能否客观评估被考核人工作表现的重要因素，如果被考核人的权力和责任不对等，那么建立在这种不对等基础上的绩效考核本身就缺乏一定的客观性。而且，如果处理不好，这种考核体系还会激化企业内部矛盾，不利于企业的经营生产。

（7）量化考核原则。绩效管理需要建立在可量化、可评估的基础上。量化员工的工作表现和工作业绩是建立客观公正的绩效管理的先决条件，要量化绩效考评体系和考评规则，须设置精确的关键绩效指标（key performance indicator，KPI），以便员工能够根据绩效考核指标的引导，积极推动个人和企业目标的实现。

## 二、客服绩效分析的方法

### （一）KPI 的基础知识

对电商经营者而言，一个好的绩效分析方法能把客服人员的业绩目标与店铺的整体运营目标结合，还能及时发现潜在问题，并及时反馈给客服人员，进而实现对客服人员的评价和管理，引导店铺向正确的方向发展。KPI 是一种绩效管理工具，其主要是通过在企业内部经营管理过程中建立一种绩效评估机制，并确定评价指标，同时对指标的完成情况进行考评，来推动内部员工为实现企业目标不断努力，促进企业目标加快实现。这种绩效评估机制的建立，使 KPI 分解企业的各项经营目标和业务发展方向，确保目标可实现。

针对电商卖家，KPI 考核的指标一般有五个，分别是咨询转化率、支付率、客服落单率、响应时间和售后及日常工作。

#### 1. 咨询转化率

咨询转化率指所有咨询客服并产生购买行为的人数与咨询客服总人数的比值。当买家在访问过程中产生疑问时，大部分买家会选择与在线客服进行交流，如果客服解决了买家的相关问题，那么一部分买家会选择购买商品。在网购过程中，绝大多数行业的销售额是需要客服引导客户购买完成的，而不同行业的咨询转化率也是不同的。在直接层面上，咨询转化率会影响整个店铺的销售额；在间接层面上，咨询转化率会影响买家对店铺的黏性和复购率，甚至是整个店铺的品牌建设和持续发展。咨询转化率能直接反映出一个客服人员的工作质量。在同等的条件下，客服人员的咨询转化率越高，说明客服对店铺的贡献越大。

#### 2. 支付率

支付率指成交总笔数与下单总笔数的比值。支付率直接影响店铺的利润，也在一定程度上影响店铺的排名。因此，经营者需要加大对店铺支付率的重视，将支付率作为客服 KPI 考核的指标之一，通过提升客服人员的支付率，达到提升店铺支付率的目的。

#### 3. 客服落单率

客服落单率指在一定周期内客服个人的客单价与店铺客单价的比值。该指标直接把客服个人客单价与店铺客单价联系起来，经营者可以很直观地看出整个客服团队的水平，这样更容易及时发现问题，有利于整个客服团队 KPI 的提升。

#### 4. 响应时间

响应时间指当买家咨询后，客服回复买家的时间间隔。响应时间又分为首次响应时间和平均响应时间。响应时间是影响成交转化率的因素之一，当买家通过咨询客服表明对该商品比较感兴趣时，客服的响应时间会影响商品的咨询转化率。如果客服的响应时间短、回复专业、态度热情，那么将会提升商品的咨询转化率。

#### 5. 售后及日常工作

除上述相关的数据指标之外，客服 KPI 复合模型还应包括对客服的售后（月退货量）及日常工作（月缺勤次数）的考核。

## （二）电商店铺客服 KPI 考核实例

### 1. 某电商店铺客服 KPI 考核指标体系与权重得分

某电商平台上一家主营服装的店铺对客服 KPI 考核指标权重的分配为：$w$咨询转化率 = 0.3，$w$支付率 = 0.25，$w$客服落单率 = 0.2，$w$响应时间 = 0.15，$w$售后及日常工作 = 0.1。某电商店铺客服 KPI 考核指标见表 7-14。

表 7-14　某电商店铺客服 KPI 考核指标

| 一级指标及权重 | 二级指标及权重 | 计算公式 | 评分标准 | 对应分值 |
|---|---|---|---|---|
| 咨询转化率（$X$）（权重 30%） | — | 咨询转化率 = 成交人数 / 咨询总人数 | $X > 50\%$ | 100 |
| | | | $40\% < X \leqslant 50\%$ | 90 |
| | | | $30\% < X \leqslant 40\%$ | 80 |
| | | | $20\% < X \leqslant 30\%$ | 70 |
| | | | $10\% < X \leqslant 20\%$ | 60 |
| | | | $X \leqslant 10\%$ | 50 |
| 支付率（$F$）（权重 25%） | — | 支付率 = 成交笔数 / 下单总笔数 | $F > 90\%$ | 100 |
| | | | $80\% < F \leqslant 90\%$ | 90 |
| | | | $70\% < F \leqslant 80\%$ | 80 |
| | | | $60\% < F \leqslant 70\%$ | 70 |
| | | | $50\% < F \leqslant 60\%$ | 60 |
| | | | $F \leqslant 50\%$ | 50 |
| 客服落单率（$Y$）（权重 20%） | — | 客服落单率 = 客服客单价 / 店铺客单价 | $Y > 1.23$ | 100 |
| | | | $1.21 < Y \leqslant 1.23$ | 90 |
| | | | $1.19 < Y \leqslant 1.21$ | 80 |
| | | | $1.17 < Y \leqslant 1.19$ | 70 |
| | | | $1.15 < Y \leqslant 1.17$ | 60 |
| | | | $Y \leqslant 1.15$ | 50 |
| 响应时间（$T$）（权重 15%） | 首次响应时间（$ST$）（权重 10%） | — | $ST < 10$ | 100 |
| | | | $10 \leqslant ST < 15$ | 90 |
| | | | $15 \leqslant ST < 20$ | 80 |
| | | | $20 \leqslant ST < 25$ | 70 |
| | | | $25 \leqslant ST < 30$ | 60 |
| | | | $30 \leqslant ST$ | 50 |

续表

| 一级指标及权重 | 二级指标及权重 | 计算公式 | 评分标准 | 对应分值 |
| --- | --- | --- | --- | --- |
| 响应时间（$T$）（权重 15%） | 平均响应时间（$PT$）（权重 5%） | — | $PT < 20$ | 100 |
| | | | $20 \leqslant PT < 25$ | 90 |
| | | | $25 \leqslant PT < 30$ | 80 |
| | | | $30 \leqslant PT < 35$ | 70 |
| | | | $35 \leqslant PT < 40$ | 60 |
| | | | $40 \leqslant PT$ | 50 |
| 售后及日常工作（$D$）（权重 10%） | 月退货量（$T$）权重 5%） | — | $T < 5$ | 100 |
| | | | $5 \leqslant T < 10$ | 80 |
| | | | $10 \leqslant T < 20$ | 60 |
| | | | $20 \leqslant T$ | 0 |
| | 月缺勤次数（$A$）（权重 5%） | — | $A = 0$ | 100 |
| | | | $1 \leqslant A < 5$ | 80 |
| | | | $5 \leqslant A < 10$ | 60 |
| | | | $10 \leqslant A$ | 0 |

### 2. 该店铺 3 名客服人员的绩效评价及得分

对 3 名客服人员最近 30 天的客服咨询转化率进行统计，见表 7–15。通过计算客服咨询转化率的得分可知，客服乙的咨询转化率较高，其次是客服丙，最低的是客服甲。

**表 7–15　客服咨询转化率统计表**

| 客服人员 | 成交总人数 | 咨询总人数 | 咨询转化率 | 得分 | 权重得分 |
| --- | --- | --- | --- | --- | --- |
| 甲 | 122 | 890 | 13.71% | 60 | 18 |
| 乙 | 203 | 560 | 36.25% | 80 | 24 |
| 丙 | 173 | 684 | 25.29% | 70 | 21 |

对 3 名客服人员最近 30 天的客服支付率进行统计，见表 7–16。通过计算客服支付率的得分可知，客服丙和客服甲的客服支付率最高，客服乙的客服支付率较低。

**表 7–16　客服支付率统计表**

| 客服人员 | 成交笔数 | 下单总笔数 | 支付率 | 得分 | 权重得分 |
| --- | --- | --- | --- | --- | --- |
| 甲 | 265 | 305 | 86.89% | 90 | 22.5 |
| 乙 | 480 | 729 | 65.84% | 70 | 17.5 |
| 丙 | 367 | 412 | 89.08% | 90 | 22.5 |

对 3 名客服人员最近 30 天的客服落单率进行统计，见表 7–17。通过计算客服落单率的得分可知，客服丙的客服落单率较高，其次是甲、乙两位客服。

表 7–17　客服落单率的统计表

| 客服人员 | 客服客单价 / 元 | 店铺客单价 / 元 | 客服落单率 /% | 得分 | 权重得分 |
|---|---|---|---|---|---|
| 甲 | 79.2 | 65 | 1.218 | 90 | 18 |
| 乙 | 78.8 | 65 | 1.212 | 90 | 18 |
| 丙 | 80.5 | 65 | 1.238 | 100 | 20 |

对 3 名客服人员最近 30 天的客服响应时间进行统计，见表 7–18。通过计算首次响应时间和平均响应时间的得分和权重得分可知，客服乙的得分最高，然后是客服甲，最后是客服丙。

表 7–18　客服响应时间统计表

| 客服人员 | 首次响应时间 /min | 得分 | 权重得分 | 平均响应时间 /min | 得分 | 权重得分 |
|---|---|---|---|---|---|---|
| 甲 | 18 | 80 | 8 | 25 | 80 | 4 |
| 乙 | 11 | 90 | 9 | 18 | 100 | 5 |
| 丙 | 23 | 70 | 7 | 33 | 70 | 3.5 |

对 3 名客服人员最近 30 天的客服售后及日常工作进行统计，见表 7–19。通过计算月退货量和月缺勤次数的得分可知，客服丙的月退货量最低，其次是客服甲，最后是客服乙；客服乙的月缺勤次数最低，其次是客服甲，最后是客服丙。

表 7–19　客服售后及日常工作统计表

| 客服人员 | 月退货量 / 件 | 得分 | 权重得分 | 月缺勤次数 / 次 | 得分 | 权重得分 |
|---|---|---|---|---|---|---|
| 甲 | 6 | 80 | 4 | 2 | 80 | 4 |
| 乙 | 13 | 60 | 3 | 0 | 100 | 5 |
| 丙 | 0 | 100 | 5 | 6 | 60 | 3 |

由表 7–15 至表 7–19 中的 5 项指标对店铺客服人员进行综合考查，其结果见表 7–20 和表 7–21。

表 7–20　客服人员 KPI 复合考核计算结果

| KPI 考核指标 | 甲 | 乙 | 丙 |
|---|---|---|---|
| 咨询转化率 /% | 13.71 | 36.25 | 25.29 |
| 支付率 /% | 86.89 | 65.84 | 89.08 |
| 客服落单率 /% | 1.218 | 1.212 | 1.238 |
| 首次响应时间 /min | 18 | 11 | 23 |
| 平均响应时间 /min | 25 | 18 | 33 |
| 月退货量 / 件 | 6 | 13 | 0 |
| 月缺勤次数 / 次 | 2 | 0 | 6 |

表 7–21　客服人员 KPI 复合考核权重值和总绩效得分

| KPI 考核指标 | 甲 | 乙 | 丙 |
|---|---|---|---|
| 咨询转化率 /% | 18 | 24 | 21 |
| 支付率 /% | 22.5 | 17.5 | 22.5 |
| 客服落单率 /% | 18 | 18 | 20 |
| 首次响应时间 /min | 8 | 9 | 7 |
| 平均响应时间 /min | 4 | 5 | 3.5 |
| 月退货量 / 件 | 4 | 3 | 5 |
| 月缺勤次数 / 次 | 4 | 5 | 3 |
| 总绩效值 | 78.5 | 81.5 | 82 |

根据客服人员 KPI 复合考核结果可知，客服丙的综合水平最高，其次是客服乙，最后是客服甲。3 名客服人员的权重得分相差不大，但是根据各类数据指标的实际值，虽然客服甲的综合水平位于最后，但是客服甲的大部分数据都介于客服乙、丙之间；客服乙的咨询转化率较高，并且响应时间最短，但其月退货量也最高；客服丙的支付率和客服落单率较高，但其月退货量在 3 人中最低。

经营者在综合分析了 3 名客服人员的情况后，应针对 3 名客服人员目前存在的问题做出相应的改进。

（1）客服甲需要提升咨询转化率，及时回复买家的咨询，提升潜在的咨询转化率；同时，尽量降低月退货量，在和买家进行交流沟通的时候，应注意方式方法。

（2）客服乙的咨询转化率很高，但是支付率过低，应注意提升支付率，否则将严重影响个人的业绩考核；同时，应提升售后服务能力和水平，逐步降低月退货量。

（3）客服丙需要快速响应买家咨询，影响咨询转化率的一个很重要的因素就是响应时间。另外，客服丙还要提高出勤次数。

除了上述五个一级指标，客服 KPI 复合模型还可从更多方面对客服进行考核，这不仅反映出个人的业绩能力，而且反映出团队协作能力、工作态度等多方面的指标。只有这样，才能更加透彻地反映出客服团队中存在的问题，进而分析客服团队中存在的短板，并逐步弥补和提升。

## 知识拓展

### 库存健康度

库存周转（通过周转判断缓流或紧缺）：库存周转一般在目标库存的 80% 以上，同时在目标库存的 1.5 倍以下，可以称之为“健康的周转水平”。

残次品库存：及时处理，控制为 0。

近效期库存（存在失效报废风险）：通常将效期在一半以下的产品控制为0。

其他不良库存：控制为0。

流数据时，也要从产品周期的角度考虑联盟营销引流的价值。

## 课后实践

### 计算赫芬达尔指数

1. 实训背景

赫芬达尔指数常被用于商业经济分析之中，某行业赫芬达尔指数的计算分成以下5步。

（1）先将品牌按交易金额进行排序，再从中筛选TOP50的品牌。

（2）计算TOP50品牌总交易金额。

（3）计算TOP50品牌中每一品牌的市场份额（市场份额 = 本品牌交易额 / 总交易金额），再计算每一品牌市场份额的平方值。

（4）将每一品牌的市场份额的平方值相加得到赫芬达尔指数。

（5）根据赫芬达尔指数，判断市场集中度。

2. 实训内容

某行业TOP50品牌某年的销售额见表7–22，请计算该行业的赫芬达尔指数。

表7–22　某行业TOP50品牌销售额

单位：万元

| 企业排名 | 年销售额 | 企业排名 | 年销售额 | 企业排名 | 年销售额 | 企业排名 | 年销售额 | 企业排名 | 年销售额 |
|---|---|---|---|---|---|---|---|---|---|
| TOP1 | 6 371 | TOP11 | 2 477 | TOP21 | 1 099 | TOP31 | 776 | TOP41 | 456 |
| TOP2 | 5 793 | TOP12 | 2 218 | TOP22 | 1 038 | TOP32 | 755 | TOP42 | 427 |
| TOP3 | 5 452 | TOP13 | 2 133 | TOP23 | 972 | TOP33 | 724 | TOP43 | 408 |
| TOP4 | 4 498 | TOP14 | 2 018 | TOP24 | 956 | TOP34 | 669 | TOP44 | 396 |
| TOP5 | 4 320 | TOP15 | 1 936 | TOP25 | 898 | TOP35 | 651 | TOP45 | 383 |
| TOP6 | 4 095 | TOP16 | 1 887 | TOP26 | 852 | TOP36 | 623 | TOP46 | 359 |
| TOP7 | 3 827 | TOP17 | 1 706 | TOP27 | 830 | TOP37 | 575 | TOP47 | 318 |
| TOP8 | 3 563 | TOP18 | 1 402 | TOP28 | 815 | TOP38 | 529 | TOP48 | 281 |
| TOP9 | 2 694 | TOP19 | 1 390 | TOP29 | 809 | TOP39 | 506 | TOP49 | 240 |
| TOP10 | 2 571 | TOP20 | 1 187 | TOP30 | 791 | TOP40 | 488 | TOP50 | 226 |

3. 实训要求

本实训是一个独立任务，每名学生单独完成，完成后上交《赫芬达尔指数计算报告》，并做好汇报的准备。

4. 实训评价

根据实训内容与实训过程，完成表 7–23 的填写。

表 7–23　实训评价

| 评价内容 | 满分 / 分 | 评分 / 分 | | |
| --- | --- | --- | --- | --- |
| | | 自评 | 互评 | 师评 |
| 参与实践的积极性、主动性 | 20 | | | |
| 独立思考能力 | 20 | | | |
| 创新能力 | 20 | | | |
| 团队合作、沟通交流能力强 | 20 | | | |
| 劳动纪律良好 | 20 | | | |
| 合计 | 100 | | | |
| 自评（20%）＋互评（20%）＋师评（60%）＝ | 综合等级 | 指导教师（签名）： | | |

## 项目小结

本项目主要介绍了跨境电子商务流量、销售和供应链数据分析的核心要点。首先介绍了跨境电子商务流量数据的分析，并深入研究如何分析总体流量、付费流量和免费流量；其次介绍跨境电子商务销售数据的分析方法，通过分析销售额、转化率和客单价等关键指标，评估销售表现；最后介绍跨境电子商务供应链数据，包括如何分析采购、物流和仓储数据。通过本项目的学习，读者能够以了解不同渠道的效果和潜在的改进空间，能够识别增长机会，并制定相应的营销策略，掌握提高供应链效率，降低成本，增强客户满意度的方法。

## 课后练习

### 一、判断题

1. 全球速卖通直通车每日费用不固定，只有在买家点击推广的产品时才会扣费。（　　）

2. 对于不同国家的客户，全球速卖通店铺应该设置相同的运费。（　　）

3. 设置科学合理的店铺活动、积极参与平台活动，可以持续稳定地产生店铺流量。（　　）

4. 对于全球速卖通平台卖家来说，可以通过数据分析工具进行日常店铺销售情况的监测，监测销售种类、数量、金额与趋势等情况。（　　）

5. 采购指购买产品和服务的一整套商业流程，是供应链管理必不可少的环节。(　　)

## 二、单选题

1.（　　）是指当天访问店铺页面（含商品详情页）的去重人数。

A. 浏览量　　　　B. 访客数

C. 人均浏览量　　D. 平均停留时长

2.（　　）是指客户访问网店后，没有咨询客服而直接下单购买的人数与访问数之比。

A. 支付转化率　　B. 下单转化率

C. 静默转化率　　D. 询盘转化率

3. 全球速卖通店铺的销售额与下面哪个因素无关？(　　)

A. 流量　　　　B. 转化率

C. 客单价　　　D. 产品数量

4. 影响客单价的主要因素是（　　）。

A. 产品价格　　B. 促销优惠

C. 关联营销　　D. 客服水平

5. 采购管理的 5R 原则有（　　）。

A. 适时　　　　B. 适质

C. 适量　　　　D. 以上均是

# 项目八

# 客户数据分析

## 项目导读

客户数据分析是企业洞察市场和提升客户满意度的关键。本项目内容涵盖了客户数据分析的基本概念、指标、方法和应用，旨在掌握如何通过数据分析来深化对客户的理解，明确客户分析的目标，识别和应用相关的分析指标，实施有效的客户细分策略，并采用多种方法来分析客户的忠诚度、生命周期、特征和行为。这些知识将帮助企业在激烈的市场竞争中保持优势，实现可持续发展。跨境电子商务涉及不同国家、地区的市场，通过数据分析可以深入了解客户需求和消费行为，制定精准的市场营销策略，提高客户满意度和忠诚度。

## 学习目标

### 知识目标

1. 熟悉客户分析的相关概念。
2. 了解客户的细分方法。

### 能力目标

1. 掌握客户忠诚度的分析方法。
2. 能够用客户生命周期分析法对客户数据进行分析。

### 素质目标

1. 培养读者“千人千面”的客户运营思维。
2. 提升读者洞察海外客户需求和产品偏好的能力。
3. 提升读者培养以客户为中心的经营服务商意识。

## 思政目标

跨境电商涉及不同国家的法律法规和国际贸易规则。通过思政教育，教师应引导读者了解和遵守国际贸易相关的法律法规，提升读者的法律意识和规则认知，维护公平、公正的市场环境。

## 案例导入

产品运营部的小贾近期发现婚纱礼服的商品访客数、收藏人数都在下降，因此准备筹划一场针对婚纱礼服的营销活动，但是活动的细节还不能确定，他不知道应该促销哪款商品以及应该针对哪类客户群体营销。针对这种情况，某金公司运营部门决定组织数据分析团队，针对公司的婚纱礼服商品开展客户数据分析，如图 8-1 所示。

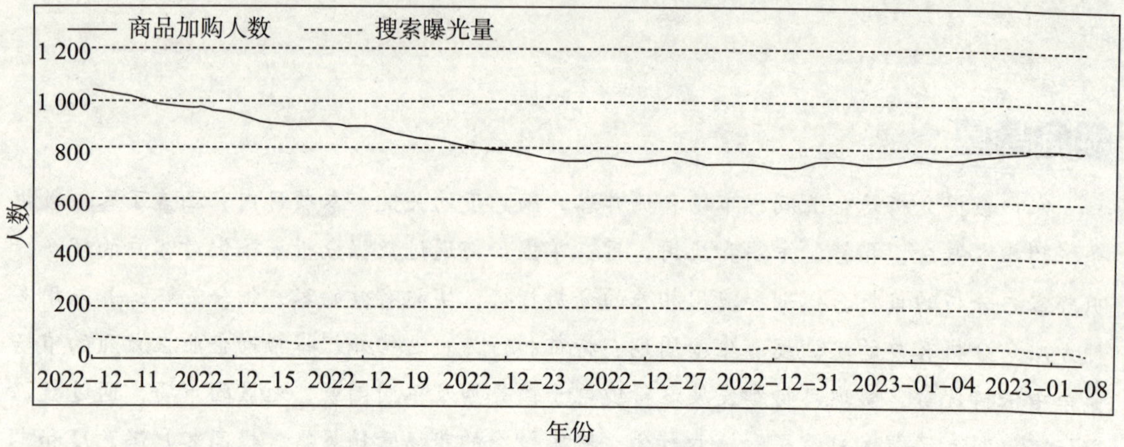


图 8-1　婚纱礼服近期的访客数量

你认为公司的决策正确吗？开展客户数据分析有何价值和作用？开展客户数据分析应该收集哪些数据？如何获取这些数据？

# 任务一　客户数据分析概述

## 任务描述

你被委派到一个新兴的电商平台负责客户数据分析。你的任务是对客户数据分析进行全面概述。首先需要了解客户分析的基本概念，包括为什么了解客户行为和特征对业务至关重要；其次将熟悉客户分析的关键指标，如客户的购买频率、平均订单金额等；最后需要掌握客户细分的方法，将客户按不同特征进行分类，以便更好地理解他们的需求和行为。

## 任务分析

理解客户分析的基本概念可以让读者明确分析的目的，如提升客户体验和优化营销策略。熟悉客户分析指标可以从数据中提取有价值的信息，如客户的活跃度和购买力。客户细分则通过将客户按特征分类，能够更深入地了解不同客户群体的需求和行为。掌握这些基础知识为后续的详细分析提供了坚实的基础，从而帮助制定更加精准的业务策略和决策。

## 任务重点与实施

### 一、客户个性化需求分析

客户分析就是根据客户信息数据来分析客户的各种特征，评估客户价值，从而为客户制定相应的营销策略与资源配置计划。通过合理、系统的客户分析，商家可以知道不同的客户有着什么样的需求，分析客户消费特征与经营效益的关系，使运营策略得到最优的规划。更为重要的是，客户分析可以帮助商家发现潜在客户，从而进一步扩大商业规模，使企业得到快速的发展。商家可以从以下几个方面入手，对客户信息数据展开分析。

用户画像

随着企业经营理念的转变，“以客户为中心”的经营理念越来越受到商家的推崇，客户个性化需求分析越来越受到商家的关注。客户关系管理是以客户为核心的，分析客户的个性化需求是客户关系管理的一个重要内容。

通过客户个性化需求分析，商家可以了解不同客户的不同需求，从而开展有针对性的营销活动，使得企业的投资回报率达到最大。

### 二、客户行为分析

利用客户信息数据，商家可以了解每一个客户的购买行为，通过对这些行为进行分析，进而可以了解客户的真正需求。客户行为分析是客户分析的重要组成部分，商家可以知道哪些客户行为会对企业的利润产生影响，可以通过调整策略来改变客户的行为，进而改善与客户之间的关系。

客户行为理论客户行为是指客户为获取、使用产品或者服务所采取的各种活动。客户对产品首先需要有一个认知、熟悉的过程，然后试用，再决定继续消费使用，最后成为忠诚客户。客户行为轨迹如图 8–2 所示。

图 8–2　客户行为轨迹

## （一）有价值信息分析

要做到以客户为中心，商家就必须对客户进行分析。商家通过客户分析可以进行科学的决策，而不是将决策建立在主观判断和过去经验的基础之上。通过客户分析，商家可以获得许多有价值的信息。例如，某次促销活动中客户对哪些促销方式感兴趣，哪些产品不适宜进行促销，影响客户购买促销品的因素有哪些，客户再次参加类似促销活动的可能性有多大等。这些有价值的信息有利于商家进行科学的决策。

## （二）客户分析的主要内容

根据客户关系管理的内容，客户分析的主要内容可以概括为以下六个方面。

### 1. 商业行为分析

商业行为分析就是商家通过分析客户的分布状况、消费情况、历史记录等商业信息来了解客户的综合状况。商业行为分析包括产品分布情况分析、客户保持分析、客户流失分析等。

产品分布情况分析就是通过分析客户的购买情况，对企业的产品在各个地区的分布情况有一个大概了解，商家可以知道哪些地区的客户对本产品感兴趣，从而获得本产品的营销系统分布状况，并根据这些信息组织商业活动。

客户保持分析就是商家根据客户的交易记录数据，找到对商家有重要贡献的客户，即商家最想保持的客户，然后将这些客户清单发放到企业的各个分支机构，以便这些客户能获得企业的优惠产品和服务。

交易完成之后，总会有部分客户流失，客户流失分析要求分析出这些客户流失的原因，客户流失量有多大，从而调整商业活动，降低客户流失率。

### 2. 客户特征分析

客户特征分析要求商家根据客户的历史消费数据来了解客户的购买行为习惯、客户对新产品的反应、客户的反馈意见等。客户特征分析主要用来细分客户，以便商家针对不同特征的客户采取不同的营销策略。通过分析客户对新产品的反应特征，商家可以了解新产品的市场潜力，并且了解不同客户对新产品的接受程度，最终决定新产品是否继续投放市场。基于客户的反馈意见，商家能够识别不同客群对品牌或产品的满意程度及评价。

### 3. 客户忠诚分析

客户忠诚分析对商家的经营战略具有重要意义，保持客户忠诚才能保证企业拥有持续的竞争力。客户只有对商家所提供的产品或服务满意、对企业信任，才会继续购买企业的产品。事实证明，保持一个老客户的成本与吸引一个新客户的成本是截然不同的，因此保持与客户的长期沟通和交流对提高企业的利润大有帮助。

另外，客户是企业的无形资产，保持客户忠诚能从根本上提升企业的核心竞争力。

### 4. 客户注意力分析

客户注意力分析就是对客户的意见情况、咨询状况、接触情况、满意度等进行分析。

（1）客户意见分析是根据客户提出意见的类型、日期、发生与解决问题的时间和区域等指标来识别与分析一定时期内的客户意见，并指出哪些问题能够成功解决而哪些问题不能解决，分析其原因，提出改进措施。

（2）客户咨询分析是根据客户咨询的产品、服务和受理咨询的部门，以及发生和解决咨询的时间来分析一定时期内的客户咨询活动，并跟踪这些建议的执行情况。通过对客户的咨询情况进行分析，商家可以了解产品存在的问题和客户关心的问题，以及如何解决这些问题。

（3）客户接触评价是根据部门、产品、时间段来评价一定时期内各个部门主动接触客户的数量，并了解客户是否在每个星期都收到来自多个组织单位的多种信息。

（4）客户满意度分析与评价是根据产品、区域来识别一定时期内感到满意的 20% 的客户和感到不满意的 20% 的客户，并描述这些客户的特征。通过对客户的满意度进行分析，商家可以了解某一地区的哪些客户对哪些产品最不满意，哪些客户对哪些产品最满意，以进一步了解这些客户的具体特征，并提出针对产品的改进意见和方法。

### 5. 客户营销分析

为了确定下一步的营销策略，商家需要对目前的营销系统有全面的了解。客户营销分析通过分析客户对产品、价格、促销、分销四个营销要素的反应，使商家对产品未来的销售趋势和销售状况有全面的了解，并可以通过改变相应的营销策略来提高营销的效果，有助于商家制定更为合理的营销策略。

### 6. 客户收益率分析

对客户收益率进行分析是为了考察企业的实际盈利能力及客户的实际贡献情况。每一个客户的成本和收益都直接与企业的利润相联系。客户收益率分析能够帮助商家识别对企业有重要贡献价值的前 20% 的客户，通过对这些重要客户进行重点营销能够提高企业的投资回报率。

客户分析是商家成功实施客户关系管理的关键。商家所有的经营管理活动都是围绕客户进行的，商家对客户进行有效的分析，不仅能提高客户的满意度和忠诚度，而且最终能提高企业的利润，增强企业的核心竞争力。

## 三、客户分析指标

客户根据其购买行为可以分为新客户、活跃客户、老客户、流失客户等，相对应的分析指标有新客户数、活跃客户数、复购客户数、流失客户数，在此基础上衍生出新客户比例、活跃客户率、客户复购率、客户留存率和客户流失率，如图 8–3 所示。

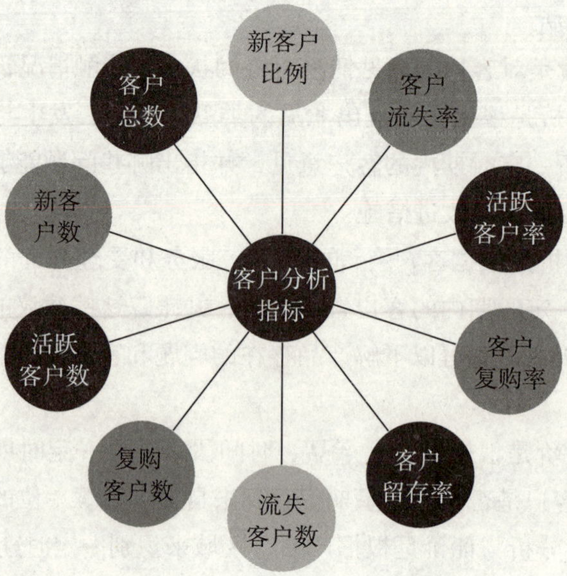


图 8-3　客户分析指标

### 1. 新客户数

新客户数是指首次访问或刚刚注册的用户数量，可以用来计算新客户比例及分析营销推广的效果。新客户是店铺发展的动力。

### 2. 活跃客户数

活跃客户数是指经常光顾店铺，并为店铺带来价值的客户数量。活跃客户数对商家来说是非常重要的，因为只有真正的活跃客户才能为商家创造价值。活跃客户数减少，则意味着客户流失，店铺经营将面临困难。在商业领域，活跃客户数通常被定义为在一定时期内，有消费行为或访问行为的客户数量。

### 3. 复购客户数

复购客户数是指购买次数大于 1 的客户数。复购客户属于老客户，黏性强，忠诚度高，是为店铺带来价值的重要客户群体，也是一家店铺生存的基础。

### 4. 流失客户数

流失客户数是指曾经光顾店铺，但之后一段时间未访问店铺的客户数量。

对于电商企业来说，通常将 3 个月或半年无购买行为的客户定义为流失客户。流失客户数通过客户最近一次访问时间与当前时间的间隔来认定，在统计时间上存在一定的滞后性。

### 5. 新客户比例

新客户比例是指新客户在全部客户中的占比，它反映的是店铺的营销推广能力。

$$新客户比例=新客户数/客户总数\times 100\%$$

### 6. 活跃客户率

活跃客户率是指活跃客户占全部客户的比例。通过分析活跃客户率，商家可以洞悉店铺当前真实的运营状况。

活跃客户率＝活跃客户数 / 客户总数 ×100%

### 7. 客户复购率

客户复购率是指客户对某品牌产品或服务重复购买的频率。客户复购率越高，表明客户对品牌的忠诚度越高，反之则越低。

客户复购率＝购买次数大于 1 的客户数 / 有购买行为的客户总数 ×100%。

### 8. 客户留存率

客户留存率是指一段时间内回访（留存）客户数占新客户数的比例，它反映的是一种转化，即由初期的不稳定客户转化为活跃客户、老客户、忠诚客户的过程。

客户留存率＝留存客户数 / 新客户数 ×100%

### 9. 客户流失率

客户流失率是指流失客户在全部客户中的占比，它反映的是店铺对客户的吸引力。

客户流失率＝流失客户数 / 客户总数 ×100%

新客户比例和客户流失率可以结合在一起分析，从新客户比例看客户近来的情况，从客户流失率看客户离开的情况。如果新客户比例大于客户流失率，说明店铺处于发展成长阶段；如果新客户比例与客户流失率持平，说明店铺处于成熟稳定阶段；如果新客户比例小于客户流失率，说明店铺处于衰退阶段。

**知识拓展**

客户分析指标应用案例某网店 7 月份来了 180 000 名独立访客，其中新访客 160 000 人，老访客 20 000 人；共有 12 000 名客户下单购买了商品，其中新客户 9 000 人，老客户 3 000 人；在之后 3 个月，7 月份新客户中有 3 600 人再次到店购物。请计算 7 月份活跃客户数、活跃客户率、客户留存率、客户流失率。

## 四、客户细分

客户细分是根据一定的分类指标将商家的现有客户划分为不同客群的过程。客户细分不仅对商家的经营管理具有重要意义，而且是客户关系管理的核心概念之一。对现有的客户进行细分，不仅能够降低企业的营销成本，而且有利于企业采取更为有效的市场渗透策略。通过客户细分，商家可以识别不同客群的不同需求，从而针对不同客户采取有针对性的营销策略，这将有利于提高客户的满意度和忠诚度。

客户细分一般是在商家明确的业务目标和市场环境下进行的，它根据客户价值、客户行为、客户偏好等因素对客户进行分类，属于同一客群的客户具有一定的相似性，属于不同客群的客户存在一定的差异性。客户细分的理论依据主要有以下几个方面。

### 1. 客户需求的异质性

客户有需求才会购买商品，不同的客户需求决定了客户购买不同的商品，进而表现出不同的客户购买行为。客户需求的异质性是客户细分的重要理论依据。

### 2. 消费档次假说

消费档次假说认为，消费者的消费水平增长不是线性的，而是阶段台阶式的，当消费者的消费水平达到一定档次时就会趋于稳定，并且在很长一段时间内不会变化。根据消费档次假说，消费者的消费行为在一定时间范围内是稳定的、有规律的，这为客户细分在理论上提供了基础和前提。

### 3. 企业资源的有限性

任何企业的资源都不是无限的，这就要求企业对有限的资源进行合理、有效地分配。客户细分能够帮助企业识别不同客户的不同价值，有利于企业针对不同的客群采取不同的营销策略，将有限的企业资源用于服务对企业有重要贡献价值的客户。

### 4. 客群的稳定性

客群的稳定性是客户细分的重要前提。如果客户和市场不具有相对的稳定性，客户细分后制定的策略未来得及进行实际应用，客户和市场就已发生变化，那么这样的客户细分就没有任何实际意义。

## （二）客户细分的常用方法

在进行客户分析之前，一般会对客户进行一定的区分，以保证在做具体的客户分析时更有针对性。客户分类的方法也是多种多样的，下面介绍其中几种。

### 1. 按客户重要程度来分类

按重要程度通常将客户分成 A、B 两类，一般采用二八法则进行分类：20% 为 A 类客户，80% 为 B 类客户。对于贡献了 80% 利润的 A 类客户，企业务必使他们感到非常满意，而对于 B 类客户，则要逐渐提高其满意度，这样的客户管理工作就是做得比较有效的。因为一个企业的资源是有限的，所以需要根据客户占用企业的资源比例，选择一定的比例构成分割点来对客户进行分类，以便合理分配资源。

### 2. 按客户属性来分类

描述客户属性的要素有很多，如性别、年龄、地域、职业、偏好、消费能力、教育程度、婚姻状况等，见表 8–1。根据这些客户属性，商家可以进行多维度的组合型分析，挖掘客户的个性需要，找出客户最需要的商品。

**表 8–1　按客户属性来分类**

| 细分维度 | 细分变量 | 具体分类 |
|---|---|---|
| 客户属性 | 性别 | 男、女 |
| | 年龄 | 婴儿、幼儿、少年、青年、中老年 |
| | 地域 | 省份 / 城市、农村 / 沿海、内陆 / 高温、严寒 |
| | 职业 | 学生、教师、公司职员、医生、公务员、个体化、家庭主妇 |
| | 偏好 | 品牌、时尚、风格、实惠 |
| | 消费能力 | 高消费、中等消费、低消费 |
| | 教育程度 | 高中、中职、本科、研究生 |
| | 婚姻状态 | 未婚、已婚 |

### 3. 按客户行为来分类

客户在线上购物过程中的行为有搜索、点击、浏览、收藏、加购、咨询、下单、支付、评论、分享等，见表 8–2，商家可基于不同的客户行为对客户进行细分，如购买行为、咨询行为、分享行为等。

表 8–2　按客户行为来分类

| 细分维度 | 细分变量 | 具体分类 |
| --- | --- | --- |
| 客户属性 | 购买金额 | 高贡献客户、中高贡献客户、中贡献客户、低贡献客户 |
| | 购买频率 | 活跃客户、沉默客户、睡眠客户、流失客户 |
| | 购买渠道 | 自然搜索、直通车、聚划算、淘金币、试用中心、淘抢购 |
| | 购买时段 | 工作日、节假日、白天 8—17 点、傍晚 18—22 点、深夜 22 点—次日 7 点 |
| | 咨询偏好 | 咨询下单、静默下单 |
| | 分享频率 | 不分享、偶尔分享、乐于分享 |

### 4. 按客户忠诚度来分类

客户根据忠诚度通常分为潜在客户、新客户、老客户、成熟客户和忠诚客户。不同类别的客户对企业的利润贡献差别较大。企业需要不断改善客户的购物体验，赢得客户信赖，从而将潜在客户转变为新客户，将新客户转变为老客户，将老客户转变为成熟客户，将成熟客户转变为忠诚客户，由此增加客户对企业利润的贡献。

### 5. 按客户价值来分类

客户价值是指企业为客户提供产品和服务后得到的价值，即客户为企业创造的价值。客户价值包括既成价值、潜在价值和影响价值。既成价值是指客户购买给企业带来的销售额和利润的增加。潜在价值是指如果客户得到保持，客户将在未来进行的增量购买中给企业带来的价值。影响价值是指当客户感到高度满意时，会带动和影响周边客户进行购买所产生的价值。

客户价值矩阵模型由消费频率与平均购买额构造而成，将客户划分为四种类型，即优质型客户、消费型客户、经常型客户和不确定型客户，如图 8–4 所示。

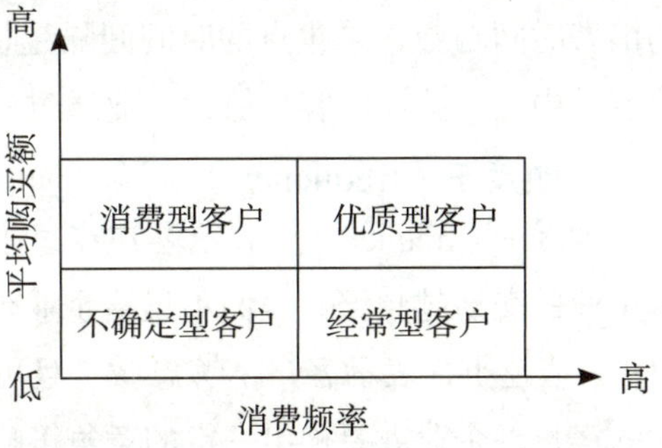


图 8–4　客户价值矩阵模型

（1）优质型客户：指平均购买额高、消费频率高的客户，他们是企业的基础，是企业利润的主要来源，必须保持。

（2）消费型客户：指平均购买额高、消费频率低的客户，针对这一类型的客户，最好的策略是设法增加他们的消费次数。

（3）经常型客户：指平均购买额低、消费频率高的客户，高频率的消费证明了他们对企业的忠诚，企业对他们最适合采取的策略是通过促销、交叉销售、销售推荐等办法来增加他们的消费金额。

（4）不确定型客户：指平均购买额低、消费频率低的客户，企业对他们要进行筛选，争取将其变成消费型客户或经常型客户甚至优质型客户，并将营销的重点放到不确定的新客户身上，必要时可以对他们采取放弃的策略。

## （二）RFM 模型

RFM 模型就是依据一定的细分变量，将客户进行分类的方法。依据一定的 RFM 模型将客户进行细分，能够有效降低成本，同时获得更好的、更有利可图的市场渗透效果。在众多的客户细分模型中，RFM 模型是广泛应用于数据库营销的一种客户细分方法。它通过客户购买行为中的“最近一次消费（recency）”“消费频率（frequency）”“消费金额（monetary）”来了解客户的层次和结构、客户的质量和价值以及客户流失的原因，从而为企业制定营销策略提供支持，如图 8-5 所示。RFM 模型针对不同的客户采取不同的策略，同时识别其中的行为差异，对不同的客户行为进行购买预测。

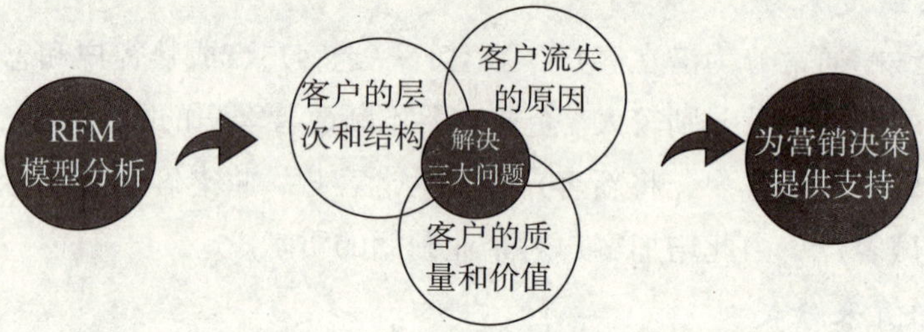


图 8-5　RFM 模型

RFM 模型的三个指标解释如下。

### 1. 近度 R（recency）

近度 R（recency）表示客户最近的消费时间与数据采集点的时间间隔。客户最近的消费时间与数据采集点的时间间隔越短，R 值越大，表示客户交易发生时间越近；客户最近的消费时间与数据采集点的时间间隔越长，R 值越小，表示客户越久未发生交易。在这部分客户中，有些优质客户值得企业通过一定的营销手段进行激活。

### 2. 频度 F（frequency）

频度 F（frequency）表示客户在过去某段时间内的消费频率。F 值越大，表示客户与本企业的交易越频繁，他们不仅给企业带来人气，也带来稳定的现金流，是非常忠诚的客户；F 值越小，表示客户不够忠诚，且可能是竞争对手的常客。针对 F 值较小但消费额较大的客户，企业需要推出一定的竞争策略，将这批客户从竞争对手手中争取过来。

### 3. 额度 M（monetary）

额度 M（monetary）表示客户每次消费金额的多少，一般用过去的平均消费金额表示。M 值较大的客户，支付能力强，价格敏感度低，是较为优质的客户；M 值较小的客户，支付能力和支付意愿可能较差。

RFM模型早在1989年就被提出，分析的对象是客户消费的购物篮，而不是具体的商品。RFM模型最初运用于直销（direct marketing, DM）领域，但在商用PC及关系型数据库等技术逐渐成熟并普及后，才在1990年以后被广泛用于零售业态。RFM模型具有计算过程简单、算法易懂、数据获取容易的特点，在不需要借助专业分析软件的情况下就可以对客户的消费行为进行分析，因此受到了零售业界的欢迎，并经常用于客户忠诚度、客户价值分析，成为零售行业数据分析的重要工具。

# 任务二　客户数据分析方法

## 任务描述

在了解了客户数据后，需要使用具体的方法进行深入分析。首先将进行客户忠诚度分析，以评估客户的忠诚程度及其对品牌的长期价值；其次会进行客户生命周期分析，了解客户从首次购买到流失的全过程；再次将分析访客特征，识别不同访客群体的共同特点；最后需要进行客户行为分析，探究客户的购买行为模式和偏好。

## 任务分析

客户数据分析方法提供了多维度的视角来理解客户行为和需求。客户忠诚度分析可以帮助你评估客户的忠诚程度和品牌忠诚度，从而制定保留策略。客户生命周期分析则揭示了客户的整个生命周期，包括获取、维护和流失阶段，帮助你优化客户管理策略。访客特征分析能够识别不同群体的共同特点，为市场定位提供依据。客户行为分析则揭示客户的购买模式和偏好，帮助你制定个性化的营销策略。通过这些方法，你可以全面了解客户，制定更加有效的策略，提高客户满意度和企业盈利能力。

## 任务重点与实施

### 一、客户忠诚度分析

客户忠诚度是指客户对品牌偏好的程度，客户主要受产品质量、价格、服务等诸多因素的影响，从而对某一企业的产品或服务产生感情，形成偏爱并长期重复购买该企业的产品或服务。

客户忠诚是客户对企业的感知、态度和行为。客户在了解、使用某产品的过程中，由于与企业的接触，可能会对企业所提供的产品和服务质量等感觉满意，形成正面的积极评价，从而对该企业及其提供的产品或服务产生某种依赖感，并长时间地表现出重复购买及交叉购买等忠诚行为。客户忠诚主要涉及客户对企业产品价格的敏感程度、对竞争产品的态度、对产品质量问题的承受能力等方面。忠诚的客户是企业的优质资源，是企业利润的源泉和企业发展的推动力。

客户忠诚度分为情感忠诚和行为忠诚，如图 8-6 所示。

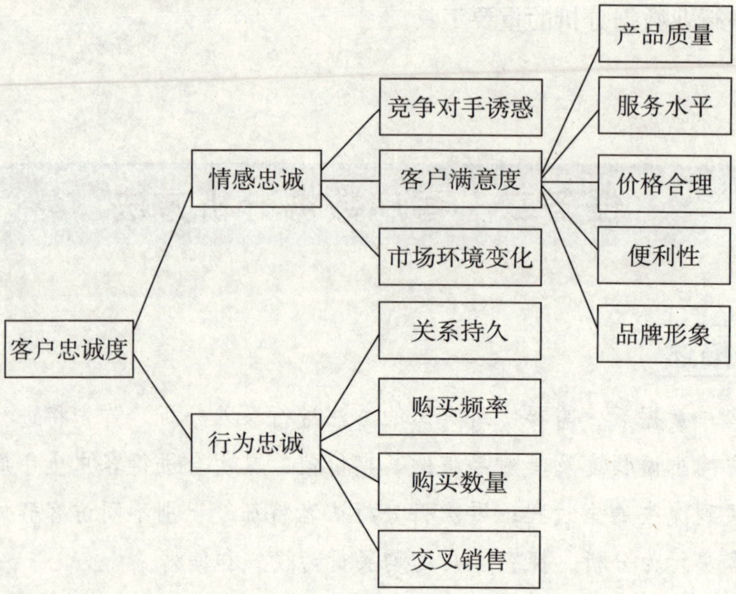


图 8-6　客户忠诚度

## （一）情感忠诚

情感忠诚主要由三个方面构成，即竞争对手诱惑、客户满意度及市场环境变化。

### 1. 竞争对手诱惑

竞争对手诱惑是指客户在市场中选择竞争对手产品的可能性，缺乏有吸引力的竞争对手是保持客户的一个有利条件。如果客户感知到现有企业的竞争对手能够提供更让他们满意的产品或服务，客户就可能决定离开现有企业而接受竞争对手的产品或服务。因此，当竞争对手的产品或服务对客户的吸引力减小时，客户就会因满意度高而忠诚于企业。也就是说，竞争对手的吸引力越小，客户的忠诚度越高。

### 2. 客户满意度

客户满意度为是客户忠诚的决定性因素。大量研究表明，较高的客户满意度会对客户忠诚产生积极的影响。满意是指一个人通过对一个产品或服务的可感知的效果与他的期望相比较后形成的感觉状态。也就是说，如果客户对某个产品购买前的期望比购买后感知的效果高的话，客户就不满意；相反，客户就感觉满意。客户虽然有时候对自己购买的产品和服务感到满意，但并不意味着客户一定忠诚。但是，当客户的满意度达到一定的程度时，客户的忠诚度将直线上升。同时，长期的满意将有助于培养客户对企业、对品牌和对产品及服务的信任。客户满意与客户忠诚是两个不同的概念，它们之间的关系非常复杂，但是可以肯定客户满意度是决定客户忠诚的一个因素。影响客户满意度的因素有很多，产品质量与服务水平是客户满意度最直接的决定因素，产品质量与服务水平高，客户满意度也高。如果企业所提供的产品或服务的价格合理，那么客户的满意度也会较高；同样，客户获取企业所提供的产品或服务的便利性及企业的品牌形象也是决定客户满意度的因素。

#### 3. 市场环境

市场环境的变化也会影响客户的选择，它可能会使客户选择竞争对手的产品，因此市场环境的变化也是决定客户忠诚度的因素之一。

### （二）行为忠诚

行为忠诚主要由客户与企业的关系持久（持续时间）、购买频率、购买数量及交叉销售四个方面构成。客户与企业发生交易关系持续的时间越久，表明客户越乐意接受企业的产品或服务，离开企业的可能性也就越小，忠诚度越高。购买频率高与购买数量大，表明客户对企业的产品或服务的接受程度高，比较忠诚于企业。交叉销售是指客户在购买了企业的某种产品或服务的基础上再购买企业的其他产品或服务。客户只有对自己已经购买的产品或服务评价较高时，才会信任企业，从而继续购买该企业的其他产品或服务。因此，交叉销售程度高，表明客户对企业的认同感高，对企业的忠诚度也高。

除了情感忠诚与行为忠诚外，客户忠诚度还与客户的转移成本有关。当客户受到竞争对手的诱惑时，可能会离开现在的企业，但是如果这种转移成本对客户来讲过高，足以抵消其通过转换企业所获得的利益时，客户就会继续留在原企业。因此，转移成本也是影响客户忠诚度的一个因素。但是转移成本的计算是一个很困难、很复杂的过程，转移成本具体包括哪些构成要素目前并没有具体统一的认识。而且，有的行业的客户从一个企业转移到另一个企业可能需要付出很大的代价，转移成本很高；有的行业的客户从一个企业转移到另一个企业则没有任何约束，转移成本很低。特别是在信息极其通畅的现代社会，客户所面临的转移成本越来越低，转移成本不再是制约客户选择其他企业的一个主要因素。

## 二、客户生命周期分析

由于客户面对的产品和服务的品种、数量急剧增加，客户的需求也呈现出多元化的发展态势，企业无法像过去那样只靠提供产品和服务就赢得竞争。为了获得更大的竞争优势，企业必须维护好与客户之间的关系。客户生命周期是产品生命周期概念的深化，随着关系营销和客户关系管理概念深入人心，产品生命周期、关系营销和客户关系管理概念被结合到一起，从而形成客户生命周期。

根据客户关系的特点，客户生命周期一般可划分为八个阶段，即开拓期、巩固期、成长期、成熟期、衰退期、解约期、中断期和恢复期，如图 8-7 所示。它描述了以客户对企业有初步认知，或者企业准备对客户进行开发活动为开端，直到客户不再与企业发生任何业务关系为终结的整个过程。图 8-7 的横轴代表客户所处的生命周期，纵轴代表客户价值，即客户给企业带来的利益。可以看出，客户价值在这八个阶段内是存在差异的，这也提醒企业在进行客户关系管理时需要正确判断客户生命周期处在哪个阶段，这样才能采取有针对性的策略，使客户价值最大化。

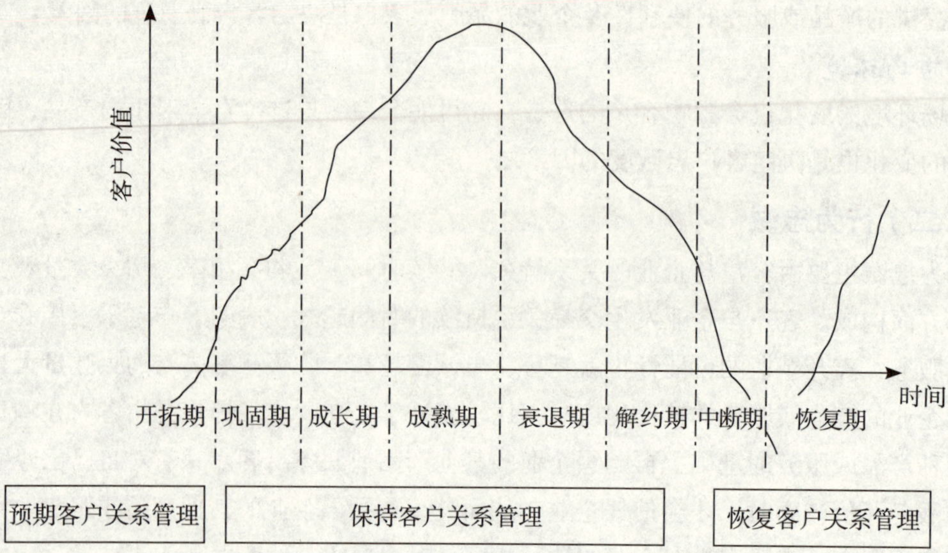


图 8-7　客户生命周期

在整个客户生命周期中，企业与客户的关系始终处在动态变化当中，企业的活动、其他企业的影响、客户自身因素等都会使企业与客户的关系从周期中的某个阶段转换到另一个阶段。只有在客户自身的某一项或者多元化的需求得到满足的情况下，客户生命周期才可以延续下去。因此，企业必须了解自己与客户的关系处在哪个阶段，掌握不同阶段的客户在消费行为上存在哪些特点，这样才能进行有针对性的营销维护及客户关怀，在满足客户需求的同时使客户为企业带来更多的利润。

在客户生命周期当中，对客户价值的评判至关重要。这里的价值分为两方面：一方面是指评判企业为客户带来多少价值；另一方面是从企业出发，评判客户为企业提供多少价值。而客户生命周期的价值，就是在客户生命周期的长度内，一个客户为企业提供的价值的总和，即一个客户对企业的终身价值。客户利润为客户价值与客户成本之差，其中客户价值包括通过交易等形式进行的“当前价值”和为企业自发进行口碑宣传的“潜在价值”。客户的当前价值可以通过客户创造的毛利润和购买量来衡量，而客户的潜在价值则通过客户忠诚度、满意度和客户关系状况来衡量。

另外，客户保持率越高，客户的潜在价值就越能被发掘出来。客户保持是指维持已建立的客户关系，使客户在未来对企业的产品或服务表现出高度认知忠诚，从而使企业获取实际的经济利润。研究显示，客户保持率每增加 5%，企业平均利润增幅可达 25%～85%。

## 三、访客特征分析

消费者购买产品因受地域、年龄、性别、职业、收入、文化程度、民族等因素的影响，其需求存在很大的差异，对产品的要求也各不相同，而且随着社会经济的发展，消费者的消费习惯、消费观念、消费心理不断发生变化，从而导致消费者购买差异变大。消费者进入店铺后就成为访客，是商家的潜在客户，这时商家需要分析什么样的消费者会选择访问自家的店铺，他们有什么特征。当访客选择下单购买产品，他就成为商家的客户，商家就要进一步分析客户的人群特征是什么，他们购买产品的主要原因是什么。

访客进入店铺之后，商家首先要关注他们从哪里来，他们什么时间来，他们的年龄层次是怎样的，他们的性别情况是怎样的，他们是什么职业，他们的消费能力如何，他们的购买频率怎样，他们的会员等级如何，他们有什么样的偏好，是新访客还是老访客，对于有些访客还需要分析他们的婚姻状况和家庭状况。

### （一）访客地域分布

访客地域分布是指从空间维度上分析访客，商家要弄清楚访客从哪里来，属于哪个省，哪座城市，哪个商圈。这样商家就可以对重点地域或重点城市展开精准营销，以提升营销效果。

表 8-3 为某店铺某年 6 月 10 日—7 月 9 日的访客地域分布占比排行 TOP10。数据显示该店铺的访客主要来自中国东部沿海地区和中部地区，西部、南部和东北地区并非其主要的客源地。其中来自广东省、浙江省和山东省的访客最多，占到总访客数的 45% 左右。通过进一步分析，商家还可以发现湖北省的下单转化率最高，应该将其列为营销重点省份，其次是四川省、湖南省和浙江省。

表 8-3　某店铺某年 6 月 10 日—7 月 9 日的访客地域分布占比排行 TOP10

| 地域 | 下单数 | 下单转化率 |
|---|---|---|
| 广东省 | 4 861 | 1.19% |
| 浙江省 | 3 732 | 1.71% |
| 山东省 | 3 363 | 1.52% |
| 河南省 | 3 200 | 1.50% |
| 江苏省 | 2 973 | 1.55% |
| 河北省 | 2 027 | 1.53% |
| 福建省 | 1 870 | 1.44% |
| 湖北省 | 1 666 | 2.10% |
| 四川省 | 1 569 | 1.85% |
| 湖南省 | 1 540 | 1.82% |

接下来看该店铺主营产品所在市场6月10日—7月9日的访客省份和城市分布（表8-4），利用市场行情的人群画像的搜索人群功能，通过搜索其主营产品的关键词获得。

表 8-4　某店铺主营产品所在市场 6 月 10 日—7 月 9 日的访客省份和城市分布

| 省份分布排行 | | | | 城市分布排行 | | | |
|---|---|---|---|---|---|---|---|
| 排名 | 省份 | 搜索点击人气 | 搜索点击人数占比 | 排名 | 城市 | 搜索点击人气 | 搜索点击人数占比 |
| 1 | 广东省 | 31 602 | 12.69% | 1 | 上海市 | 15 712 | 3.91% |
| 2 | 浙江省 | 26 443 | 9.41% | 2 | 北京市 | 15 589 | 3.86% |
| 3 | 山东省 | 22 279 | 7.06% | 3 | 广州市 | 14 706 | 3.50% |
| 4 | 江苏省 | 22 258 | 7.05% | 4 | 深圳市 | 13 909 | 3.20% |
| 5 | 河南省 | 20 384 | 6.09% | 5 | 杭州市 | 13 834 | 3.17% |

从表8-4中可以发现，访客的省份分布与地域分布基本一致，只是江苏省与河南省的位置有些变化。在城市分布上，上海市、北京市和广州市排在前3位，合计搜索点击人数占比超过11%。由表8-3可知，湖北省、四川省、湖南省和浙江省的下单转化率较高，对应的搜索点击人气排行榜上有杭州市（排名第5）、武汉市（排名第14）、成都市（排名第16）、宁波市（排名第19）、温州市（排名第21）、长沙市（排名第25）、金华市（排名第27）、台州市（排名第30）。可见湖北省访客主要来自武汉市，四川省的访客集中在成都市，湖南省的访客也集中在长沙市，而浙江省的访客来源城市比较多。

## （二）访客时段分布

访客时段分布是指从时间维度上分析访客，商家首先需要关注的是流量的高峰时段，其次是成交的高峰时段，最后是对不同终端类型的流量高峰和成交高峰展开分析。图8-8为某店铺6月10日—7月9日全部终端的访客时段分布，流量的高峰在21–22点，成交的高峰在10点。

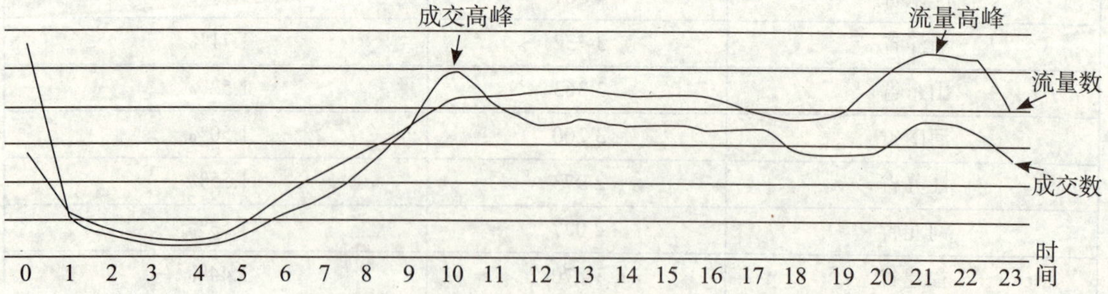


图 8-8　某店铺 6 月 10 日—7 月 9 日全部终端的访客时段分布

再按终端类型来分析，如图8-9所示。移动端的流量高峰在21–22点，成交高峰在10点，而PC端的流量高峰在16–17点成交高峰在10点。

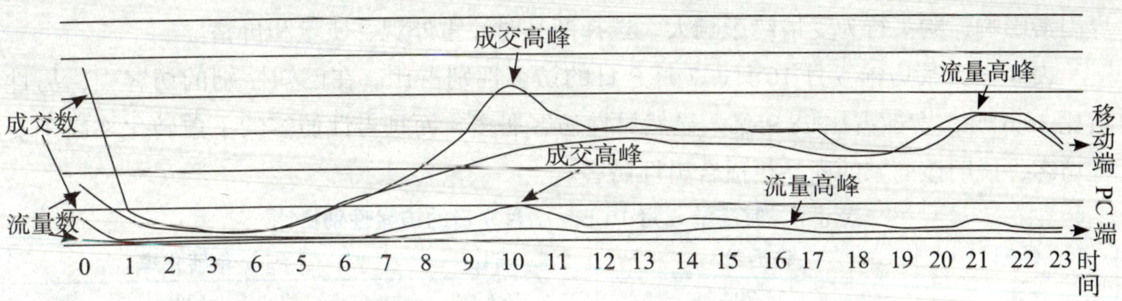


图 8-9　某店铺 6 月 10 日—7 月 9 日的成交高峰和流量高峰

商家找准访客的流量高峰和成交高峰时段，可将相关信息用于商品上下架时间设置、上新时段的选择和直通车广告的投放。

### （三）访客年龄分布

不同年龄段的群体有各自的消费特点，例如少年好奇心强，喜欢标新立异的事物；青年人购买欲望强，喜欢追逐潮流；中年人比较理智和忠诚，注重质量、服务等；老年人珍视健康，热爱养生，对新产品常持有怀疑态度。因此商家要关注访客的年龄，熟悉和理解他们的消费特点，这样才能更好地满足他们的需求。

表 8-5 为某店铺主营产品所在市场 6 月 10 日的访客年龄分布，26 ~ 30 岁年龄段搜索点击人数最多，占比高达 35.02%；其次是 18 ～ 25 岁年龄段，搜索点击人数占比达 30.70%；排在第三位的是 31 ～ 35 岁年龄段，搜索点击人数占比达 17.07%。它们的合计占比高达 82.79%，也就是说，该行业的主力消费人群的年龄段为 18 ～ 35 岁。当然这 3 个年龄段访客的需求点实际上也可能是不一样的，商家应进一步深入分析，再针对每个年龄段的访客配置相应的产品。

表 8-5　某店铺主营产品所在市场 6 月 10 日的访客年龄分布

| 年龄 | 搜索点击人气 | 搜索点击人数占比 |
|---|---|---|
| 18 ～ 25 岁 | 52 527 | 30.70% |
| 26 ～ 30 岁 | 56 745 | 35.02% |
| 26 ～ 35 岁 | 37 169 | 17.07% |
| 36 ～ 40 岁 | 22 966 | 7.60% |
| 41 ～ 50 岁 | 22 594 | 7.39% |
| 51 岁及以上 | 10 918 | 2.22% |

### （四）访客性别占比

不同性别的访客在购买商品时的心理特征差别很大。一般男性访客的购买动机常具有被动性，属于有目的的购买和理智型购买，选择商品时比较注重质量和性能，不太考虑价格，比较自信，不喜欢客服做太多介绍，希望快速完成交易，不喜欢等待；而一般女性访客的购买动机具有冲动性和灵活性，她们选择商品十分细致，购买心理不稳定，易受到外界因素影响，购买行为受情绪影响大，选择商品时注重外观、质量和价格。

表 8-6 为某店铺 6 月 10 日—7 月 9 日的访客性别占比。在已知性别的访客中，男性占比 36.67%，女性占比 28.95%，显然男性访客居多，而且男性访客的下单转化率高于女性访客，说明该商家的商品更适合男性访客。

表 8-6　某店铺 6 月 10 日—7 月 9 日的访客性别占比

| 性别 | 访客数 | 占比 | 下单转化率 |
| --- | --- | --- | --- |
| 男 | 22 704 | 36.67% | 1.43% |
| 女 | 17 926 | 28.95% | 1.37% |
| 未知 | 21 293 | 34.38% | 0.08% |

再对比行业的访客性别占比，如图 8-10 所示。从该店铺所处的行业来说，也是男性访客居多，占比达到 66.32%，女性访客占比为 33.68%。

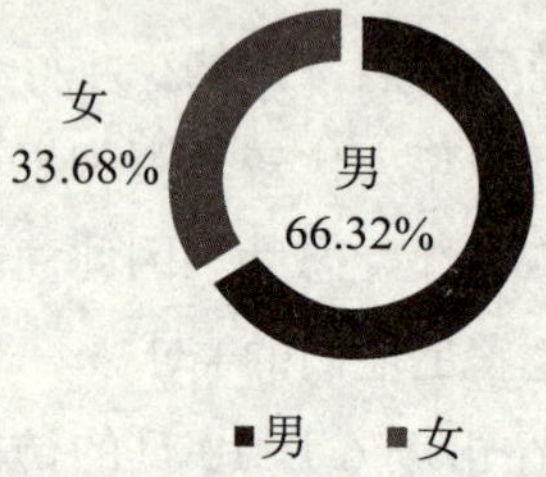


图 8-10　行业的访客性别占比

## （五）访客职业占比

不同职业的消费者对商品的需求差异很大，如教职工大都比较喜欢造型雅致、美观大方、色彩柔和的商品；公司职员的交际和应酬通常比较多，选择商品时更重视时尚感；医护人员重视健康，对商品的安全性要求比较高。

图 8-11 为某店铺主营产品所在市场 6 月 10 日—7 月 9 日的访客职业占比。公司职员占比最高，达到 50.72%，个体经营者或服务人员占比 20.03%，教职工占比 7.88%，三者合计占比达到 78.63%。从分析数据来看，商家一方面要把握好现有消费者的需求，另一方面要加强对医务人员、学生、公务员和工人消费人群需求的分析，提供更多能满足他们需求的商品。

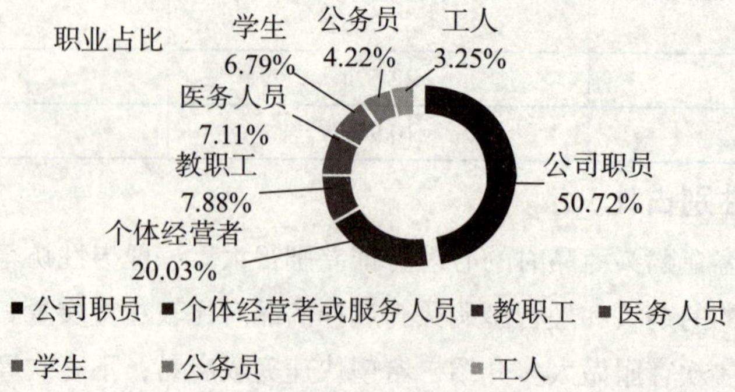


图 8-11　某店铺主营产品所在市场 6 月 10 日—7 月 9 日的访客职业占比

### （六）访客消费层级分布

消费层级反映的是消费者半年内每次购物平均消费金额的多少，分为低、偏低、中、偏高和高 5 个层级。通过消费层级分析，商家可以判断访客的消费能力。图 8–12 为某店铺 6 月 10 日—7 月 9 日的访客消费层级分布，其中 0 ～ 1 790 元这一消费层级的访客数最多，占比高达 90.34%，但下单转化率却最低；随着消费层级的提升，访客数在减少，下单转化率却在提升。

**消费层级**

| 消费层级(元) ? | 访客数 ? | 占比 | 下单转化率 |
|---|---|---|---|
| 0–1790.0 | 40,978 | 90.34% | 1.15% |
| 1791.0–290... | 2,318 | 5.11% | 2.37% |
| 2901.0–511... | 1,585 | 3.49% | 2.71% |
| 5111.0–904... | 410 | 0.90% | 3.17% |
| 9041.0–194... | 61 | 0.13% | 3.28% |
| 19446.0以... | 8 | 0.03% | 12.50% |

图 8–12　某店铺 6 月 10 日—7 月 9 日的访客消费层级分布

对比支付买家的消费层级占比（图 8–13），支付新买家的消费层级为 0 ～ 1 790 元的占比为 43.64%，1 790 ～ 2 900 元的占比为 41.33%；支付老买家的消费层级为 0 ～ 1 790 元的占比为 38.72%，1 790 ～ 2 900 元的占比为 45.13%。可见在支付买家中，消费层级为 1 790 ～ 2 900 元的买家是店铺的消费主力军，商家应该加强对消费层级为 1 790 ～ 2 900 元的潜在买家的引流。

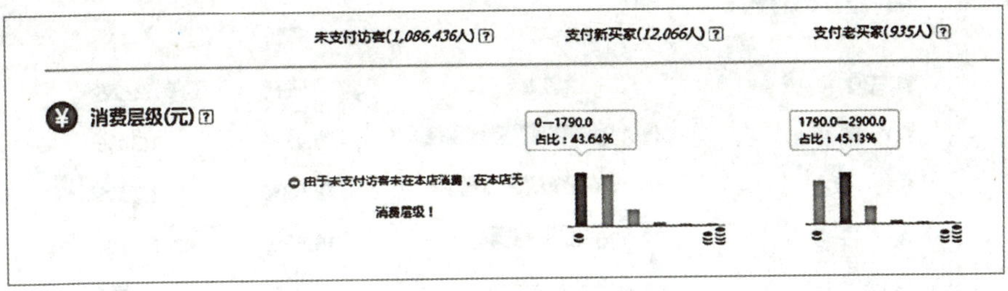


图 8–13　支付买方的消费层级占比

### （七）访客购买频率

购买频率是指消费者在一定时期内购买某种或某类商品的次数。一般来说，消费者的购买行为在一定的时期内是有规律可循的。访客购买频率是商家选择目标市场、确定经营方式、制定营销策略的重要依据。图 8–14 为某店铺主营产品所在市场 6 月 10 日—9 月 8 日的访客购买频率，数据显示购买次数为 1 的支付买家数占比为 86.77%，购买次数为 2 的支付买家数占比为 9.01%，购买次数为 3 的支付买家数占比为 1.83%。可见该店铺销售的是访客购买频率较低的商品。

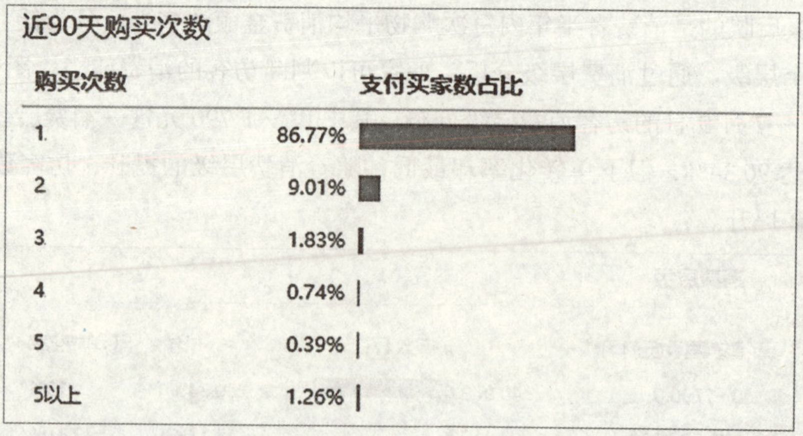


图 8-14　某店铺主营产品所在市场 6 月 10 日—9 月 8 日的访客购买频率

## （八）访客会员等级

访客会员等级是评价会员的综合指标。生意参谋基于买家过去 12 个月在淘宝的购买、互动等行为，综合计算出一个淘气值，即买家在淘宝上购买次数越多、消费金额越大、与商家互动越多，其购物信誉就越高，淘气值也越高。如果店铺访客的淘气值高，说明店铺被优质买家认可。

图 8-15 为某店铺 6 月 10 日—7 月 9 日的访客淘气值分布。数据显示淘气值为 601 ～ 800 分的访客最多，占比为 26.13%；其次是 501 ～ 600 分的访客，占比为 22.53%；600 分以上的优质买家合计占比为 50.18%（注：由访客数结合下单转化率计算而得）。而且访客的淘气值越高，下单转化率越高。

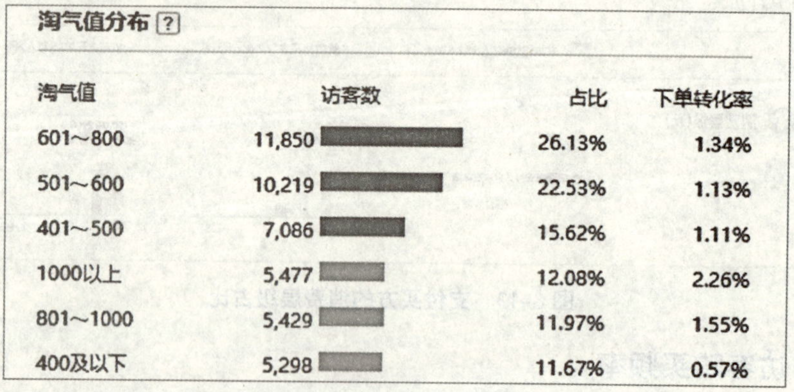


图 8-15　某店铺 6 月 10 日—7 月 9 日的访客淘气值分布

行业的访客淘气值分布如图 8-16 所示，600 分以上的优质买家合计占比为 60.07%，而该店铺的淘气值在 600 分以上的优质买家合计占比为 50.18%，两者还有差距，说明该店铺对优质买家的吸引力还未达到市场平均水平。

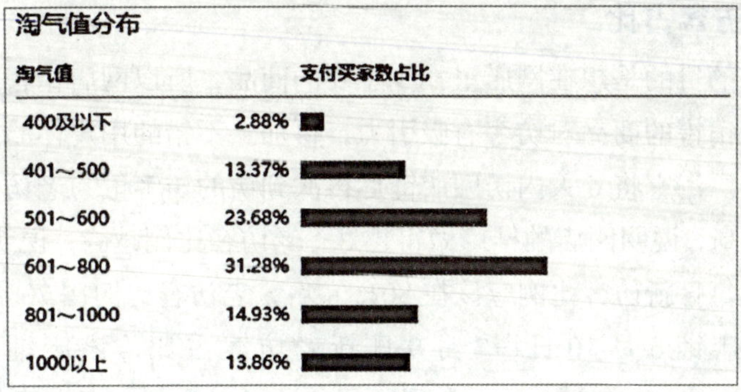


图 8-16　行业的访客淘气值分布

## （九）访客偏好情况

访客偏好情况是指访客对一种商品（或者商品组合）的喜好程度。访客根据自己的意愿对可供消费的商品或商品组合进行排序，这种排序反映了访客个人的需要、兴趣和偏好。

图 8-17 为某店铺 6 月 10 日—7 月 9 日的访客营销偏好，可以发现访客的营销偏好依次为聚划算、天天特价、宝贝优惠券、搭配套餐、包邮。该店铺主营产品所在市场 6 月 10 日—7 月 9 日的访客优惠偏好如图 8-18 所示，数据显示行业访客的优惠偏好依次是包邮、聚划算、天天特价、淘金币、搭配套餐、优惠券、淘抢购、限时打折和满就送（减）。两者对比，主要的不同在于淘金币和包邮，因此可以建议商家加强对淘金币的应用，以及更多地提供或突出包邮服务来吸引访客。

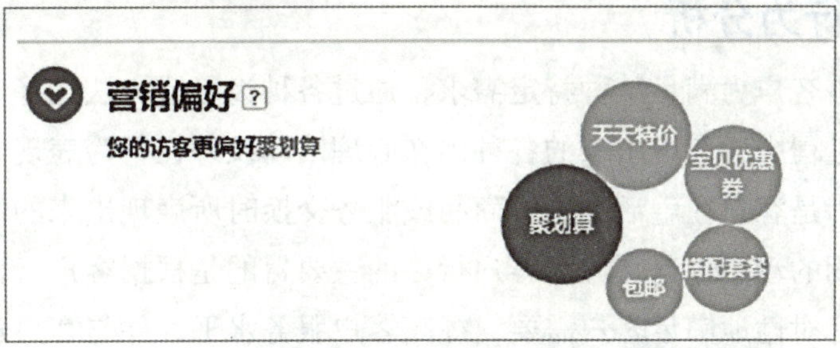


图 8-17　某店铺 6 月 10 日—7 月 9 日的访客营销偏好

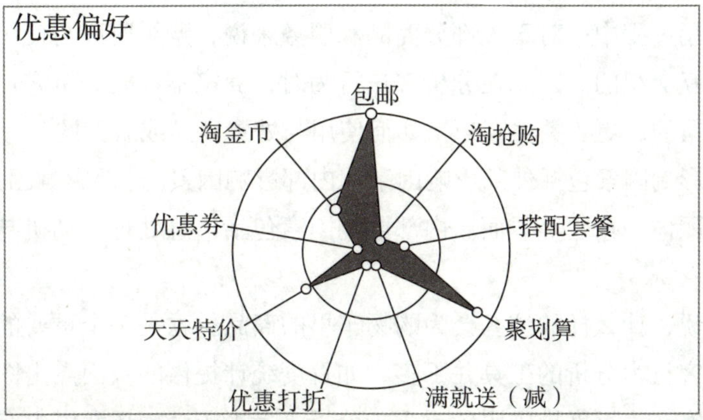


图 8-18　某店铺主营产品所在市场 6 月 10 日—7 月 9 日的访客优惠偏好

### （十）新老访客占比

访客浏览网店的目的是想在网店里找到想要的商品，所以网店销售的商品和用户体验很重要。如果网店销售的商品对访客有吸引力，再加上不错的用户体验，新访客变成老访客的概率就会上升。淘宝将 6 天内访问店铺后再次到访的访客记为老访客，否则记为新访客。新访客比例越高，说明网店的推广做得越好；老访客比例越高，说明网店的黏性越强。一般正常的网店，每日新访客比例应该在 80% 左右，老访客比例在 20% 左右。

图 8-19 为某店铺 6 月 10 日—7 月 9 日新老访客占比，该店铺的新访客占比为 84.60%，老访客占比为 15.40%，处于合理区间，还可以看到，老访客的下单转化率比新访客的下单转化率高，所以商家要重视对老客户的维护。

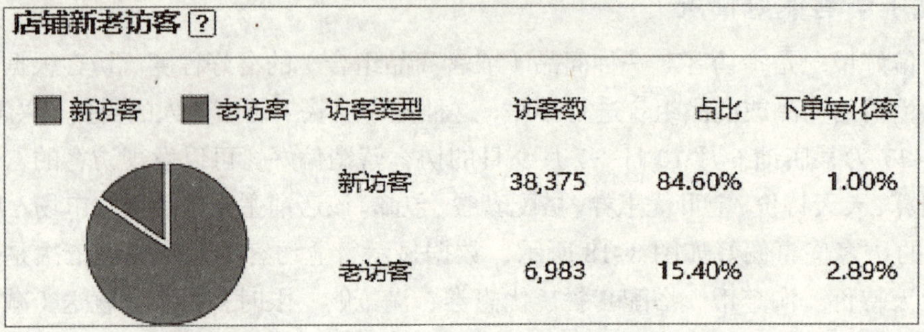


图 8-19　某店铺 6 月 10 日—7 月 9 日新老访客占比

## 四、客户行为分析

客户行为是指客户为满足某种特定需求，通过各种途径或方法选择、获取、使用、处置商品或服务的过程中所表现出来的各种内在心理活动及外在行为表现。美国市场营销协会认为，客户行为是客户在生活中进行商品或服务交换时所表现出来的情感、认知和各种环境因素相互作用的动态过程。分析客户行为的主要目的是根据客户行为特征分析预测客户需求，进而有针对性地满足客户需要，提高客户服务水平，并与客户建立持久有效的客户关系，从而塑造企业的核心竞争优势，提高企业的盈利能力。客户行为始终贯穿于商品或服务购买及使用过程中。对于大部分商品和服务来说，购买阶段与使用阶段并不是完全分隔的，而是相互交织的。因此在分析客户行为时，商家不仅要分析客户是如何做出购买商品或服务的决策的，更要关注客户是如何使用与处置商品或服务的。

客户行为的影响因素包括外部影响因素和内部影响因素。外部影响因素包括文化环境、社会阶层、参考团体、家庭等方面。内部影响因素包括信息处理、动机与人格、态度、生活方式等方面。

对于商家来说，什么样的访客会为购物车里的商品付款是一个重要的问题。目前，市场上针对网店访客行为分析的工具并不多，如百度统计提供的页面点击图，它主要针对从百度推广来的访客，为百度推广服务，用于分析流量来源；生意参谋也有类似的工具，从访客点击进入网店开始分析其行为，访客在线行为通常包括浏览网页、点击链接、搜索信息、收藏购买、导航定位、联系客服、发帖评论、售后投诉等。

## （一）访客行为数据分类

访客行为数据是由访客对网店的点击而产生的，这些数据能够用来判断访客对商品的喜好及期望，所以分析访客行为数据对于精准营销以及筛选出符合访客喜好的商品非常重要。

访客点击数据衍生出很多行为指标，如访问频率、平均停留时长、消费行为、信息互动行为、内容发布行为等。但是这些指标有些复杂，不利于快速对访客进行分析。基于简单而又全面的原则，访客行为数据可以分为三类——黏性、活跃、产出，如图 8-20 所示。

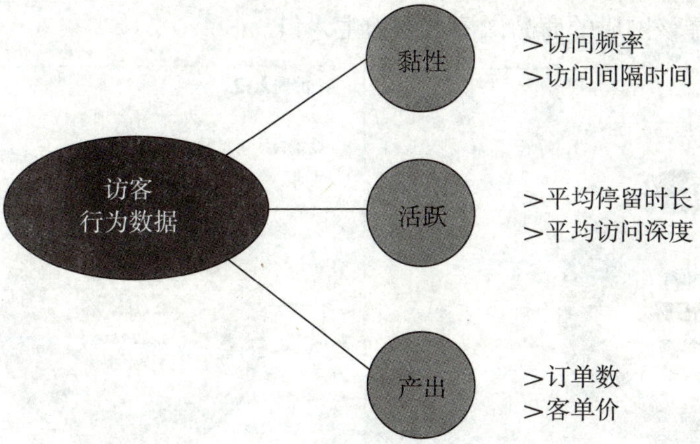


图 8-20　访客行为数据分类

以上三类可以包含很多其他细分的行为指标，商家利用这些指标可以衡量访客在网店的行为表现，进而区分访客的行为特征，对访客进行打分，再对不同类型的访客进行分群，并实施精细化的营销推广，提升营销推广的价值。

### 1. 黏性

黏性主要关注访客在一段时间内持续访问的情况，是指一种持续状态，包括“访问频率”“访问间隔时间”。

### 2. 活跃

活跃考察的是访客访问的参与度，一般对访客的每次访问数据取平均值，包括“平均停留时长”“平均访问深度”。

### 3. 产出

产出用来衡量访客创造的直接价值输出，如电商网站的“订单数”“客单价”，前者衡量频率，后者衡量平均产出的价值。

当然，基于访客行为数据的三大类，商家可以在每个大类中再添加不同的行为指标，只要能够体现其分析价值并且不重叠即可。

## （二）浏览网页

访客浏览网页的行为是从流量入口开始的，然后就会有跳失率，接着会涉及平均访问深度、平均停留时长、访问路径、热力图等。

### 1. 流量入口

淘宝流量入口主要有店铺首页、商品详情页、搜索结果页、店铺自定义页、商品分类页和店铺其他页。

图 8–21 和图 8–22 为某网店 PC 端最近 7 日的流量入口比例图。访客分布显示，店铺首页有 938 个访客，占比 3.65%；商品详情页有 24 522 个访客，占比 95.39%；其他合计 0.96%。可见访客通常选择该网店的商品详情页作为主入口。

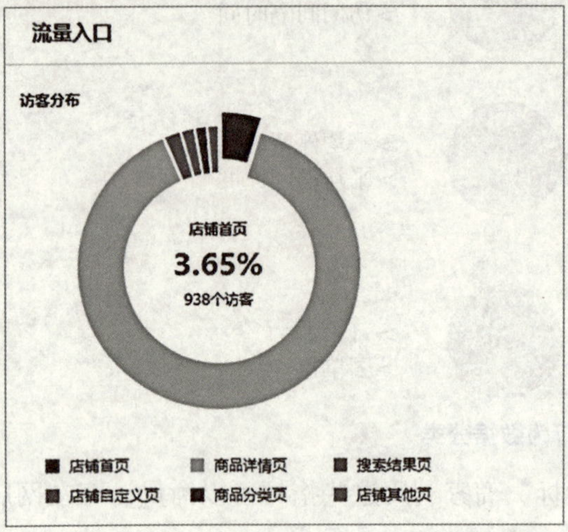


图 8–21　某网店 PC 端最近 7 日的流量入口比例（1）

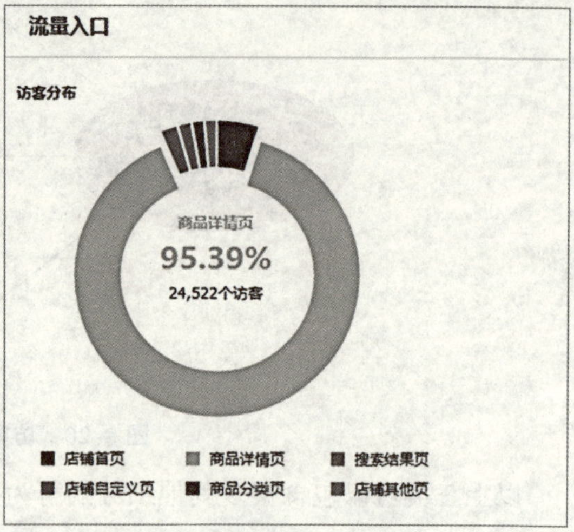


图 8–22　某网店 PC 端最近 7 日的流量入口比例（2）

### 2. 跳失率

跳失率越高，说明网店的黏性越差。成功的网店能让访客从进口一直转到出口，最后完成商品的购买，这样的网店的销量也会非常不错。

现在来看以商品详情页为入口的着陆页，如图 8–23 所示。商品详情页 TOP20 中排在前 5 位的引流入口有 4 个来自天猫，1 个来自聚划算。接着分析它们的跳出率，4 个来自天猫的引流入口的跳出率都超过 90%，可见这些着陆页的设计与访客的预期不相符，商家需要及时做出修改；1 个来自聚划算的引流入口的跳出率为 55.55%，情况相对要好很多。

日期 -07-24~ -07-30 下载

商品详情页TOP20

| 排名 | TOP引流入口 | 访客数 | 跳出率 |
|---|---|---|---|
| 1 | http://detail.tmall.com/item.htm?id=54539... | 2,302 | 90.42% |
| 2 | http://detail.tmall.com/item.htm?id=52149... | 1,511 | 93.99% |
| 3 | http://detail.ju.taobao.com/home.htm | 826 | 55.55% |
| 4 | http://detail.tmall.com/item.htm?id=52439... | 709 | 90.11% |
| 5 | http://detail.tmall.com/item.htm?id=52840... | 629 | 91.86% |

< 1 2 ... 4 下一页 > 共4页

图 8–23　某网店商品详情页 TOP20

### 3. 平均访问深度

平均访问深度是指客户在访问网店的过程中一次性浏览的页面数。如果客户一次性浏览的页面数较多，那么基本可以认定网店中有客户感兴趣的商品或服务。平均访问深度可以用 PV 和 UV 的比值来表示，比值越大，客户体验度越好，客户活跃度越高。

图 8–24 为某网店 PC 端最近 7 天商品详情页页面访问排行，排名第一的商品详情页流量总浏览量为 4 081，访客数为 2 736，平均访问深度为 1.49，该商品在 PC 端最近 7 天的成交量排名第二；排名第二的商品详情页流量总浏览量为 2 383，访客数为 1 664，平均访问深度为 1.43，该商品在 PC 端最近 7 天没有成交。它们都低于该网店 PC 端最近 7 天的平均访问深度 2.22，相对于同行同层优秀为 5.81，以及同行同层平均为 5.07，差距更大。运营人员需要加以关注、分析并改进，特别是浏览量排名第二的商品详情页。

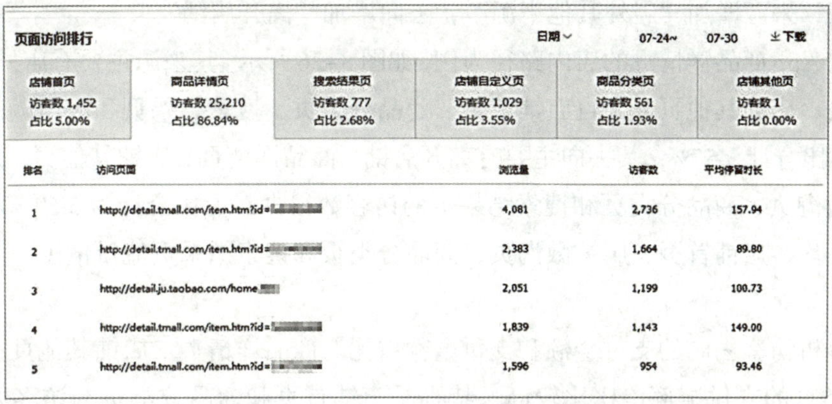
页面访问排行　日期 07-24~ 07-30 下载

| 店铺首页 | 商品详情页 | 搜索结果页 | 店铺自定义页 | 商品分类页 | 店铺其他页 |
|---|---|---|---|---|---|
| 访客数 1,452 | 访客数 25,210 | 访客数 777 | 访客数 1,029 | 访客数 561 | 访客数 1 |
| 占比 5.00% | 占比 86.84% | 占比 2.68% | 占比 3.55% | 占比 1.93% | 占比 0.00% |

| 排名 | 访问页面 | 浏览量 | 访客数 | 平均停留时长 |
|---|---|---|---|---|
| 1 | http://detail.tmall.com/item.htm?id=[redacted] | 4,081 | 2,736 | 157.94 |
| 2 | http://detail.tmall.com/item.htm?id=[redacted] | 2,383 | 1,664 | 89.80 |
| 3 | http://detail.ju.taobao.com/home.[redacted] | 2,051 | 1,199 | 100.73 |
| 4 | http://detail.tmall.com/item.htm?id=[redacted] | 1,839 | 1,143 | 149.00 |
| 5 | http://detail.tmall.com/item.htm?id=[redacted] | 1,596 | 954 | 93.46 |

图 8–24　某网店 PC 端最近 7 天商品详情页页面访问排行

### 4. 平均停留时长

平均停留时长是指访客浏览某一页面时所花费的平均时长。页面的停留时长 = 进入下一个页面的时间 – 进入本页面的时间，其反映的是访客的活跃程度。一般来说，平均停留时长在 12 秒以上较好。

再来看看该网店移动端最近 7 天商品详情页页面访问排行，如图 8–25 所示。商品详情页访客数排名第一的美的大 1.5 匹空调（移动端销量在该店排名第二）的平均停留时长只有 17.74 秒，排名第二的美的大 1 匹空调（移动端销量在该店排名第一）的平均停留时长也只有 17.86 秒。

对比图 8–24 和图 8–25，可以发现移动端的平均访问深度明显要高于 PC 端的平均访问深度，但 PC 端的平均停留时长要高出很多。

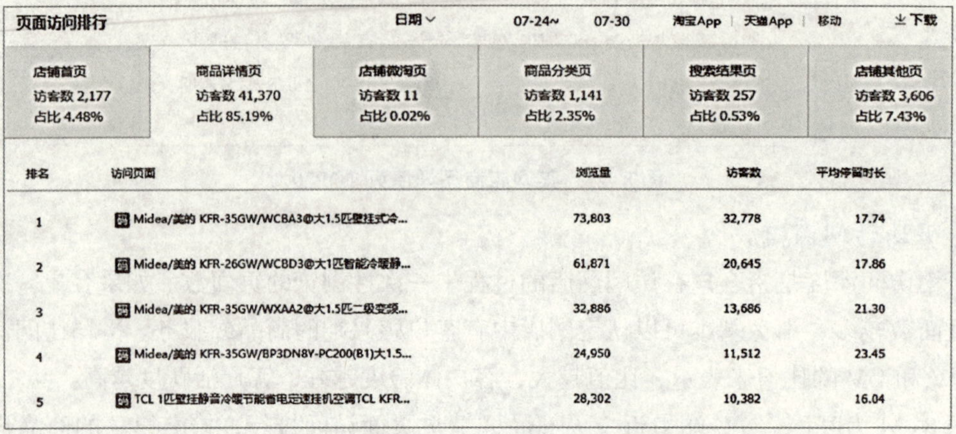


| 排名 | 访问页面 | 浏览量 | 访客数 | 平均停留时长 |
| --- | --- | --- | --- | --- |
| 1 | Midea/美的 KFR-35GW/WCBA3@大1.5匹壁挂式冷... | 73,803 | 32,778 | 17.74 |
| 2 | Midea/美的 KFR-26GW/WCBD3@大1匹智能冷暖静... | 61,871 | 20,645 | 17.86 |
| 3 | Midea/美的 KFR-35GW/WXAA2@大1.5匹二级变频... | 32,886 | 13,686 | 21.30 |
| 4 | Midea/美的 KFR-35GW/BP3DN8Y-PC200(B1)大1.5... | 24,950 | 11,512 | 23.45 |
| 5 | TCL 1匹壁挂静音冷暖节能省电定速挂机空调TCL KFR... | 28,302 | 10,382 | 16.04 |

图 8–25　某网店移动端商品详情页页面访问排行

## 5. 访问路径

淘宝生意参谋的访问路径有两个，一个是店内路径，另一个是流量去向。

（1）店内路径

移动端店内路径涵盖店铺首页、商品详情页、店铺微淘页、商品分类页、搜索结果页、店铺其他页，来源增加“店外其他来源”，去向增加“离开店铺”。

以淘宝 App 商品详情页的店内路径为例，如图 8–26 所示。其来源主要有店外其他来源、商品详情页、店铺其他页，来自店铺首页、商品分类页、搜索结果页和店铺微淘页的访客数很少，占比合计 3.57%；其去向主要有离开店铺、商品详情页、店铺其他页，去往店铺首页、店铺微淘页、商品分类页和搜索结果页的访客数很少，占比合计为 3.54%。可见网店流量分布不均，店铺首页、店铺微淘页、商品分类页和搜索结果页流量偏少，没有起到应有的作用。

接着分析访客去向的支付金额和支付金额占比。商品详情页、店铺其他页、店铺首页和商品分类页的支付金额占比比较高，特别是店铺首页和商品分类页的访客数占比只有 3.54%，但支付金额占比达到 11.57%。因此商家应该重视店铺首页和商品分类页的作用，做好导流工作。

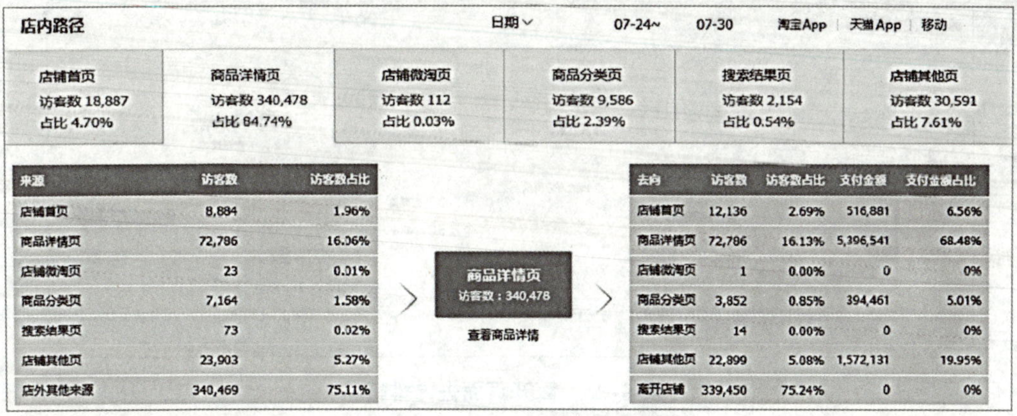


图 8–26　商品详情页店内路径

再分析商品详情页的流量来源。店铺首页的 18 887 名访客中有 8 884 名访客访问了商品详情页，占比 47.04%；商品详情页的 340 478 名访客中有 72 786 名访客访问了其他商品详情页，占比 21.38%；商品分类页的 9 586 名访客中有 7 164 名访客访问了商品详情页，占比 74.73%；搜索结果页的 2 154 名访客中有 73 名访客访问了商品详情页，占比 3.39%。这说明商品详情页的关联推荐存在问题，没有将访客引导到其他商品详情页；搜索结果页也存在严重问题，只有 3.39% 的访客在这里找到了他们所需的商品。

（2）流量去向

流量去向是分析访客从哪个页面离开的，然后去了哪里。目前生意参谋只提供 PC 端的流量去向分析。PC 端最近 7 天访客从商品详情页离开的页面排行如图 8–27 所示，排名第一的是美的大 1.5 匹空调（最近 7 天销量在 PC 端排名第三），排名第二的是美的大 1 匹变频空调（最近 7 天销量为 0）。商家应对离开页面访客数较多的商品详情页做进一步分析，分析访客离开的原因。

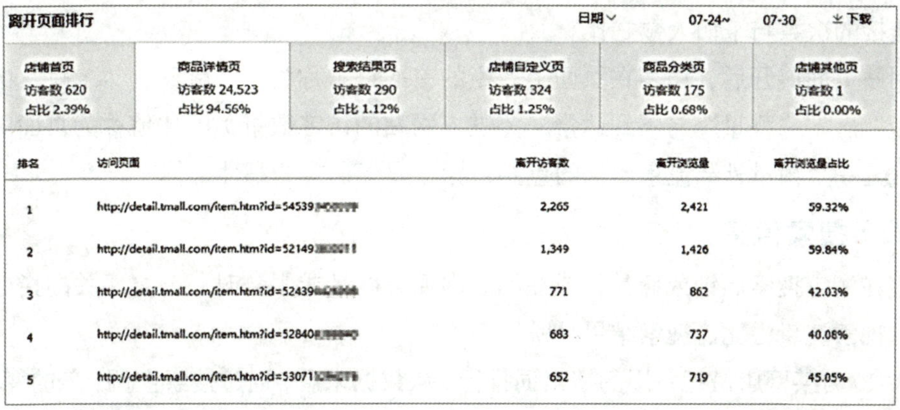


图 8–27　某店铺 PC 端最近 7 天访客从商品详情页离开的页面排行

再来看离开页面去向排行，如图 8–28 所示，排在前几位的是淘宝站内其他、购物车、已买到商品、天猫首页、我的淘宝首页和淘宝客等。

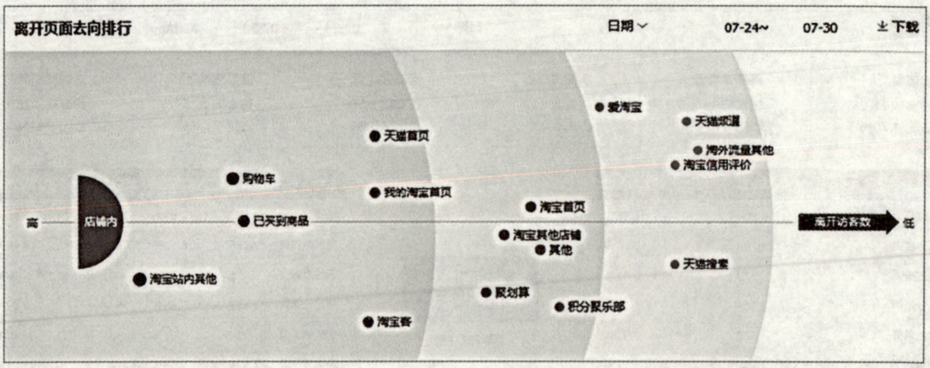


图 8-28　离开页面去向排行

### 6. 热力图

目前常见的热力图有三种——基于鼠标点击位置的热力图、基于鼠标移动轨迹的热力图和基于内容点击的热力图，这三种热力图的原理、外观、适用场景各有不同。基于鼠标点击位置的热力图，如百度统计的页面点击图，记录用户点击的位置。基于鼠标点击位置的热力图不会随着追踪内容的变化而变化，只是记录相对时间内鼠标点击的绝对位置。

基于鼠标移动轨迹的热力图，如 Mouseflow，记录用户鼠标移动、停留等行为，多为轨迹形式。同样，基于鼠标移动轨迹的热力图不会随着追踪内容的变化而变化，只是记录相对时间内鼠标移动的绝对位置。

基于内容点击的热力图，如 GrowingIO，记录用户在网页内容上的点击，自动过滤掉页面空白处（没有内容和链接）的无效点击。基于内容点击的热力图，其最大特点是会随着追踪内容的变化而变化，记录用户相对时间内对内容的点击偏好。

## （三）点击链接

访客点击链接，从当前网页跳转，就会涉及“二跳率”、流量流转。链接点击率是访客点击链接的次数与来访人数之比。

当网站页面展开后，访客在页面上产生的首次点击称为“二跳”，“二跳”的次数即“二跳量”。“二跳量”与“到达量”（进入网站的访客数量）的比值称为页面的“二跳率”，这是一个衡量外部流量质量的重要指标，属于访客的黏性指标。

## （四）搜索信息

访客在淘宝搜索店铺或商品，或在网店内搜索商品或服务时，与之相关的指标有关键词偏好、搜索流量占比、搜索结果页跳失率等。

图 8-29 为某网店最近一周的搜索词排行。从数据来看，通过搜索空调、美的变频空调、美的空调、空调挂机和奥克斯旗舰店官方旗舰关键词进入该网店的访客数排在前 5 位，其中美的变频空调、美的空调这两个关键词的引导下单转化率最高。

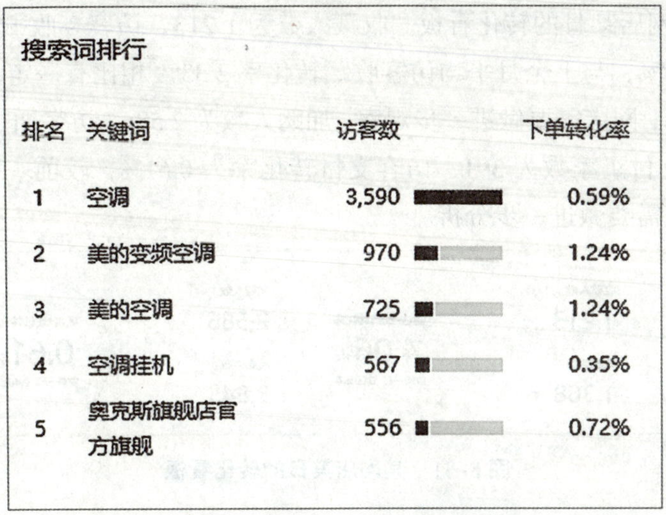

搜索词排行

| 排名 | 关键词 | 访客数 | 下单转化率 |
|---|---|---|---|
| 1 | 空调 | 3,590 | 0.59% |
| 2 | 美的变频空调 | 970 | 1.24% |
| 3 | 美的空调 | 725 | 1.24% |
| 4 | 空调挂机 | 567 | 0.35% |
| 5 | 奥克斯旗舰店官方旗舰 | 556 | 0.72% |

图 8–29　某网店最近一周的搜索词排行

图 8–30 为该网店 PC 端最近 7 天店内搜索结果页页面访问排行。从数据来看，搜索结果页的访客数达到 777 位，访问量占比 2.68%。访问页面排在前 3 位的，第一位的浏览量为 760，访客数为 484，平均访问深度为 1.57，平均停留时长为 79.29 秒；第二位的浏览量为 241，访客数为 166，平均访问深度为 1.45，平均停留时长为 51.49 秒；第三位的浏览量为 66，访客数为 60，平均访问深度为 1.1，平均停留时长为 35.81 秒。三者相比较，排名第三的访问页面的平均访问深度和平均停留时长数值都偏小，可能存在问题，需要做进一步分析和改进。

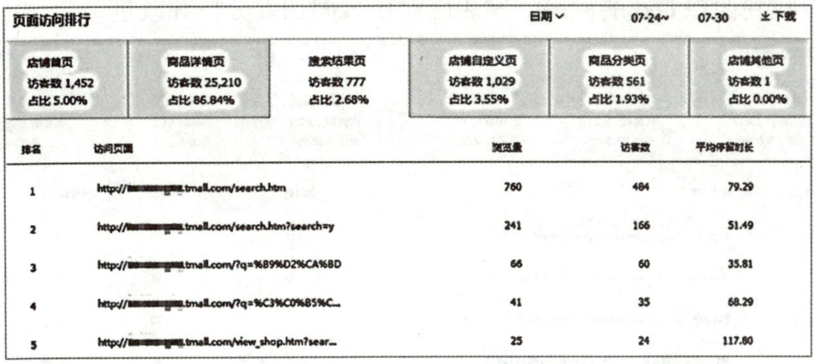

页面访问排行　　日期　07-24~　07-30　下载

| 店铺首页 | 商品详情页 | 搜索结果页 | 店铺自定义页 | 商品分类页 | 店铺其他页 |
|---|---|---|---|---|---|
| 访客数 1,452 | 访客数 25,210 | 访客数 777 | 访客数 1,029 | 访客数 561 | 访客数 1 |
| 占比 5.00% | 占比 86.84% | 占比 2.68% | 占比 3.55% | 占比 1.93% | 占比 0.00% |

| 排名 | 访问页面 | 浏览量 | 访客数 | 平均停留时长 |
|---|---|---|---|---|
| 1 | http://[redacted].tmall.com/search.htm | 760 | 484 | 79.29 |
| 2 | http://[redacted].tmall.com/search.htm?search=y | 241 | 166 | 51.49 |
| 3 | http://[redacted].tmall.com/?q=%B9%D2%CA%BD | 66 | 60 | 35.81 |
| 4 | http://[redacted].tmall.com/?q=%C3%C0%B5%C... | 41 | 35 | 68.29 |
| 5 | http://[redacted].tmall.com/view_shop.htm?sear... | 25 | 24 | 117.80 |

图 8–30　网店 PC 端最近 7 天店内搜索结果页页面访问排行

## （五）收藏购买

访客对商品有了购买意向，则进一步的行为有收藏、加购、下单、支付等。收藏数据主要关注单品的收藏人数和店铺的收藏人数。访客进入店铺，收藏了商品或店铺，就能证明他对商品或店铺感兴趣，有购买意向。当他从自己的收藏中再次进入店铺时，达成交易的可能性就很高了。通过收藏进入店铺的访客属于自主访问流量，自主访问流量的转化率是比较高的。

图 8–31 为某网店某日的转化看板。收藏人数为 1 213，访客－收藏转化率为 1.90%，较前一日上升 0.07%，与上个月平均访客收藏转化率 2.33% 相比有一定幅度的下降，至于是否是趋势性下降，网店需要做进一步观察。加购人数为 2 586，访客加购转化率为 4.06%，与前一日持平。支付买家数为 391，访客支付转化率为 0.61%，较前一日下降 0.48%，下降幅度较大，网店需要做进一步分析。

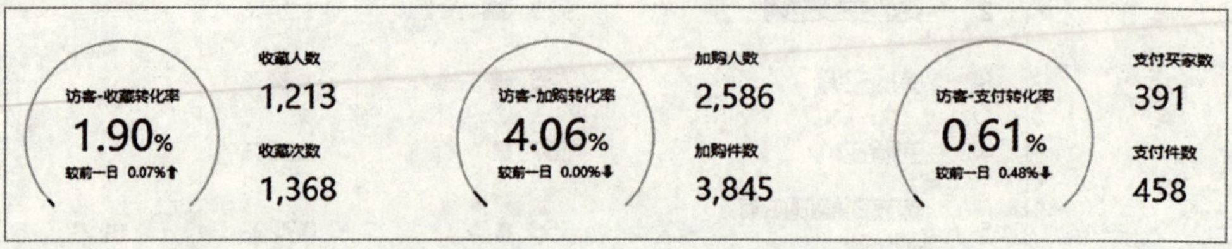


图 8–31　某网店某日的转化看板

## （六）导航定位

网店一般会设商品分类页，目的是引导访客找到他想找的商品，商品分类页的商品点击率是一个关键指标。商品分类页的商品点击率提高了，商品的成交转化率也会提高。

图 8–32 为某网店最近 7 天的商品分类页页面访问排行，数据显示访客数为 561，占比 1.93%。访问页面排在前 3 位的，第一位的浏览量为 112，访客数为 65，平均访问深度为 1.72，平均停留时长为 54.17 秒；第二位的浏览量为 72，访客数为 61，平均访问深度为 1.18，平均停留时长为 76.15 秒；第三位的浏览量为 56，访客数为 35，平均访问深度为 1.6，平均停留时长为 56.78 秒。三者相比较，排名第二的访问页面的平均访问深度数值最小，说明访客没有找到他想要找的商品，网店应对该页面加以分析和改进。

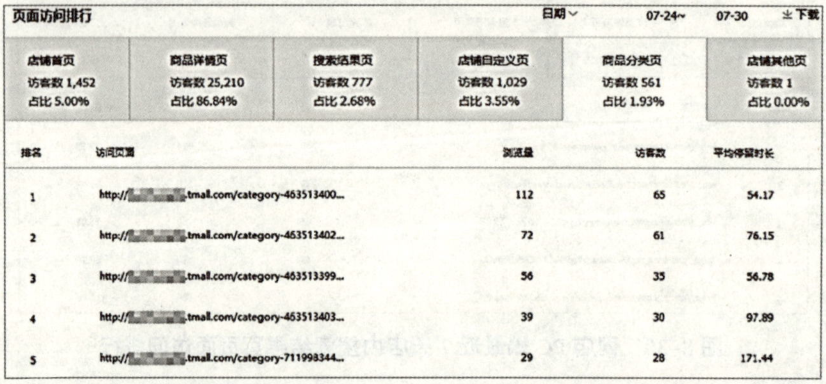


图 8–32　其网店最近 7 天的商品分类页页面访问排行

## （七）联系客服

访客有了购买意向，如果对一些细节问题比较在意，就会发起咨询，向客服进一步了解情况。因此访客咨询率也是一个重要指标。

商家想考查客服的工作态度和工作业绩，就需要监控客服数据，包括客服的销售额、销量、客单价、客单量、笔单价、成交转化率，其中的关键点是客服的关联销售能力。某网店客服团队绩效如图 8–33 所示。

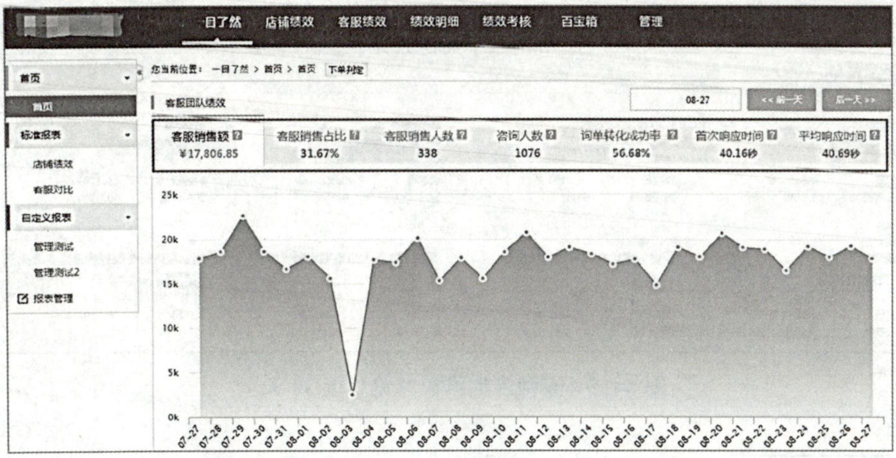


图 8–33　某网店客服团队绩效

## （八）发帖评论

大部分客户在购买商品后是不会参与评论的，但如果感到不满，客服又不能很好地解决时，部分客户就会发帖表达自己的想法或对商品进行评价。无论是淘宝、商家还是消费者，其实都非常在意客户的评论。现在淘宝会主动要求一些优质客户对商品进行评价，这样相对比较公正；部分商家为了获得好评，会用一些优惠条件引导客户评价，这部分评论则不够真实。与发帖评论相关的指标有评论数、好评率、差评率等。

图 8–34 为某网店客户评价内容分析，评价内容包括性价比相关评价、商品相关评价、包装相关评价、服务相关评价和物流相关评价。

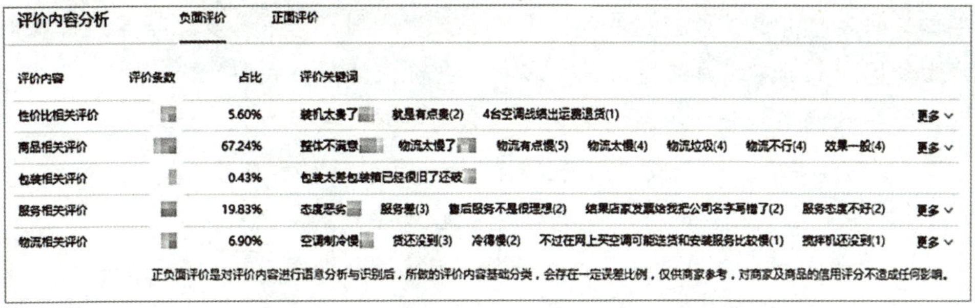

评价内容分析　负面评价　正面评价

| 评价内容 | 评价条数 | 占比 | 评价关键词 |
|---|---|---|---|
| 性价比相关评价 | | 5.60% | 装机太贵了　就是有点贵(2)　4台空调战绩出运费退货(1)　更多 |
| 商品相关评价 | | 67.24% | 整体不满意　物流太慢了　物流有点慢(5)　物流太慢(4)　物流垃圾(4)　物流不行(4)　效果一般(4)　更多 |
| 包装相关评价 | | 0.43% | 包装太差包装箱已经很旧了还破 |
| 服务相关评价 | | 19.83% | 态度恶劣　服务差(3)　售后服务不是很理想(2)　结果店家发票给我把公司名字写错了(2)　服务态度不好(2)　更多 |
| 物流相关评价 | | 6.90% | 空调制冷慢　货还没到(3)　冷得慢(2)　不过在网上买空调可能送货和安装服务比较慢(1)　搅拌机还没到(1)　更多 |

正负面评价是对评价内容进行语意分析与识别后，所做的评价内容基础分类，会存在一定误差比例，仅供商家参考，对商家及商品的信用评分不造成任何影响。

图 8–34　某网店客户评价内容分析

## （九）售后投诉

客户在还未确认收货或者交易成功的情况下，如果对商家的态度或商品感到不满，就可以采取相应的维权措施来维护个人的利益，如提出退款或向淘宝客服投诉。客户投诉成功后，淘宝客服会进行相关的处理。

图 8–35 为某网店的维权总览（近 30 天）。退款自主完结率为 99.14%，同行均值为

99.07%，高于同行均值；投诉率为 0.004 8%，同行均值为 0.03%，低于同行均值；仅退款自主完结平均时长为 0.96 天，同行均值 0.61 为天，高于同行均值；退货退款自主完结平均时长为 3.37 天，同行均值为 4.09 天，低于同行均值。

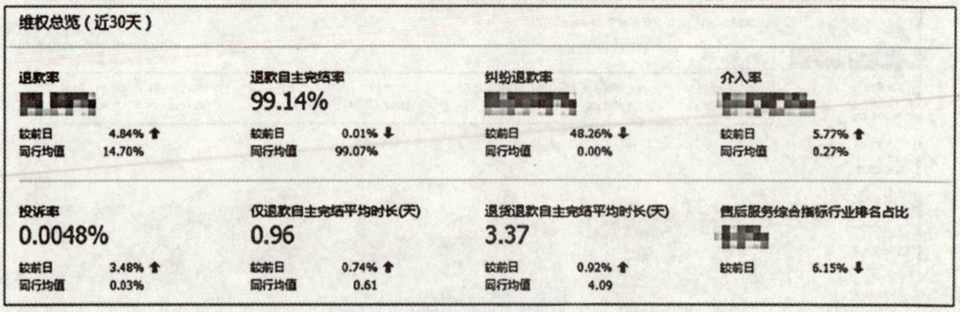


图 8-35　某网店的维权总览（近 30 天）

## 课后实践

### 客户终身价值计算

1. 实训背景

客户终身价值（customer lifetime value，CLV）是企业在整个业务关系中可以从单个客户账户获得合理预期的总收入的指标。该指标考虑客户的收入价值，并将该数字与企业预测的客户寿命进行比较。企业可以使用客户终身价值来确定对企业最有价值的客群。客户从企业购买和继续购买的时间越长，他们的终身价值就越大。

客户终身价值计算过程分五个步骤，第一步是计算平均购买价值，第二步是计算平均购买次数，第三步是将平均购买价值乘以平均购买次数来确定一个时间段内（通常以年为单位）的客户价值，第四步是计算平均客户生命周期，第五步是将客户价值乘以平均客户生命周期来确定客户终身价值。客户终身价值计算公式为

平均购买价值＝一段时间内（通常为一年）的总收入 / 订单数量

平均购买次数＝一段时间内（通常为一年）的订单数量 / 客户数量

客户价值＝平均购买价值 × 平均购买次数

平均客户生命周期＝客户总寿命（通常以年为单位）/ 客户数量

客户终身价值＝客户价值 × 平均客户生命周期

2. 实训内容

某官方旗舰店在某电商平台上运营了 5 年，累积了 30 万客户，最近一年的总收入为 9 600 万元，共成交了 48 万笔订单，经统计本店铺客户平均寿命为 3 年，请计算该店铺客户终身价值。

3. 实训要求

本实训是一个独立任务，每名学生单独完成，要求计算过程清晰、结果准确。

4. 实训评价

根据实训内容与实训过程，完成表 8-7 的填写。

表 8-7　实训评价

<table>
<tr><th rowspan="2">评价内容</th><th rowspan="2">满分 / 分</th><th colspan="3">评分 / 分</th></tr>
<tr><th>自评</th><th>互评</th><th>师评</th></tr>
<tr><td>参与实践的积极性、主动性</td><td>20</td><td></td><td></td><td></td></tr>
<tr><td>独立思考能力</td><td>20</td><td></td><td></td><td></td></tr>
<tr><td>创新能力</td><td>20</td><td></td><td></td><td></td></tr>
<tr><td>团队合作、沟通交流能力强</td><td>20</td><td></td><td></td><td></td></tr>
<tr><td>劳动纪律良好</td><td>20</td><td></td><td></td><td></td></tr>
<tr><td>合计</td><td>100</td><td></td><td></td><td></td></tr>
<tr><td>自评（20%）＋互评（20%）＋师评（60%）＝　　　综合等级</td><td colspan="4">指导教师（签名）：</td></tr>
</table>

## 项目小结

本项目主要介绍客户数据的分析方法。首先介绍了客户数据分析的基本内容，包括客户分析的重要性、常用的分析指标以及如何通过客户细分来定位不同的市场和消费群体；其次介绍了客户数据分析的具体方法，包括客户忠诚度分析、客户生命周期分析、访客特征分析和客户行为分析，它们共同构成了一套完整的客户数据分析工具箱。通过本项目的学习，读者对客户数据分析有一个全面的了解，并能够将所学知识应用于实践中，以提高企业的市场竞争力。

## 课后练习

### 一、判断题

1. 当新客户比例 = 客户流失率时，说明店铺有下滑趋势。（　　）

2. 客户细分方法中的 AB 客户分类讨论的是 30% 的 A 类客户和 70% 的 B 类客户这一问题。（　　）

3. 情感忠诚主要由三个方面构成，即竞争对手诱惑、客户满意度及客户购买量。（　　）

4. 稳定期是间接效益最为明显地展示的阶段，客户对店铺提供的价值感到满意，促使效益持续扩大。（　　）

5. 中途夭折型中客户关系度过了获客期、成长期和稳定期。（　　）

## 二、单项选择题

1.（　　）是客户细分的重要前提。

A. 客户群的稳定性　　B. 客户群的多样性

C. 数据的稳定性　　D. 数据的多样性

2. RFM 模型的三个指标是指购买频率、购买金额和（　　）。

A. 延迟购买　　B. 重复购买

C. 最近一次购买　　D. 客户响应

3. 以下哪个选项不能反映客户的忠诚度高（　　）。

A. 挑选时间短　　B. 对质量要求苛刻

C. 对竞争产品的态度漠视　　D. 重复购买次数多

4.（　　）是客户关系开始衰退的阶段。

A. 稳定期　　B. 衰退期

C. 休眠期　　D. 成长期

5. 关于生命周期各阶段相关变量变化情况，以下说法错误的是（　　）。

A. 间接效益在获客期以及衰退期是基本没有影响的

B. 获客期最大的特点是不确定性

C. 稳定期前期的利润持续上升，但在后期减缓，最后稳定在高水平上

D. 成长期是整个关系发展水平的最高点

# 项目九

# 电子商务利润数据分析

## 项目导读

电子商务作为现代商业的一个重要组成部分，其盈利能力和利润率对于企业的长期发展至关重要。本项目内容将围绕电子商务利润数据展开，旨在建立对电子商务利润和成本数据的全面认识，并掌握利用统计学方法进行数据分析的技能。

## 学习目标

### 知识目标

1. 掌握电商利润数据分析基础知识。
2. 掌握回归的分析方法。

### 能力目标

1. 能够熟练运用 Excel 表格进行利润数据分析。
2. 能够运用回归法对销售额预测分析。

### 素质目标

1. 提高读者跨境电子商务企业应遵守的数据保密意识和数据价值意识。
2. 提高读者跨境电子商务数据采集及整理工作所需的严谨细致的职业精神。

## 思政目标

培养读者在数据分析和决策过程中的责任感和风险意识，引导读者考虑长远利益和社会责任，从而为未来的职业发展和商业实践打下坚实的道德基础。

## 案例导入

随着跨境电商企业越来越多，竞争也日益激烈。为了找到快速有效提升业绩的方法，众多企业的关注点都放在如何做“爆款”、如何提高产品曝光、如何提高点击率、如何提高转化，反而忽略了最本质的东西——产品。

有时一个好的产品可以救活一个企业，有时一个好的产品可以带动店铺整体的收入。那么，什么是好的产品？好产品是深受买家喜爱的产品，是推向市场后受到买家欢迎的产品。因此需要对店铺的产品数据进行分析，深入了解什么样的产品受到市场欢迎，本店铺的产品是否符合好产品的标准。在互联网时代，产品是否受欢迎可以从搜索量、点击量等数据直观体现出来，能够形成转化、许多人下单支付、能为店铺带来盈利是好产品的最终体现。

# 任务一　电子商务利润数据基础知识

## 任务描述

你刚刚加入了一家快速成长的电商公司，负责分析公司的利润数据。你的首要任务是掌握电子商务利润数据的基础知识。首先需要了解利润与利润率的基本概念，包括如何计算以及对业务的意义；其次将进行成本数据分析，深入了解公司在采购、运营、配送等方面的成本结构。

## 任务分析

了解电子商务利润数据的基础知识是进行深入数据分析的起点。利润与利润率的概念帮助你评估公司盈利能力和财务健康状况。利润是公司收入减去成本后的净收益，而利润率则反映了利润相对于销售额的百分比，两者都能揭示公司的盈利水平。成本数据分析则帮助你识别和控制运营中的主要成本来源，包括采购成本、运营成本和配送成本等。这些基础知识为后续的利润数据分析提供了必要的背景信息，使你能够更准确地解读数据，制定有效的利润优化策略。

## 任务重点与实施

### 一、利润与利润率

电子商务利润分析

对于电子商务服务行业，特别是电子商务商家而言，掌握店铺利润数据是十分重要的。尤其是直观地理解利润和利润率。

利润指的是成交金额与总成本的差额。其计算公式为

利润 = 成交金额 – 总成本

利润率是利润与销售额或成本之间的比率，反映企业一定时期利润水平的相对指标。利润率既可以考核企业利润计划的完成情况，又可比较同一时期各企业之间和不同时期同一企业的经营管理水平。电子商务利润数据一般指的是销售利润率和成本利润率。

**知识拓展**

**销售利润率和成本利润率的解读**

销售利润率和成本利润率用于衡量销售、成本等项目的价值转换的情况。其中销售利润率计算公式为

销售利润率 = 利润 / 成交金额 ×100%

如果计算成本利润率，其计算公式为

成本利润率 = 利润 / 总成本 ×100%

### 二、成本数据分析

店铺运营的根本目的和企业一样，都是为获得高额的利润，除了做好销售运营工作以外，成本控制也是关键。常见的成本包括商品成本、推广成本和固定成本。

#### （一）商品成本

商品成本包括商品进价和商品流通费。商品进价成本包括进货成本、税金等，商品流通费包括物流成本、人工成本、损耗成本和其他成本等。

商品进价成本是指企业购进商品的原始进价和购入环节交纳的税金。商品流通费是指企业在从事商品购进、调拨、储存、销售活动或提供劳务过程中所发生的费用支出。此外还要考虑商品在贮存和流通中的一点损耗。所以商品成本并不就是商品购进的简单成本。

#### （二）推广成本

推广成本（也叫营销费用）是指项目销售推广、物料包装，以及与营销相关的各类服务、维护保养、促销而发生的一切费用。如使用淘宝客、直通车、钻石展位等常规推广方式，以及参加各种平台组织的活动等，都会涉及推广成本。

### （三）固定成本

固定成本（又称固定费用）相对于变动成本，是指成本总额在一定时期和一定业务量范围内，不受业务量增减变动影响而能保持不变的成本，主要包括办公场地的租金、工作人员的工资、设备折旧、网购平台的相关固定费用。固定成本的特点是成本费用的变化频率低，变化幅度小。

## 任务二 电子商务利润数据分析方法

### 任务描述

在掌握了利润数据的基础知识后，你需要深入了解电子商务利润数据的分析方法。首先需要学习回归分析的基本含义和应用，理解利润与各种因素之间的关系；其次将描述一元线性回归模型，这是回归分析中最基本的一种模型，用于分析一个自变量对因变量的影响；最后需要掌握一元线性回归模型的参数估计方法，以确定模型的精确度和可靠性。

### 任务分析

掌握电子商务利润数据分析的方法是优化利润管理的关键。回归分析能够揭示利润与其他变量（如销售量、价格、促销活动等）之间的关系，从而提供深入的洞察。学习一元线性回归模型使你能够分析一个独立变量对利润的影响，建立简单的预测模型。一元线性回归模型的参数估计确保预测结果的可靠性。通过这些分析方法，可以更精准地预测利润趋势，能定有效的利润管理策略，从而提升公司整体的盈利能力。

### 任务重点与实施

回归分析是指对具有相关关系的变量，依据其关系形态，选择一个合适的数学模型，用来近似地表示变量间数量平均变化关系的一种统计方法（或称回归方程式）。回归分析的内容很多，按分析变量的多少不同，可分为一元回归分析与多元回归分析；按分析变量间的表现形态不同，可分为线性回归分析与非线性回归分析等。本任务只讨论一元线性回归分析的有关理论和方法。

### 一、一元线性回归模型

一元线性回归模型又称简单直线回归模型，它是分析具有线性相关关系的两个变量之间数量变动关系的数学表达式。

当 $x$ 与 $y$ 变量互为因果关系时，依据分析研究的目的不同，可建立以下两个直线回归方程式。

（1）$y$ 对 $x$ 的直线回归方程：

$$\hat{y}=a+bx \tag{9-1}$$

式中　$\hat{y}$——因变量 $y$ 的估计理论值；

$x$——自变量的实际值；

$a$，$b$——待定参数。

$a$，$b$ 的几何意义是：$a$ 为直线方程的截距，$b$ 为斜率。其经济意义是：$a$ 为当 $x$ 为 0 时 $y$ 的估计值；$b$ 是当 $x$ 每增加一个单位时 $y$ 的平均增加量，$b$ 也称 $y$ 对 $x$ 的回归系数。

（2）$x$ 对 $y$ 的直线回归方程：

$$\hat{x}=a'+b'y \tag{9-2}$$

式（9–2）中 $a'$ 与 $b'$ 的意义相同于式（9–1）中的 $a$ 与 $b$，只是 $x$ 与 $y$ 的位置互换而已。

当 $x$ 与 $y$ 变量只有单向的依存关系时，只能建立一个直线回归方程，一般是 $y$ 对 $x$ 的回归直线，即式（9–1）。

## 二、一元线性回归模型的参数估计

如果自变量与因变量对应的散布点近似为直线，或计算出的相关系数具有显著的直线相关关系，则可拟合一条回归直线。当然，拟合回归直线的目的是要找到一条理想的直线，用直线上的点来代表所有的相关点。统计理论已证明，用最小平方法配合的直线最具有代表性，是最佳线。

应用最小平方法配合直线，其基本要求是实际值与估计理论值的离差平方和为最小。用公式表示为

$$\sum(y-\hat{y})^2+\sum(y-a-bx)^2=\text{最小值} \tag{9-3}$$

设

$$Q=\sum(y-a+bx)^2$$

则 $Q$ 是两个待定参数 $a$，$b$ 的函数。要使 $Q$ 为最小值，就要用数学中对二元函数求极值的原理，求 $Q$ 关于 $a$ 和 $b$ 的偏导数，并令其等于零，整理得出直线回归方程中求解参数 $a$ 和 $b$ 的标准方程组为

$$\begin{cases}\sum y=na+a\sum x\\ \sum xy=b\sum x+b\sum x^2\end{cases}$$

这就是求解参数 $a$，$b$ 的二元一次方程组。解之即得求 $a$，$b$ 的公式为

$$\begin{cases} b=\dfrac{n\sum xy-\left(\sum x\right)\left(\sum y\right)}{n\sum x^2-\left(\sum x\right)^2} \\ a=\dfrac{\sum y}{n}-b\dfrac{\sum x}{n} \end{cases} \qquad (9\text{–}4)$$

现在以某地区8个同类工业企业2019年的有关月产量与生产费用的资料，编制相关表，见表9–1。

**表9–1 月产量与生产费用相关表**

| 企业编号 | 月产量 x/ 千吨 | 生产费用 y/ 万元 |
|---|---|---|
| 1 | 1.2 | 62 |
| 2 | 2.0 | 86 |
| 3 | 3.1 | 80 |
| 4 | 3.8 | 110 |
| 5 | 5.0 | 115 |
| 6 | 6.1 | 132 |
| 7 | 7.2 | 135 |
| 8 | 8.0 | 160 |

现在用表9–1的资料，计算8个企业月产量相关系数计算表见表9–2。

**表9–2 相关系数计算表**

| 企业序号 | 月产量 $x$/ 千吨 | 生产费用 $y$/ 万元 | $x^2$ | $y^2$ | $xy$ |
|---|---|---|---|---|---|
| 1 | 1.2 | 62 | 1.44 | 3 844 | 74.4 |
| 2 | 2.0 | 86 | 4.00 | 7 396 | 172.0 |
| 3 | 3.1 | 80 | 9.61 | 6 400 | 248.0 |
| 4 | 3.8 | 110 | 14.44 | 12 100 | 418.0 |
| 5 | 5.0 | 115 | 25.00 | 13 225 | 575.0 |
| 6 | 6.1 | 132 | 37.21 | 17 424 | 805.2 |
| 7 | 7.2 | 135 | 51.84 | 18 225 | 972.0 |
| 8 | 8.0 | 160 | 64.00 | 25 600 | 1 280.0 |
| 合计 | 36.4 | 880 | 207.54 | 104 214 | 4 544.6 |

由表9–1和表9–2中资料得如下有关数据：

$$r=\frac{n\sum xy-\sum x\sum y}{\sqrt{n\sum x^2-\left(\sum x\right)^2}\sqrt{n\sum y^2-\left(\sum y\right)^2}}=\frac{8\times 4\,544.6-36.4\times 880}{\sqrt{8\times 207.54-36.4^2}\sqrt{8\times 104\,214-880^2}}=0.969\,7$$

计算结果表明月产量和生产费用之间存在高度的正相关关系。

现仍用表9–1某地区的8个同类工业企业2019年的有关月产量与生产费用的资料为例，具体说明求解 $a$、$b$ 值和建立直线回归方程的方法。

通过表9–2相关系数的测算，得知二者之间为高度的正相关关系，由此可建立 $y$ 对 $x$ 的直线回归方程。根据表9–3的资料求出所需的有关数据。

表 9–3　直线回归模型计算

| 企业序号 | 月产量 $x$/ 千吨 | 生产费用 $y$/ 万元 | $x^2$ | $xy$ | 估计理论值 $\hat{y}$ / 万元 |
|---|---|---|---|---|---|
| 1 | 1.2 | 62 | 1.44 | 74.4 | 66.79 |
| 2 | 2.0 | 86 | 4.00 | 172.0 | 77.11 |
| 3 | 3.1 | 80 | 9.61 | 248.0 | 91.30 |
| 4 | 3.8 | 110 | 14.44 | 418.0 | 100.33 |
| 5 | 5.0 | 115 | 25.00 | 575.0 | 115.81 |
| 6 | 6.1 | 132 | 37.21 | 805.2 | 130.00 |
| 7 | 7.2 | 135 | 51.84 | 9 720.0 | 144.19 |
| 8 | 8.0 | 160 | 64.00 | 1 280.0 | 154.51 |
| 合计 | 36.4 | 880 | 207.54 | 4 544.6 | 880.04 |

$n=8$，$\sum x=36.4$，$\sum x^2=207.54$，$\left(\sum x\right)^2=1\,324.96$，$\sum y=880$，$\sum xy=4\,544.6$

将上述数据代入式（9–4），求解 $a$ 和 $b$ 的数值。

$$a=\frac{\sum y}{n}-b\frac{\sum x}{n}=\frac{880}{8}-12.90\times\frac{36.4}{8}=51.31$$

$$b=\frac{n\sum xy-\left(\sum x\right)\left(\sum y\right)}{n\sum x^2-\sum\left(x^2\right)}=\frac{8\times4\,544.6-36.4\times880}{8\times207.54-1\,324.96}=12.90$$

将 $a$ 和 $b$ 的数值代入式（9–1），得出生产费用对月产量的直线回归方程

$$\hat{y}=51.31+12.90x$$

回归方程的实际意义是：$a$=51.31，是回归直线在 $y$ 轴上的截距；$b$=12.9，表示月产量每增加一个单位（千吨），生产费用平均增加 12.9 万元。

回归直线确定后，将各企业的月产量依次代入方程式，即可求得各企业生产费用的理论值。例如

$$企业\ 1：\hat{y}=51.31+12.9\times1.2=66.79\ （万元）$$

$$企业\ 2：\hat{y}=51.31+12.9\times2.0=77.11\ （万元）$$

利用回归直线模型还可以进行预测。例如，某企业月产量预计可达 4 000 吨，在其他条件相对稳定时，可预测其生产费用为

$$\hat{y}=51.31+12.9\times4=102.91\ （万元）$$

这里需要指出，一个直线回归方程只能做一种推算，不能进行另一种相反推算。即只能以自变量 $x$ 推算因变量 $y$，而不能以 $y$ 推算 $x$。如前面所配合的直线回归方程，只能在给定月产量时，来推算生产费用，不可给定生产费用来推算月产量。而在互为因果关系的变量之间，根据研究需要，可建立 $y$ 对 $x$ 的直线回归方程和 $x$ 对 $y$ 的直线回归方程，但此时的两个回归方程是两条不同的回归直线，具有不同的斜率和意义，只能给定自变量推算因变量。

## 课后实践

### 撰写产品分析报告

1. 实训背景

作为互联网从业者，免不了要撰写产品分析报告。有些人在体验产品时常会陷入一种“无目的”的状态，不知该如何思考，体验之后也总结不出什么，最终写出来的报告无法让领导满意，自己也觉得没深度。究其原因还是没有找到一条有效的思考路径，想要找到有效的思考路径就要解剖产品。首先将产品想象成一块圆形蛋糕，将其切成两半，一半叫商业，另一半叫产品。商业是“魂”，起到导向作用；产品是“形”，通过设计与视觉来体现商业理念。这就是思考路径——分离商业与产品。单看商业部分，商业是促成产品的根基部分，理解它能够帮助你更快地理解产品设计。一般情况下，产品的诞生都是先由一个有特征的人群做出了某种行为，他们在行为过程中产生了不舒服、受挫的体验，很希望这个不舒服、受挫的体验能得到改善，直到某个商业产品的出现帮助他们解决了这个问题。这是个循环过程，产品基本会沿这条路径一直演变。那么当我们面对一个没接触过的产品时，就先试着用产品的诞生过程作为思考路径，然后尝试补充这些信息。

2. 实训内容

选择一家网店的一个引流商品作为分析对象，撰写产品分析报告，报告的基本内容包括：产品概况——背景、产品简介和产品定位，产品销售和盈利情况分析，产品客户画像分析，基于使用场景的核心产品层次分析——产品质量和性能分析，基于使用场景的有形产品层次分析——产品外观和品牌分析，基于使用场景的延伸产品层次分析，基于使用场景的期望产品层次分析——客户评价分析，基于使用场景的潜在产品层次分析，产品价格分析，产品库存分析，产品的生命周期分析，产品市场行情分析，竞品分析等。

3. 实训要求

本实训是一个团队任务，两名学生一组合作完成，完成后上交《××产品分析报告》，并做好汇报的准备。

4. 实训评价

根据实训内容与实训过程，完成表 9-4 的填写。

表 9-4　实训评价

<table>
<tr><th rowspan="2">评价内容</th><th rowspan="2">满分 / 分</th><th colspan="3">评分 / 分</th></tr>
<tr><th>自评</th><th>互评</th><th>师评</th></tr>
<tr><td>参与实践的积极性、主动性</td><td>20</td><td></td><td></td><td></td></tr>
<tr><td>独立思考能力</td><td>20</td><td></td><td></td><td></td></tr>
<tr><td>创新能力</td><td>20</td><td></td><td></td><td></td></tr>
<tr><td>团队合作、沟通交流能力强</td><td>20</td><td></td><td></td><td></td></tr>
<tr><td>劳动纪律良好</td><td>20</td><td></td><td></td><td></td></tr>
<tr><td>合计</td><td>100</td><td></td><td></td><td></td></tr>
<tr><td>自评（20%）+互评（20%）+师评（60%）=</td><td>综合等级</td><td colspan="3">指导教师（签名）：</td></tr>
</table>

## 项目小结

本项目主要介绍了电子商务利润数据分析的知识框架和实用工具。首先介绍了电子商务利润数据的基础知识，包括利润和利润率的定义，以及如何通过成本数据分析来控制成本和提高利润；其次介绍了电子商务利润数据分析的方法，特别是回归分析的应用；最后介绍了一元线性回归模型的构建和参数估计过程。通过本项目的学习，读者能够掌握电子商务利润数据分析的基本工具和方法，为企业的盈利能力提升提供数据支持。

## 课后练习

### 一、判断题

1. 推广成本（也叫营销费用）是指项目销售推广、物料包装，以及与营销相关的各类服务、维护保养、促销而发生的一切费用。（　　）

2. 固定成本（又称固定费用）相对于变动成本，是指成本总额在一定时期和一定业务量范围内，不受业务量增减变动影响而能永久保持不变的成本。（　　）

3. 一个直线回归方程只能做一种推算，也能进行另一种相反推算。（　　）

4. 用最小平方法配合的直线最具有代表性，是最佳线。（　　）

### 二、单选题

1. 利润率是利润与销售额或成本之间的比率，反映企业一定时期利润水平的（　　）。

A. 指标　　B. 相对指标　　C. 绝对指标　　D. 数值

2. 一元线性回归模型又称简单直线回归模型，它是分析具有线性相关关系的（　　）个变量之间数量变动关系的数学表达式。

A. 两　　B. 三　　C. 四　　D. 多

3. 商品成本包括商品进价和商品流通费。商品进价成本包括进货成本、税金等，商品流通费包括（　　）和其他成本等。

A. 物流成本　　B. 人工成本

C. 损耗成本　　D. 以上均是正确答案

4. 若生产材料与利润之间的一元线性关系式为 $y=10+5x$，则表示，每增加 1 单位的生产材料，利润便增加（　　）单位。

A. 5　　B. 10　　C. 15　　D. 20

# 参 考 文 献

[1] 杨凤，何亮 . 商务数据分析与应用 [M].2 版 . 成都：西南财经大学出版社，2024.
[2] 隋东旭，郭宝丹 . 电子商务概论 [M]. 北京：清华大学出版社，2023.
[3] 沈凤池 . 商务数据分析与应用 [M]. 北京：人民邮电出版社，2023.
[4] 隋东旭 . 电子商务数据分析与应用 [M]. 北京：清华大学出版社，2023.
[5] 邵贵平 . 电子商务数据分析与应用 [M].2 版 . 北京：人民邮电出版社，2023.
[6] 司慧娟，华晓龙 . 跨境电子商务数据分析与应用 [M]. 北京：中国人民大学出版社，2023.
[7] 胡辉 .Excel 商务数据分析与应用：慕课版 [M].2 版 . 北京：人民邮电出版社，2022.